征程·使命

百年体育与中国崛起

本册主编◎谢军

丛书主编◎谢军

天津出版传媒集团

天津科学技术出版社

图书在版编目(CIP)数据

征程·使命 / 谢军主编.-- 天津:天津科学技术
出版社, 2023.6
(百年体育与中国崛起丛书 / 谢军主编)
ISBN 978-7-5742-0748-6

Ⅰ.①征… Ⅱ.①谢… Ⅲ.①运动员–生平事迹–中
国–现代 Ⅳ.①K820.7

中国国家版本馆 CIP 数据核字(2023)第 012734 号

征程·使命

ZHENGCHENG SHIMING

策划编辑:韩 瑞
责任编辑:陈 雁
责任印制:兰 毅

出版: 天津出版传媒集团
天津科学技术出版社

地址:天津市西康路 35 号
邮编:300051
电话:(022) 23332390
网址:www.tjkjcbs.com.cn
发行:新华书店经销
印刷:天津印艺通制版印刷股份有限公司

开本 787×1092 1/16 印张 12.75 字数 77 000
2023 年 6 月第 1 版第 1 次印刷
定价:168.00 元

前　言

或许在大众心里,奥林匹克、竞技运动、大众健身、身体锻炼等意味着同一件事情——体育。体育的概念似乎很具体且无处不在,就在我们身边。20 世纪 50 年代,中华人民共和国成立十年庆典之时我们有了第一个世界冠军,周恩来总理亲自命名的中国第一个体育品牌"红双喜"应运而生;20 世纪 80 年代初中国女排冲出亚洲走向世界,以及 1984 年洛杉矶奥运会许海峰夺得首金的辉煌荣耀,令国人扬眉吐气,从此体育成为爱国主义教育最好的载体;1990 年的亚运会和 2008 年的夏奥会,让中华大地逐渐成为世界体育重要赛事的举办场所;伴随着 2022 年北京冬奥会的举办,北京成为世界上唯一的"双奥之城"。……说不完道不尽的精彩征程,如今体育已成为中国人社会生活的重要组成部分,体育事业的发展与国家实力的不断强大紧密关联在一起。

申办、筹办和举办奥运会令中国的体育事业进入爆发式发展阶段,举世瞩目的体坛盛会向世界展示了中国改革开放的伟大成就,围绕奥运遗产如何实现可持续发展的话题,令体育的研究范畴有了更广阔的外延。根据 2019 年度国家社会科学基金重大项目选题研究方向中 "北京 2022 年冬奥会和冬残奥会遗产重大问题研究"一项,首都体育学院团队结合长期以来对奥林匹克运动领域的研究基础,以及正在筹建北京国际奥林匹克学院的重任,开始对奥运遗产主题进行了深入的调研。经过近半年时间的打磨,最终以《北京 2022 年冬奥会和冬残奥会遗产助力国家发展战略研究》为研究题目进行申报,并获批国家社会科学基金重大委托项目(编号:19GZH045)。

从奥运遗产的角度来审视体育的作用非常具有代表性。国际奥林匹克委员会在其官网上对奥运遗产的标准解释,"奥林匹克遗产指的是每一届奥林匹克运动会在举办之前、筹备期间和结束之后为主办城市、当地人民和奥林匹克运动创造的长期利益"。根据国际奥委会《奥林匹克2020议程》的定义,奥运遗产是实现奥运会愿景的结果,包含所有通过举办奥运会,为公众、城市和区域发展以及奥林匹克运动创造的或加速带来的有形和无形的长期收益。奥运遗产可分为有形的奥运遗产和无形的奥运遗产两大类。形象地说,有形的奥运遗产包括新的体育及配套基础设施,城市区域的翻新和美化,城市综合环境的规划等,通常划分为体育、经济、社会、城市和环境五大类。无形的奥运遗产可以理解成一种精神或意识层面的影响,并有可能导致个体行为的改变。例如,增强民族自豪感,增强劳工劳动技能,在国际舞台展示良好的国家形象,发扬民族文化,增强居民环保意识和提高居民参与体育活动的意愿等方面。围绕奥运主题的研究无疑可以实现目标相对聚焦,不过从时间周期的跨度和覆盖领域上来讲,显然仍不足以充分描述我国体育发展的全貌。

将时间周期放长远些,如果以我国参与世界奥林匹克运动的发展轨迹作为研究路径引发思考,不由得感慨万千。很长一段时间里,由于中国的社会背景与奥林匹克运动发生发展的西方社会背景间的差异,奥林匹克运动在中国的传播及发展经历了曲折,经历了低谷与停顿、崛起与渐进、发展与辉煌的过程。从共和国成立前三次参加奥运会的无功而返,到共和国成立后1952年五星红旗第一次飘扬在奥运赛场;从1958年与国际奥委会中断关系,到1979年中国回归国际奥林匹克大家庭;从1980年中国第一次参加冬奥会,到1984年中国第一次在奥运赛场上摘金夺银;从1984年中国首次参加夏残奥会,到2002年中国首次参加冬残奥会;从1993年申办2000年奥运会的失败,到2001年申办2008奥运会的成功;从2008年无与伦比北京奥运会和残奥会的举办,到2015年北京成功申办2022冬奥会和冬残奥会,北京成为百余年奥运历史上第一座"双奥之城"。这些都充分证明,中国与奥林匹克运动和残疾人奥林匹克运动的互动和融入在不断加深、拓宽,中国对奥林匹克运动及残疾人奥林匹克运动的贡献也不言自明。

从某种意义上讲,体育是和平时期展示一个国家实力的最佳平台。当代的中国发生了伟大社会变革:党的十九大郑重宣示中国特色社会主义进入了新时代。以习近平同志为核心的党中央领导中国正以前所未有的自信走近世界舞台中心,中国文化中所蕴含的天下为公、求同存异、合和共生等理念越来越显示出独特价值,赢得广泛理解和赞同。随着北京冬奥会如期举办,后冬奥时期的奥林匹克文化与中华优秀文化将产生更多的交融互动。北京2022冬奥遗产注定具有鲜明的时代性和中国特色,北京2022年冬奥会和冬残奥会遗产实现可持续发展,必须在国家发展建设中发挥应有的作用,必须融入国家发展战略工程,这样才能体现其意义和价值。世界需要中国智慧、中国理念、中国方案。不忘初心方可砥砺前行,看清脚下的道路方可致广大而尽精微。体育,拥有改变世界的力量。

2021年是"十四五"开启之年,这一年出现频率最高的词是"建党百年"和"学党史",这一年,学党史、悟思想、办实事、开新局,看了很多书,参加了很多次学习研讨,扎扎实实推进了不少工作,开拓创新朝着新征程大踏步坚定前行。学习"七一"庆祝中国共产党成立100周年大会上总书记的讲话,心潮澎湃,更加领悟到:"初心易得,始终难守。以史为鉴,可以知兴替的重要性。"思想上的洗礼成为平日工作的动力。体育强,中国强;国运兴,体育兴。中国体育的发展历程见证了中国共产党百年奋斗史,成为一个不可或缺的符号,深深镌刻在百年党史之中。

1917年,毛泽东在《体育之研究》中以辩证唯物的观点全面论述了体育的目的、意义、价值、作用以及锻炼方法等。如果把这篇具有跨时代意义的文章视为红色体育的光辉起点,过去的一百多年间,体育的发展因时代需求不同而呈现出不同阶段和不同侧重点,但体育在我国的本质始终与增强国民体质息息相关。回首中国共产党建党百年来体育事业的变迁过程,看到的是新中国成立以来特别是改革开放之后的迅猛发展,感受到的是中国跻身世界体育强国的意气风发。体育事业的发展伴随着中国共产党带领中国人民争取民族独立、人民解放、实现国家富强的过程。体育事业发展体现在经验的继承与光大的过程中,凝聚在奋斗与建设的征程中,体育的文化内涵得以不断丰富,体育运动的作用得到充分认识,体育活动的影响力得到大幅提升。体育成为人生教育的重要组成部分,运动锻炼成为人们健康生活习惯的重要体现,"提高国民素质,实行全民健身"的理念逐渐深入人心,2035年建成"体育强国、健康中国"的进军号已经吹响。与此同时,体育作为一个国家软实力的重要体现,伴随着中国健儿在国际赛场的出色表现和大型赛事的成功组织举办,也在一定程度上促进了我国国际地位的提高。

创编一本以建党百年时间为轴,论我国体育事业发展图书的意愿由来已久,确切地讲从2019年深入进行北京冬奥遗产助力国家发展战略的研究开始,便深深感受到体育事业在我国的发展绝不是简简单单聚焦某个特定领域或任务那么简单。但是,与宏大主题相伴而生的问题涉及领域和内容太多,这样的工作想以独立的图书方式呈现并不现实。就这样，这个念头一直时续时断装在心里。也许是因为2021年参加了不少以"百年"或"新中国成立以来"为时间节点的线上线下纪念活动和学术论坛，虽说每次的活动组织者均精心筹备，专家学者相聚一堂收获颇丰，但是短暂的活动结束之后还是总觉得自己的心里缺少了点什么。到底是什么让这样的感觉挥之不去呢？思来想去终于明白，是创作一部记录我国体育发展图书的萌动被重新唤醒，这是潜藏在心里的以一本完整的出版物记述中国体育百年发展历程，凝练出更为厚实的成果的念想。可是，此时日历上的2021年已经时间过半，这个时间再来论"百年"，是不是有点晚了？

"这是一个好选题，值得做！百年征程应该有一本书来记述，我们社做！"说这句话的是天津科技出版社的副总编石崑先生。之后，自己反而成了经常被催着往前推进的一方，经过很多次的电话会议讨论，创作这本书的任务纳入工作日程。

真正进入书稿框架设计的阶段，才感觉到工作的难度。甭说别的，就拿内容板块的取舍来说，在一本书中以学术和写实视角解读我国体育发展的重要工作就不是一件简单的事情。几经深入研讨之后，把本书的内容取材设定为思想理论、政策法规、竞技体育和社会体育、学校体育、传统体育、体育外交、双奥和残疾人体育等领域，正可谓是体育思想引航程、基本经验需传承、政策法规是保障、竞技体育拼荣耀、赛事活动影响广、学校体育是基础、全民健身惠大众、传统体育重传承、体育外交软实力、夏奥冬奥展国力、身残志坚筑"我能"。

书稿框架初步定下来之后，接下来发愁的是如何完成图书创作。显然，如此之多的专题领域不是某一位专家学者的研究和学识可以胜任完成的，且这样一个记述体育相关领域发展历程的严肃主题，当然要请特定领域的权威专家出手才行。于是，就有了这样一个"豪华"的作者团队，每个章节的负责人都研究成果丰硕，著作等身。统计了一下，他们当中的每一位都或主持完成过该研究领域国家级的课题研究，或在一线执掌该领域工作整体运行。

这是一本凝聚了众多专家集体智慧的作品。第一章、第二章负责人为国家体育总局体育文化发展中心崔乐泉研究员；第三章负责人为首都体育学院韩勇教授；第四章负责人为南京体育学院彭国刚教授；第五章负责人为首都体育学院刘海元教授；第六章负责人为首都体育学院王庆伟教授；第七章负责人为首都体育学院孟涛教授；第八章负责人为首都体育学院汪流教授；第九章负责人为北京冬奥组委残奥会部董学模副部长；第十章、十一章负责人为温州大学易剑东教授。特别感谢北京体育大学研究生周坤对本书第五章、首都体育学院研究生武雨佳对本书第六章、北京师范大学博士后韩晓伟对本书第九章、北京体育大学研究生姜歌对本书第十章、北京体育大学研究生徐笑菡对本书第十一章付出的心血和做出的贡献。感谢参与图书写作的专家们的信任与支持,聚焦研究主题为本书贡献宝贵学识和智慧。感谢南京体育学院的杨国庆校长为竞技体育部分的把关和指导;感谢首都体育学院原校长钟秉枢教授和中国人民大学张建会教授在本书创造过程中的大力支持;感谢首都体育学院期刊部主任付全教授对图书创作内容框架设计的建议;感谢北京师范大学博士后董倩、首都体育学院博士研究生陈九、首都体育学院研究生孔哲付出的宝贵时间。感谢天津科技出版社对这本书的重视,不仅在短时间内完成了从选题策划到确定方案、付诸行动的图书出版流程,在编辑审校工作当中也派出精兵强将……本书的出版还获得了国家社会科学基金重大委托项目《北京 2022 年冬奥会和冬残奥会遗产助力国家发展战略研究》(编号19GZH045)的支持。需要感谢的人太多太多,在大家共同努力下打造出了这本书!

感谢伟大的时代!生逢盛世,在全面建设社会主义现代化国家的征程上,体育将扮演不可或缺的角色,见证华夏儿女继续践行自己的初心和使命,实现中华民族伟大复兴!作为中国的体育人是幸福的!希望这份幸福感伴随着动感体育节拍不断传播,大家共同促进中国体育事业的蓬勃发展,共同建设健康美好的家园!

谢 军

2022 年于北京

目　录

第一章
中国百年体育文化建设的理论与实践

习近平总书记在党的十九大报告中指出："文化是一个国家、一个民族的灵魂。文化兴国运兴，文化强民族强。没有高度的文化自信，没有文化的繁荣兴盛，就没有中华民族伟大复兴。"在中国共产党的领导下，无论是新民主主义时期的红色体育文化建设，还是新中国成立70多年来中国特色社会主义体育文化建设，都对中国体育事业的整体发展产生了重要影响，并给我们留下了宝贵的经验。

一、中国体育文化建设的百年演进历程

新民主主义革命至新中国成立初期的这段时期内，中国共产党领导建设的体育文化是整个革命的一个组成部分，是为"团结人民、教育人民、打击敌人、消灭敌人""帮助人民同心同德地和敌人做斗争"而建设的。随着1956年党的八大召开，开始进入社会主义建设，中国体育文化的发展先后历经了社会主义建设的探索和发展、改革开放、中国特色社会主义建设新时期等历史时期，并正迈步在中国特色社会主义体育文化建设新时代的征程中。随着体育事业的整体发展，随着为人民服务的体育事业发展方式的不断调整，体育文化也走上了一条探索、改革和强国之路。

(一)新民主主义体育文化建设的探索与发展

中国共产党自成立伊始，就对新民主主义体育发展给予了极大关注。建党初期，共产党人主要通过宣传自己的体育主张，呼吁广大民众投身到体育活动中来。第二次国内革命战争、抗日战争以及解放战争时期的新民主主义体育，在中国共

产党的领导下，发展出了适合当时国情的具有军事性、健身性和娱乐性的独特体育形态，这一被称为"红色体育"形态的新民主主义体育，在中华体育发展史上，可谓一项伟大创举。这就是新民主主义体育的体育文化建设。其为新中国成立后社会主义体育事业积累了经验、准备了干部、开拓了道路，并成为丰厚的文化遗产。

在新民主主义体育文化建设的丰富遗产中，最突出的就是源自中华传统体育、西方近代体育和创于革命斗争实践中的体育运动项目的文化建设。而这些适合于当时国情而发展起来的运动项目，在军队体育、群众体育和学校体育的文化建设中发挥了重要作用，成为中国近代体育文化的重要精神财富。

革命战争年代的军队体育是新民主主义体育的主要组成部分，其运动项目从选择、价值内涵直到竞赛项目设置，都具有强烈的外显价值，并且"在近代以来抵御外侵、争取民族独立的历史背景下，其在树立国家形象、振奋民族精神、改善民族体质等方面发挥了重要的作用"。当时开展的体育项目，既有武术、摔跤、举石锁、举石担、掰手腕、拔河、打木猴（打汉奸）、象棋等传统体育项目，也有跳远、跳高、赛跑、单双杠、游泳、篮球、足球、排球、棒球、网球和乒乓球等西方近代竞技体育项目。而主体体育项目则是结合军事训练实践自创的运动项目，例如，爬山、行军、打野战、"打野操"、爬越障碍、军体拳、过独木桥、木马、爬云梯、劈刀（"马刀花"）、射击瞄准、投手榴弹、刺杀、武装竞走、长途跑步，甚至还有识图、测距、识别和利用地形地物、搭帐篷、架桥等竞赛项目。这些运动项目的形成，既有一定的社会文化土壤，更有与军事训练相结合的相关制度保障，同时还有广泛的群众参与度。这些结合军事训练开展的体育活动既是军队训练项目，也是一类独特的体育运动项目；既练战斗技能又练体力。经过练兵运动的推动，军队指战员在这些独特运动项目的训练中培养了战斗精神，作战技能迅速提高，军队训练的正规化、科学化得到提高，为赢得军事战争的胜利奠定了基础。

在群众体育活动中，主要侧重于武术、摔跤、举石、耍大刀、拔河、登高、赛马、放风筝、踢毽子、赛马、集体操、翻跟头、打猎、打瓦、弹玻璃球、下棋、打扑克、交谊舞、秧歌、腰鼓等当时民间流行的传统体育项目与歌舞活动形式。而篮球、足球、排球、网球、乒乓球、举重、跳高、跳远、赛跑、游泳、滑冰等西方近代竞技体育项目，除了在机关团体、工厂职工中开展，主要见于各类学校体育教学中。敌后革命根据地和解放区群众体育开展的运动项目具有广泛的群众性以及因地制宜与土洋结合、利于普及的特点，一些社交性的歌舞活动，例如唱歌、秧歌、腰鼓等都被融入群众体育运动之中。至于学校体育，除了小学开展一些踢毽子、荡秋千、滚铁环以及捉迷藏等体育项目，在中学和大学以及各类培训班中，还是以西方近代竞技体育项目作为主要的体育教学内容，而且也是学校运动竞赛活动的主要形式。上述群众体育和学校体育中的运动项目的设置形式与开展，既结合革命战争实际普及运动项目文化知识，同时更注重民族传统体育文化和体育现代化的传承发展。反映出新民主主义体育在运动项目文化建设上，已经将民族传统精神和现代竞技体育价值观念内化为人的行为规范，这对塑造中华民族的体育文化自信有着深远的历史意义。

在新民主主义革命历程中，中国共产党领导广大人民于革命战争中开创了体现中华民族气概的井冈山精神、苏区精神、长征精神和延安精神。同样在新民主主义体育发展进程中，从中央苏区、长征途中、陕甘宁边区，到各个敌后革命根据地和解放区，新民主主义的"红色体育"一直在发展、延续、继承、创新，逐渐形成了具有革命性与实践性、教育性与科学性、继承性与创新性的"红色体育精神"。

"红色体育精神"是中国共产党结合新民主主义体育实践，创造和建构的一种具有阶段性、区域性和实践性特征的体育精神，也是新民主主义体育蓬勃发展的精神原动力。以李大钊、陈独秀、毛泽东为代表的中国共产党人，在1921年中国共产党成立初期形成的体育思想和主张，成为"红色体育精神"萌发的思想基础。在中国共产党的领导和人民群众广泛参与下，经过第二次国内革命战争、抗日战争和解放战争时期新民主主义体育的发展，"红色体育精神"内涵不断得到凝练与丰富。

1933年5月在江西瑞金叶坪村举行的中华苏维埃共和国"五卅"运动会中，提出了"发展赤色体育运动，养成工农群众集团精神和强健体格"的红色体育方针。在抗日战争时期，毛泽东、朱德和贺龙相继为陕甘宁边区体育题词："锻炼体魄，好打日本""运动要经常""体育运动军事化"，这使得"红色体育精神"伴随着体育活动在军事战争中发挥作用，并在内涵上进一步得到丰富。延安时期，在开创新的体育实践中，"体育为人民""发展体育运动，提高人民体质"等思想开始体现出新民主主义体育的主体是劳苦大众，而人民的健康被提到了首位，"红色体育精神"的内涵又进一步得到丰富。

"红色体育精神"是新民主主义革命时期在体育运动中体现出的一种特殊精神表现形式。在中国共产党领导下，面对极度困难的战争形势，人民军队与广大群众始终坚持自力更生、艰苦奋斗的精神，勤俭办体育，这也铸就了新民主主义革命体育在不同历史阶段所形成的体育精神，这种精神始终与中国共产党的革命历程、与人民军队的建设和群众运动的发展相一致，并紧密地联系在一起，是中国共产党在新民主主义革命战争中形成的精神财富。"红色体育精神"作为革命战争年代在中国共产党领导发展的体育运动中形成的精神产物,其内涵可概括为:"立足民众,团结一心,锻炼筋骨,保家卫国,艰苦奋斗,拼搏超越。"这是一种民族精神,它作为新民主主义革命时期体育文化建设的重要组成部分,为新中国成立后社会主义建设时期中华体育精神的探索提供了思想渊源。

在新民主主义体育发展过程中,不同时期的体育文化宣传工作也是体育文化建设的重要组成部分。毛泽东、朱德、周恩来等就经常在中央苏区作体育工作报告、发表相关文章,科学而深入浅出地宣传中央苏区体育的地位、作用与意义。他们的体育思想和体育实践通过宣传成为中央苏区体育文化建设的重要组成部分。

1931年创刊的中华苏维埃共和国中央政府机关报《红色中华》、少共中央局机关报《青年实话》等,经常刊载有关体育活动、体育文化宣传等方面的文章。其中《红色中华》到1935年1月共出版264期,发表体育文章40多篇。而《青年实话》为了宣传中国共产党和中华苏维埃共和国临时中央政府有关发展赤色体育运动的工作方针和政策,活跃敌后革命根据地的组织生活,加强青年群众的体育教育,自1933年3月19日开始,专门开辟了体育栏目,肩负起宣传报道中央苏区体育的任务,成为体育文化建设的重要阵地。在中央出版局的组织下,还先后出版了《各种赤色体育规则》《柔软体操》《少队游戏》《少队体操》《竞争游戏》《体育教学法》《儿童游戏》等体育书籍。据不完全统计,在中央苏区出版的400多种各类图书中,文化教育、医疗卫生和体育教育的内容占了一定比例。

延安时期,体育宣传工作作为体育文化建设的组成部分,也是整个陕甘宁边区体育工作的重要组成部分,报纸、杂志、广播、影视作品和图书展览等都成为体育宣传的重要阵地。原来在中央苏区出版的报纸《红色中华》1937年更名为《新中华报》,并在1937年"八一"运动会期间出版过4期《体育特刊》,对运动会的发起、赛程、结束的整个过程作了连续而翔实的报道。该报纸还不定期地对其他体育竞赛、体育组织、群众体育等作过详细的报道,成为体育文化宣传的主阵地。1941年5月在延安创刊的中共中央机关报《解放日报》、1938年在重庆创刊的《新华日报》,都在积极宣传中国共产党中央的体育思想和体育方针的同时,对军民体育组织、军民体育竞赛也进行了大量报道。

除了上述媒体,延安时期至解放战争时期的各根据地和解放区,许多与体育相关的杂志、图书、电影、广播电台等纷纷出现,并通过多种形式对中国共产党领导的新民主主义体育进行宣传,动员群众到运动场上锻炼身体。这些媒体广泛宣传中国共产党领导下的体育运动,对新民主主义体育的蓬勃发展起到了推动作用,对民族传统体育、现代体育以及通过军事战争创编的一些体育运动项目进行了推广和普及,成为体育文化建设的重要平台。

(二)国民政府时期体育的演进

1927年至1949年国民政府时期的体育,也是中国近代体育的发展和兴盛时期,在体育法规、体育教育、竞技运动与体育经济等方面都有了一定的发展。

1.体育法规的出台与实施

1929年4月16日,国民政府正式颁布《国民体育法》。该法规共13条,涵盖领域广、涉及内容较多。《国民体育法》不仅明确提出体育的目的、实施体育的方法,还规定公共体育场的设立、学校体育的实施和体育组织的成立等内容。

为贯彻这项体育法规,1932年8月,国民政府教育部召开全国体育会议,并通过了由吴蕴瑞、袁敦礼等人起草的《国民体育实施方案》,该方案内容共计35条。在国民体育的目标方面,规定全体国民平均发展体育、训练国民适应环境的能力、国民合作共御外侮、规范行为目标、休闲娱乐等五个方面。这部分内容集中反映了当时体育学者和教育家对体育的基本认识。在行政与设施方面,包括行政组织系统、体育设备和体育经费等三项内容,并明确规定了体育设施的基本要求、体育场馆的数量和基本功能,全国体育行政组织的设立等内容。在推行办法方面,包括研究工作、师资训练、学校体育实施办法、民众体育实施办法和各种集会等五方面内容。在这部分内容中,明确了体育研究机构的设立、师资培训的主要内容、学校体育的宗旨、课程等内容。针对社会体育的发展,该方案规定的内容也非常具体,主要是要设立体育试验场,并要求试验场要开办民众业余运动会等十项内容。在考试方法方面,该方案主要规定了主持考试的机关、考试项目、标准和种类等四个方面的内容。

在体育法规方面,除教育部颁布的相关体育教育法规外,1941年,国民政府公布《修订国民体育法》,规定每年9月9日为体育节。但是在战时,体育节实施情况并不理想。

2.体育教育进一步完善

南京国民政府成立后,围绕体育教育出台了一系列课程标准,在一定程度上推动了体育教育的进一步发展。例如,1929年,南京国民政府颁布《小学体育课程暂行标准》《初中体育课程暂行标准》《高中体育课程暂行标准》等,明确了体育教学的目标。1934年颁布《师范学校体育课程标准》,1936年颁布《小学中高年级体育课程标准》《暂行大学体育课程标准》等法规,这些法规对于各级学校的体育课程设置、体育师资力量的培养等都有较为明确的要求。

围绕课程标准和学校体育的相关要求,国民政府教育部还组织体育专家学者着手编撰各级学校体育教育的教材,至1936年,先后出版了24册的《体育教授细目》。商务印书馆、中华书局、世界书局等出版机构,先后出版了《体育教材》《大学体育》等体育教材。宋君复、吴蕴瑞、阮蔚村等专家学者编撰了一系列体育教学参考书,包括《体育原理》《运动学》《运动卫生》《体育概论》等。

南京国民政府时期,体育师资培训规模较之以往有所扩大,1928年只有12所学校招生,至1937年,已有29所体育学校招生,招生学校数量增长了一倍多。在这29所招收体育师资的学校中,有18所公立学校,11所私立学校。在培养体育师资方面,北平师范大学体育系、两江女子体育师范学校、东北大学体育专修科、东亚体育专科学校、中央国术体育专科学校和南京中央大学体育系等是较为重要的机构。北平师范大学即原北京师范大学,1928年,改称北平师范大学。该校的体育师资力量雄厚,近代中国一批体育名家和体育学者曾在该校体育系任教,如董守义、马约翰、宋君复、郭毓彬和谢似颜等。该系在培养体育师资方面,非常重视学生的文化素质,在入学时,报考该系的学生要参加北平师范大学的统一文化课考试,考试合格后,再加试体育运动项目。如果文化课没过关,不予录取。此外,南京国民政府还通过派遣留学生和举办短期体育训练班的方式,培养体育师资力量。

为适应抗日战争的需要,国统区的学校体育方针发生了改变,确定为平时为自强、战时为卫国。1939年,在重庆召开的全国教育会议上,通过了《体育教育改进案》,明确学校体育的目的为"培养自卫、卫国之能力"。1940年,国民政府教育部颁布《各级学校体育实施方案》,针对小学、中学和大学三个不同层次,分别提出相应的目标体系。抗日战争胜利后国民政府将学校体育教育方针调整为"健全体格",并相应地修订了学校体育教育目标和体系。这一时期,大学体育专修科和体育专门学校依然有所发展,从1937年到1948年,先后创办了广东省立文理学院体育专修科、四川国立女子师范学院体育专修科、河北省立女子师范学院体育系等22所专修科和体育专门学校。

3.体育思潮的演进

南京国民政府时期,各种社会思潮不断地影响着中国近代体育事业的发展。其中,实用主义教育思潮、乡村建设思潮等对体育界影响深远。

实用主义教育思潮对近代中国教育界影响较大。胡适、张伯苓等人都曾受到这种思潮的影响。胡适曾留学美国,是实用主义哲学家杜威的学生。中国教育界之所以能够深受实用主义思潮的影响,与杜威来华并在全国各地多次演讲有关。实用主义思潮注重实际应用,强调以实践来争取科学化,提倡身心和谐地发展。胡适受此影响,强调大家特别是学生要多参与体育运动,体育竞赛所追求的不是结果,而是参与;胡适提出多多实践,在实践中体会体育带来的快乐;胡适认为体育运动是增进集体责任感、培育团队精神的重要纽带。实用主义体育思潮改变了学校体育教学呆板、内容枯燥的弊端,丰富了教学内容,教育形式也更为灵活。

1932年7月,刘长春远赴洛杉矶参加奥运会,他的失利在国内引发了"土洋体育之争"。所谓土体育,是中国传统的以武术为代表的民族体育项目;所谓洋体育,即从欧美引进的近代体育项目,以田径和球类项目为主。

1932年7月,《世界日报》发表评论,呼吁改革中国体育问题,揭开了这场纷争的序幕。8月7日,《大公报》发表社论《今后之国民体育问题》,认为中国应该脱离洋体育,提倡土体育。即远离西方的体育项目,提倡中国传统体育项目。此后,一些报刊先后发表社论或报评,为这场土洋体育之争推波助澜。"土洋体育之争"引起了当时体育学者的高度关注,并纷纷借助各种报刊阐述自己的观点。近代著名体育家吴蕴瑞在《体育周报》上刊发文章,认为土洋体育论争的焦点在于中国的体育是走开放的道路还是走闭关的道路,他指出,体育的具体内容不应与国界相关,应该看内容是否符合人的生理和心理需要。近代著名体育学者谢似颜认为体育的最低目的是健康,最高目的是文化,如果仅仅以最低目的为限,则失去了近代体育的意义。由于土洋体育论争时正值全国体育会议在南京召开之际,因而,这场纷争直接影响到了该会议通过的《国民体育实施方案》,该方案明确指出,无论何种体育,只要不违背科学的原则,并适合人类的天性,都应该提倡。这也为近代体育进一步融入中国社会、传统体育走向世界创造了一定的条件。

4.运动会体系的新变化

南京政府时期,中国运动体系出现了新的变化。除原有的学校运动会、城市运动会、大区运动会、全国运动会和远东运动会外,中国开始正式派代表团出席奥运会。

在大区运动会方面,华北运动会继续举办,共举办6届。1928年,第13届华北运动会在北京汇文学校举行。1934年,第18届华北运动会在天津河北省体育场举行。原定1935年举行的第19届华北运动会,因为当时华北局势而取消。至此,华北运动会被迫宣告终止。华北运动会共举办18届,是近代中国举办时间最长、参加范围最广、影响最大的区域运动会。1930年、1934年、1936年,第四届、第五届、第六届华中运动会分别在安庆、武昌和长沙举办。1933年,第一届西北运动会在宁夏银川举办,共有山西、陕西、甘肃、新疆、青海等9个省区参加。此外,江苏省、安徽省和浙江省等地区也举办了省运动会。

1930年、1934年，中国还派代表团参加了第九届和第十届远东运动会。在第九届远东运动会上，中国队派出150人的代表团参加各项赛事，并获得排球和足球冠军（足球与日本队并列第一）。最终团体第一为日本队，中国名列第二，菲律宾第三。本届远东运动会上，为与奥运会保持一致，决定以后远东运动会每四年举办一届。1934年5月，第十届远东运动会在菲律宾举行。中国队虽然派出100多名选手参加了全部的比赛项目，结果仅足球1项获得团体冠军。日本获得4项冠军，菲律宾获得3项冠军。当时，日本妄图邀请伪满洲国参加远东运动会，为此，要求修改远东运动会相关的规则，此举遭到中国代表团的强烈反对。历时21年之后，举办了十届赛事的远东运动会宣告解体。

1932年，第10届奥运会在美国洛杉矶举行。中华全国体育协进会准备派代表观摩比赛，此时，伪满洲国宣布刘长春等人将代表伪满洲国参加奥运会。此举遭到全国人民的反对，刘长春也从东北入关。经张伯苓等人的协调，张学良资助刘长春参加洛杉矶奥运会。由于长途跋涉，刘长春的体能受到影响，因而在100和200预赛遭淘汰。尽管刘长春没有取得佳绩，但中国选手第一次在奥运会的正式比赛项目上亮相，掀开了中国人正式参与奥运会比赛的篇章。1936年，第11届奥运会在德国柏林举行。中国经过选拔派出69位选手参加7个项目的比赛，除符保卢进入复赛，其他选手均在预赛就被淘汰。中国派出的武术队在德国柏林和其他地区进行了表演，中国裁判舒鸿作为篮球裁判亮相奥运会篮球赛场。

抗日战争胜利后，国民政府于1948年5月举办了旧中国第七届全国运动会。共有58个代表队、2677名运动员参加，设有田径、游泳、足球、篮球、排球、网球等正式比赛项目，同时设有男子和女子射箭、竞走、棒球和水球等表演项目。由于组织混乱，足球、网球、排球等项目均出现了多个代表队并列冠军的现象，而且比赛纪律非常差，殴打裁判现象屡有发生，甚至动用军警来保护裁判。这届全运会被时人称为当时"中国一切现象的缩影"。

尽管中国体育界面临着各种不利的状况，但还是做出了自己的努力。由于二战的影响，国际奥委会被迫停止了1940年和1944年两届奥运会。1948年，中华全国体育协进会费尽周折选派33名运动员参加在伦敦举办的第14届奥运会，结局依然是一无所获，而且连返程的交通费等都是王正廷等人靠自身的关系筹措来的。

5.体育经济的壮大与发展

从体育用品制造业的发展来看，这一时期，天津春合、天津利生和保定布云等体育用品企业发展迅速，不仅资本金有所扩大，市场规模也在逐步扩大。春合体育用品公司生产的体育用品,一度远销东南亚、英国、美国等国家和地区,在东北地区市场份额一度占到五成以上。一些大型百货公司成立了专门的体育用品销售部。尤其值得注意的是,这一时期,由于全国运动会等大型运动会相对有序开展,为中国体育用品制造业提供了有利的外部条件。许多大型运动均要求采用国货,不仅使得国产体育用品有了稳定的销售市场,也为国产体育用品的宣传提供了渠道。

这一时期,由于国内外经济环境的变化,民营经济发展速度也在提升。民营的体育俱乐部和相关行业也得到了发展。如20世纪30年代,上海跑马总会的收入每年多达700多万元。体育图书、体育广告等发展势头迅猛,相关图书的代理网点分布全国的主要城市。

(三)社会主义时期的体育文化建设

1949年中华人民共和国成立,标志着中国共产党领导的新民主主义革命胜利和新型国家政权的建立。随着社会主义基本制度确立和开始社会主义建设的探索,至1978年中共十一届三中全会召开之前,中国体育事业在文化建设方面取得了一定成就。

在进行体育场地兴建、完善体育队伍和制度建设的过程中,以运动项目为主体的竞技体育文化建设,作为体育事业发展的基础更加突出了其时代特色。针对当时国际和国内的形势,为了迅速提高我国竞技运动水平,推进体育的国际交流,在运动项目的选择方面,借鉴苏联体育经验,主要侧重于现代竞技运动项目的推广和普及。而对于民族传统体育项目,在政府出台相关政策并适时举办相关体育赛事以外,主要普及于群众的体育活动中。为了加强运动项目文化建设,以现代竞技体育项目的发展为主体,"继承了世界各国宝贵的运动精神财富,将'体育'内化为国家、社会、人民不可或缺的'精神图腾',视为时代的'风尚'、强国的'利器'、教育的'基石'、交流的'桥梁'。在这些文化符号形成的背后,中国竞技运动项目尤其是优势项目的发展,起到了至关重要的作用。"与此同时,我国体育事业确立了"普及与提高相结合"的战略,并在一段时间内,使得竞技体育从推动群众体育普及中获得了快速发展。

从1952年参加第15届奥运会开始,新中国的竞技体育有了进一步的发展,而1959年的第一届全国运动会更为竞技体育带来了新的发展机遇,尤其是中国体育健儿在国际和国内的大型体育赛事中不断取得优异成绩,有力地推动了竞技运动项目的进步,也同时培养了优秀运动员。例如,1953年出现了新中国第一位游泳世界冠军吴传玉，1956年出现了新中国第一个打破世界纪录的举重运动员陈镜开。然而，由于"文化大革命"，竞技运动项目受到严重影响，虽然在特殊时期出台的"缩短战线"与"保证重点"战略，在一定程度上通过将有限资源运用到重点领域，确保了竞技体育的局部发展，但整个体育事业中的竞技运动项目还是受到了严重影响。

体育既是促进人民身心健康的生动活泼的文化活动，又是社会教育的一种手段。1952年6月10日，毛泽东为中华全国体育总会成立大会题词"发展体育运动，增强人民体质"，明确了我国体育事业发展的根本任务和方向。1954年中共中央批转中央人民政府体委党组《关于加强人民体育运动工作的报告的请示》中指出，体育运动是"培养人民勇敢、坚毅、集体主义精神，和向劳动人民进行共产主义教育的重要手段之一。"这成为当代中华体育精神的重要理论来源之一。

新中国成立后的全国体育总会第一届代表大会和第二届代表大会都曾着重提出，要通过丰富多样的体育运动对人民群众进行爱国主义、集体主义教育，培养良好的道德和作风。在这一背景下，在体育事业的不同领域，彰显中华体育精神的运动员和运动团体纷纷出现。20世纪50年代，容国团以"人生能有几回搏"的昂扬斗志，为新中国夺取了第一个乒乓球世界冠军。20世纪60年代，从"三从一大"训练原则的提出开始，中国竞技体育运动员就明显表现出"以苦为乐"的体育精神；登山队攀登珠峰的英雄主义行为作为"精神原子弹"，为中华民族提供了"吓不倒、压不垮"的精神支撑。20世纪70年代，中国足球的"志行风格"深得人们赞誉。这些中国竞技体育运动员多角度地诠释了中华体育精神。

(四)改革开放进程中中国特色体育文化建设

自1979年中国恢复在国际奥委会合法席位以来，从竞技体育"勇攀高峰，为国争光"的角度出发，在"优先发展战略"的推动下，中国竞技体育的发展更加注重对竞技运动项目的选择。自中国参加1984年洛杉矶奥运会以来，为了使中国竞技体育尽快走向世界，为了跟西方体育强国一较高下，"我们开始全盘接受西方的竞技运动文化，从规则、选材、训练到比赛，都是按照西方竞技运动项目的发展样式，目的是在同一个运动场域，按照统一的规则，来一决高下"。这样一来，以世界通行竞技运动项目为主体的运动项目选择机制，被打上了国家意识形态的烙印。在这一过程中，中国竞技体育实行"举国体制"，在运动项目文化建设上，更加注重体育精神建构，而这也是竞技运动项目文化赋予中国体育文化的时代色彩。

1978 年，党的十一届三中全会召开，体育事业改革也迎来了欣欣向荣的春天。中国女排于 1981 年在排球世界杯赛夺冠，此后 5 年又在世界排球锦标赛、奥运会和排球世界杯赛中 4 次夺冠，中国女排的拼搏精神成为鼓舞中国人民为社会主义事业奋斗的精神动力之一。中华体育健儿在 1984 年美国洛杉矶举办的第 23 届奥运会中实现金牌"零的突破"，中国在 1990 年 9 月举办第 11 届亚运会，这些都极大振奋了中国人的民族精神，在对中华体育精神做出精彩阐释的同时，进一步推动了中国体育事业的蓬勃发展。

2001 年 7 月 13 日中国获得了 2008 年第 29 届夏季奥运会的主办权，经过 7 年筹备，在"绿色奥运、科技奥运、人文奥运"理念的指引下，中国办成了一届有特色、高水平的"真正的、无与伦比的奥运会"。在 2002 年盐湖城冬奥会中，中国体育健儿又实现了冬奥会金牌"零的突破"，标志着中国竞技体育已经成为国际体坛上具有强大竞争力的重要力量。在这些世界性体育赛事中，体育健儿所展现的刻苦训练、不畏强手、顽强拼搏、积极进取、无私奉献的精神，成为新时期中国体育发展的强大精神动力。

在 2008 年 9 月 29 日北京奥运会和残奥会总结表彰会上，国家主席胡锦涛在讲话中讲道："广大奥运建设者、工作者、志愿者牢记党和人民的重托……大力培育和弘扬了为国争光的爱国精神、艰苦奋斗的奉献精神、精益求精的敬业精神、勇攀高峰的创新精神、团结协作的团队精神，为北京奥运会、残奥会成功举办提供了强大的精神支撑。"该讲话丰富了中华体育精神的内涵，而北京奥运会、残奥会培育的崇高精神，则成为中华体育精神在新时期的生动体现。在培育和践行社会主义核心价值观的过程中，中华体育精神的内涵逐渐得到提升，在爱国、超越、拼搏、公正等品质与意志为核心精神的基础上，又以"为国争光、无私奉献、科学求实、遵纪守法、团结协作、顽强拼搏"为主要内涵的中华体育精神，成为社会主义精神文明丰富内涵的重要组成部分。

改革开放后，作为体育文化建设的体育宣传工作有了新的发展，取得了新的突破。从中央到地方，以新闻性的报刊、广播节目、电视节目为主体的新闻媒介，在体育新闻报道的数量与质量方面都有所提高。例如，《人民日报》《光明日报》《解放军报》《工人日报》《中国青年报》等报纸，以及各地众多报刊都在积极宣传党和政府的体育方针、政策，报道中国改革开放以来体育事业所取得的成就。为中国改革开放进程中体育文化建设搭建了广阔的宣传平台。

(五)中国特色社会主义新时代的体育文化建设

"运动项目文化蕴含在运动和竞赛之中,各类赛事是集中展示运动项目文化的舞台。"而体育赛事在推广运动项目文化、普及运动项目知识、展现运动项目人文内涵等方面成为体育文化建设的重要内容。

2015年11月,国家体育总局下发了《关于进一步做好运动项目文化建设的通知》,要求"在提升竞技体育成绩的同时,注重运动项目文化的打造,挖掘运动项目文化内涵"。2017年3月,国务院发布《体育发展"十三五"规划》,提出"加强体育文化建设,提高体育宣传和对外交往工作水平"。在新时代体育文化建设中,竞技运动项目文化研究更注重对运动项目特色、体育组织文化和运动员团队精神等的总结提炼。面对中国特色社会主义新时代,中国运动项目文化建设既要从传统和特色两个方面来总结优势运动项目发展的先进经验,同时更要认识到运动项目文化的自我超越性和先进性,并进行创新和反思。作为中国体育文化建设的重要组成部分,运动项目文化在建设和传播过程中,既注重了竞技运动项目竞技水平与运动竞赛的结果,又通过讲述运动项目文化故事使运动项目文化发扬光大的同时塑造中华民族的文化自信,为中华民族的体育文化建设贡献了正能量。

2015年7月31日,北京携手张家口获得了2022年冬奥会举办权,成为世界上唯一一座举办过夏季奥运会后又举办冬季奥运会的城市。这是党的十八大以来,以习近平同志为核心的党中央高度重视体育工作的重要体现。它在激起中国人民建设体育强国的热情的同时,也将体育强国梦融入于中华民族伟大复兴中国梦之中。在实现体育强国梦的征程中,鼓舞一代又一代运动员取得辉煌运动成绩、实现个人人生价值的精神力量是中华体育精神,而中华体育精神也成为新时代中国特色社会主义建设伟大实践的精神动力,成为社会主义先进文化和时代精神的重要内涵。在健康中国建设进程中,中华体育精神同样是提高中国人民身体素质和健康水平,激励中国人民弘扬追求卓越、突破自我的精神的基础。中华体育精神将在中国特色社会主义新时代的中国体育事业建设中发挥更为独特的作用。

2016年3月18日,习近平在听取北京冬奥会、冬残奥会筹办工作情况汇报时强调:"要充分利用我国丰富的文化艺术资源,以体育为主题,以文化为内容,策划组织形式多样、生动活泼的文化宣传活动,广泛吸引社会各界积极参与。"而获得巨大成功的北京冬奥会,在文化方面更具特色。如很多场馆设计体现了中国文化特色,像"冰丝带""雪飞天""雪如意"等场馆,都包含有浓厚的中国元素;冬奥会和冬残奥会会徽也体现了中国书法与体育运动的完美结合;而吉祥物"冰墩墩"形象则来自中国国宝大熊猫，"雪容融"的设计灵感源于象征团结喜庆的中国灯笼。北京冬奥会的举办，更为世界奉献了一届简约、安全、精彩的奥运盛会，让世人深度领略了蕴藏其中的"东方美"，无论是点燃火炬的长信灯、服装上的山水画，还是奖牌里的同心圆玉璧、跳台滑雪场的雪如意，处处都彰显着中国文化的内涵。再如开幕式上的"二十四节气"，代表着一年的时光轮回，代表人与自然和世界相处的方式，也寓意着各国朋友共同迎接一个新的春天。五方正色、千里江山图、宝相花……北京2022年冬奥会和冬残奥会颁奖礼仪服装从配色、图案到设计构思，处处呈现中国传统服饰智慧。当冬奥会邂逅农历新年，颁奖礼仪服装"瑞雪祥云""鸿运山水""唐花飞雪"，以中国韵味点缀冬奥会赛场高光时刻。闭幕式上，伴随着"折柳送别"响起的"长亭外，古道边，芳草碧连天"的旋律，一支赠给远行者的柳条，成为冬奥会闭幕式上最具中国浪漫的道别。

近几年来，体育文化宣传充分发挥了举国体制的优势，协调各类传统媒体和新兴媒体，在体育出版、体育影视等方面，构筑起中国体育文化建设的宏大格局，用体育人自己的实际行动，培育和践行社会主义核心价值观。

二、中国体育文化建设的逻辑理路

在中国共产党领导的体育百年发展历程中，体育文化建设先后经历了新民主主义革命时期、社会主义革命和建设时期、改革开放和社会主义现代化建设新时期、中国特色社会主义新时代。由不同时期体育文化建设的时代特色、国情变化、中国共产党的自我革新历程的脉络，可以架构出体育文化建设的内在逻辑理路。

(一)时代特色:体育文化建设的外在表征

中国共产党建党百年来，党领导的体育发展进程、体育文化建设始终与不同时期的体育实践相伴而行，而且呈现出了不同时期体育整体发展的外在特征。新民主主义革命时期，"红色体育"的开展主要围绕战争并且服务于战争。在体育文化建设方面，体现为在中国共产党领导下，体育的指导思想和精神内涵与一切旧式的体育有着明显的界限，外显的体育文化建设理所当然地为当时革命战争和中国共产党的革命中心任务服务，军事色彩浓厚。

新中国成立初期，体育文化建设主要围绕即中华全国体育总会的主要任务"向广大人民群众进行体育运动的宣传教育工作"而进行，是为新中国和社会主义建设时期的体育事业服务。改革开放以后,随着对新中国成立 30 年来中国体育发展道路的反思,配合"在普及和提高相结合的前提下,侧重抓提高"的体育方针,以及通过调整而初步形成的"以发展竞技体育为先导,带动体育事业全面发展"的战略布局,体育文化建设在竞技体育、群众体育、学校体育、体育科研以及体育外交等方面有了全面推进。在中国体育进入中国特色社会主义建设时期,体育文化建设更迎合时代潮流,在贯彻《奥运争光计划》与《全民健身计划》,深化体育体制改革与体育强国建设过程中,搭建整体推进体育事业发展的文化平台,为中国特色社会主义体育的发展,筑牢顺应时代潮流的文化根基。

(二)国情变化:体育文化建设的深层导因

无论是新民主主义革命时期的"红色体育",还是新中国成立后社会主义革命和建设时期的人民新体育,无论是改革开放和社会主义现代化建设新时期的体育事业,还是中国特色社会主义新时代的体育事业,每一时期体育事业的发展,都与中国不断变化的国情紧密相联。同样,作为体育事业发展主要表现形态的体育文化建设重点的变化,也随国情的变化,蕴含在体育制度与政策的演进中。

新民主主义革命时期,"红色体育"形成过程中的国情,在艰苦奋斗、勤俭办体育的精神中有所体现;在因地制宜、因陋就简、为战争服务、为群众服务的方针中也有所体现,并成为新民主主义体育制度与政策制定和演进及文化建设的思想基础。在新中国体育 70 多年的发展历程中,从体育领域的"批美学苏""大跃进""文化大革命"对体育的影响,从充分发挥社会主义制度集中力量办体育的"举国体制"的形成,到体育事业在中国特色社会主义新时代的发展,都为当代中国体育事业的改革探索和加快推进体育强国建设打上了国情的深深"烙印"。而体育文化建设在不同时期体现出的特点,同样有着国情变化的深层导因。

(三)革故鼎新:体育文化建设的根本前提

从 1921 年中国共产党成立以来,中国体育实践历经了不断试验、推陈出新的百年历史进程。新民主主义革命时期的"红色体育"是在吸收中华民族传统体育和旧军事体育部分内容,重点借鉴苏联军事体育的模式和体制的基础上,结合土地革命战争、抗日战争和解放战争的实际需要创新而来的一种体育形态。在此基础上,以"俱乐部""列宁室"形式体现的体育文化建设,成为当时机关、军队、学校开展体育活动的主要阵地。在体育文化建设中,革命根据地和解放区形成的民族性、多样化和创新的思路被广泛应用到体育运动中。例如,体育活动的内容、组织形式和比赛形式,都在当地的现实条件基础上进行了因地制宜的创新。

当代中国体育文化建设，同样伴随着不同历史时期体育的创新改革。新中国成立初期体育事业的"调整、巩固、充实、提高"，改革开放初期的"奥运模式"的形成，20世纪90年代初体育社会化、产业化发展的新模式，党的十九大以来体育系统坚持问题导向，着力破解制约体育事业健康发展的瓶颈问题，都成为体育文化建设的根本依据。而把握中国体育事业发展的历史进程，在革故鼎新中涵化体育文化，就是中国共产党领导的百年体育文化建设发展的根本前提。

三、中国体育文化建设的实践启示

中国体育文化建设服务于中国体育事业的整体发展。在新民主主义革命时期、社会主义革命和建设时期、改革开放社会主义现代化建设新时期、中国特色社会主义新时代几个不同时期的体育实践中，中国共产党领导下的体育文化建设，在增强人民体质，协调体育事业发展，坚持和完善竞技体育举国体制以及全面开放的体育实践中，"总结历史经验、把握历史规律，增强开拓前进的勇气和力量"，为推进体育强国建设得出更多有益的实践启示。

(一)体育为人民：体育文化建设的核心主题

中国共产党领导下的新民主主义体育，第一次真正成为人民大众的体育形态。在这一以人民为主体的体育事业的发展过程中，广大人民群众参与了体育文化建设的全过程，他们是体育的主人，较少有"锦标主义"和"选手体育"的缺点。在新民主主义体育运动的组织、思想、方针和政策等方面的体育文化建设，切实体现了体育为人民身心健康服务的主旨，而且也成为战争年代"红色体育"开展的主旋律。

1952年6月10日，毛泽东的"发展体育运动，增强人民体质"的题词成为新中国体育工作的基本方针和任务，体育为人民服务作为体育文化建设的主旨，是70年来社会主义体育事业发展的根本出发点和落脚点。不可否认，直接面向民生，着眼于提高人民群众的体质健康水平和生活质量，满足最广大人民群众增强体质、愉悦身心、丰富生活、全面发展等需求，已经成为中国特色社会主义新时代体育事业发展和体育文化建设的核心主题。

(二)协调发展：体育文化建设的重要原则

新民主主义革命时期的体育是中华民族传统体育、西方近代竞技体育以及由于军事战争需要创新而来的体育形式相融合而形成的一种独特的体育形态。但随着抗日战争和解放战争的进展,体育运动在组织开展、运动形式、群体适应特点等方面,如何协调军队、机关、学生和农村群众体育的开展,成为体育文化建设过程中不可忽视的重要环节。例如,军队体育要围绕抗日战争和解放战争的需要开展,而且注重体育训练的正规化;群众体育广泛性的特点,决定了其体育活动的开展要"土洋结合"、利于普及;学校体育则具有浓郁的政治色彩,游戏性、创造性是其突出特点。在这种根据不同群体开展的体育活动中,以展示体育运动不同特点的体育文化宣传,成为协调体育发展的一个重要原则。

新中国70年来的体育事业,同样注重整体的协调发展。从注重坚持自身的发展与经济社会的发展相协调、相适应,到注重坚持体育事业自身内部的统筹兼顾、协调发展;从群众体育与竞技体育的协调发展,到体育事业与体育产业的协调发展,中国当代体育走过了一条从社会主义探索到中国特色社会主义建设的协调发展之路。同样,体育文化建设也在这一协调发展的历史进程中发挥了重要作用。

(三)举国体制:建设具有中国特色的体育文化

新民主主义体育在指导思想、方针政策、体育组织方式等方面,开创了具有中国特色的体育道路,为新中国体育提供了可借鉴的宝贵实践经验。无论是军队体育、群众体育,还是学校体育,在体育组织和体育资源的使用方面,充分发挥了团结协作、积极配合、创新互助的作风,为"红色体育"的整体发展奠定了良好的思想基础。在中国共产党的领导下,无论是在苏区时期还是在延安时期,都把体育竞赛作为一个十分重要的内容。军事战争年代虽然条件艰苦,但每逢"三一八""五卅""九一八"等,都要举行各种运动会。这类运动会所需经费主要来自拨款,并向社会征集款项与奖品。大型运动会由各级政府组织,竞赛项目也根据地域和时局的变化统一设置,并进行广泛宣传,成为体育文化建设的内涵。这种通过政府行为调动各级政府资源,动员广大民众参与体育活动的模式,为新中国成立初期体育事业发展提供了历史经验。

新中国成立以后,我国充分利用社会主义制度的政治优势,逐步建立起了一整套有效配置有限资源、全国一盘棋、国内练兵一致对外的竞技体育举国体制。这一具有中国特色的讲竞技体育体制的一般规律和中国具体实践相结合的产物,对于快速提高我国竞技体育水平和国际竞争力发挥了重要作用。在这一过程中,作为体育事业重要组成部分的体育文化,在建设发展、共享平台的基础上发挥了举国体制的优势,并通过将体育文化工作置于体育事业发展的核心地位,建立起了体育文化建设的大格局,回应了党中央对体育强国建设的战略要求。

(四)全面开放:体育文化建设的重要动力

革命战争年代,中国共产党领导下的体育事业是全面开放的,通过开放与外界进行交流,通过体育文化的传达使外界了解党的政策和革命根据地、解放区的实际情况,并成为战争年代统一战线的一种独特形式。例如,抗日战争时期为了形成抗日民族统一战线,120师"战斗队"、抗大总校、"八办"等,曾多次与国民党军队联谊进行体育活动,在体育活动中加深了解,为中国共产党的统一战线政策做了很好的宣传。

革命战争年代,随着军队转战南北,"红色体育"更在各地得到了广泛地传播,使劳苦大众的体育观念有了一定的改变,体育知识有了一定的增长。与此同时,通过开放、对外交流,许多西方近代竞技体育项目传入中国,丰富了军队体育、群众体育和学校体育。在体育活动开放、交流的前提下,体育文化宣传成为展现"红色体育"的重要窗口。

新中国成立初期,我国于1958年被迫中断了与国际奥委会等国际体育组织的联系。改革开放后,我国体育事业在迎来新的发展时期的过程中开始全面走向世界。1990年亚运会在北京举办,2008年北京奥运会成功举办,2022年北京携手张家口成功举办冬奥会,都是中国体育对外开放影响力的彰显。在中国特色社会主义建设时期体育全面开放的进程中,体育文化建设紧扣时代脉搏,顺应时代潮流,回应时代要求,引领时代风尚,成为中国特色社会主义新时代体育发展的重要动力。

百年沧桑,筚路蓝缕,中国共产党作为百年大党,始终将"为民族谋复兴,为人民谋幸福"作为初心和使命。同样在中国体育的百年历史进程中,中国共产党不仅带领中国人民甩掉了"东亚病夫"的帽子,使中国发展成为举世瞩目的体育大国,走上建设体育强国之路,而且将具有时代特色的体育文化融入了不同历史时期的体育事业发展进程中。在中国共产党领导的新民主主义革命时期、社会主义革命和建设时期、改革开放和社会主义现代化建设新时期、中国特色社会主义新时代的几个不同历史时期,作为体育事业重要组成部分的体育文化建设,因应时代变迁、融聚国情特色,不断在自我革新中架构出中国特色体育文化发展的内在逻辑理路。在中国共产党的领导下,在百年体育发展历程中展现出的不同时期的体育文化形态,已经凝聚成中华体育文化的重要遗产。

站在中国特色社会主义新的历史方位,迈上实现体育强国的征程,在中国共产党的领带下，中国体育人在百年体育历史进程中创造的体育文化，不仅是体育界的优秀传统文化，而且已经成为中华民族的精神财富；不仅伴随着新民主主义和社会主义不同时期的体育实践，更成为先进体育文化和时代体育精神的重要展现。在增强人民体质、协调体育事业发展、坚持和完善竞技体育举国体制以及全面开放的新时代，积淀出中国共产党成立百年来建设的特色体育文化，将在中国体育实践中贡献独特智慧，为推进体育强国建设提供有益启示和实践借鉴。

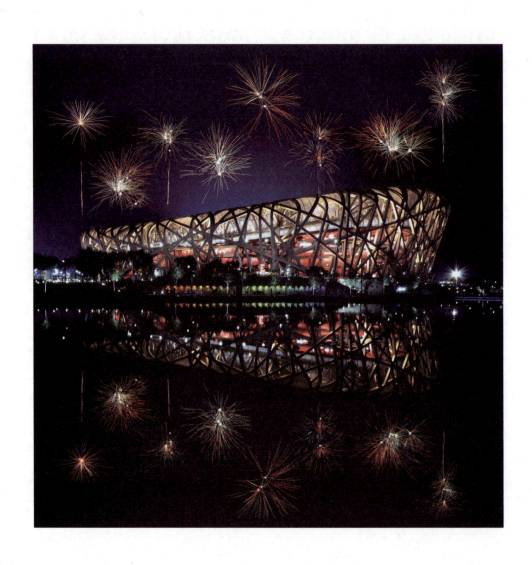

第二章
中国体育实践的百年历程与经验启示

中国共产党成立百年来，从革命、建设、改革至进入新时代的各个历史时期，在党的"体育为人民"宗旨指导下，体育事业不断创造着新的发展奇迹，走出了一条中国特色社会主义体育发展道路。经过新民主主义体育的发展、新中国成立后新体育的开启、改革开放中国特色社会主义体育的开创，直至中国特色社会主义体育事业发展迎来新时代，百年体育的发展历程虽然遭遇过挫折，出现过失误，但取得了巨大成就，积累了丰富经验。回望党的体育事业百年发展历程，总结体育事业发展历史经验与启示，对于进一步正确把握中国体育发展的客观规律，推进新时代体育强国建设，实现中华民族伟大复兴的中国梦，具有重要意义。

一、新民主主义体育的形成、发展与传承（1921—1949）

在中华体育发展史上，从1840年鸦片战争爆发至1949年中华人民共和国成立，是中华体育实现近代化的重要历史时期。这一时期体育的历史资源主要有三种类型，一是中国本身固有的由古代延续下来的传统体育，二是由西方传入的近代体育。三是萌发于20世纪初期的新民主主义体育。新民主主义体育作为一种新的体育形态，自1921年中国共产党成立伊始，就开始进入人们的视野。因为早期共产党人的体育主张与实践，已经成为新民主主义体育萌发的重要"培养基"，其科学与民主的体育思想，为新民主主义体育的形成与发展奠定了深厚的理论基础。

对新民主主义体育，有学者称之为"赤色体育""红色体育"。1949年10月26日，冯文彬在全国体育总会第一次代表大会上所作的《新民主主义的国民体育》报告中指出："中国共产党和人民政府,是一贯重视体育的。……今后在人民政府的领导下,必定将会在全国各地开展新民主主义的体育运动。"这里明确指出在革命战争年代的根据地和解放区,由中国共产党领导的、以服务于新民主主义社会为目标、以劳苦大众为主体的新式体育活动,是新民主主义体育的主体。而革命性和群众性是新民主主义体育的鲜明特点,从实际出发、艰苦奋斗则是新民主主义体育贯穿始终的光荣传统。

(一)早期共产党人的体育思想与主张

新民主主义体育启蒙性,主要表现在早期共产党人利用近代科学理论来诠释中国体育。

1917 年 4 月 1 日,毛泽东在《体育之研究》一文中指出:"体育者,人类自养其生之道,使身体平均发达,而有规则次序之可言也。"提倡体育,于个人而言可以"动以养生也";对国家来说,可以"动以卫国也"。由此出发,毛泽东主张通过发展体育,走救国救民之路。

与毛泽东发表《体育之研究》一文相呼应,以恽代英、陈独秀、李大钊、邓中夏、萧楚女、杨贤江等为代表的早期共产党人,乘新文化运动昌兴之风,在"科学、民主"的旗帜下,强调通过改革传统教育,向全社会倡言体育教育作为改善民族体质、重塑民族性格的积极意义。1917 年,恽代英在《青年进步》杂志第四期发表《学校体育之研究》一文,对学校体育的目的进行了阐述,从体育增强体质的实际效果出发,主张体育要根据生理、心理和健康状况来进行,认为学校体育的目的应该是"保学生之健康",反对大搞选手体育。

在毛泽东《体育之研究》发表之前,1916 年《新青年》杂志第一卷第二号曾刊载过陈独秀《今日之教育方针》一文,提出要通过"意志顽狠,善斗不屈""体魄强健,力抗自然"这一"兽性主义"品质的培养,提高整个民族的身体素质和精神风貌,达到使中国自立于世界民族之林的目的。作为五四新文化运动领袖之一,陈独秀的体育主张启发了当时部分中国人的觉悟,成为这场运动新思想的一部分。

李大钊 1922 年于《晨报副刊》上发表《五一纪念日对现在中国劳动界的意义》一文,针对当时劳工体育娱乐的问题,提出社会要发展必须"动",而人的身体要健康也要"动",所以"人生求乐的方法,最好莫过于尊重劳动"。邓中夏和萧楚女也都是体育运动的积极倡导者和传播者,邓中夏由青年团工作的角度,主张把青年人的体育和娱乐作为团的工作任务之一,认为劳苦青年也应该有体育和娱乐。萧楚女在《身心锻炼与反锻炼》一文中强调,年轻人不要做温室里的花朵,应该不畏艰苦地进行锻炼,以便成为坚强的革命者。在当时的形势下,他的这些体育主张产生了积极的影响。杨贤江认为,"体育是造成健全人格、养成具足人生的一种工具"。人们通过体育锻炼,可以"成为强健而美的体格和体质"。

尽管由于时代所限,早期共产党人的体育主张和思想还带有一定的局限性,但他们对体育活动目的、效能的阐发,对体育锻炼方式的介绍,以及思想主张中所体现出来的强身卫国思想,对唤醒民众体育权利意识具有积极作用,成为新民主主义体育兴起的理论基石。

(二)新民主主义体育的兴起

1927年到1937年第二次国内革命战争期间,在中国共产党领导的革命根据地及工农红军中,大众体育、学校体育、运动竞赛、组织管理以及体育科研等方面,都得到了空前的发展,为新民主主义体育的兴起,为中国近代体育的成熟,注入了新的活力。

第二次国内革命战争时期,中国共产党在创建中国工农红军的同时,先后开辟了井冈山革命根据地、中央革命根据地以及湘赣、赣东、湘鄂、鄂豫、皖西等革命根据地。这些根据地当时统称为苏维埃区,简称为苏区。

在党和红色政权的领导下,苏区军民在粉碎国民党四次"围剿",开展土地革命的同时,广泛开展了各种体育活动。在以共产主义精神来教育广大劳动民众,为革命战争和阶级斗争服务,使教育和劳动联系起来,使广大中国民众都成为享受文明幸福的人这一苏维埃文化教育总方针的指导下,苏区共青团、各级俱乐部、少先队体育委员会以及中华苏维埃共和国赤色体育会等,都将推动体育活动发展作为各自的一项主要工作来抓。如1933年成立的赤色体育会,作为革命根据地最早的群众组织,成为当时组织和领导全苏区赤色体育运动的主要专业机构。在许多俱乐部中,苏维埃共和国教育人民委员会还专门下文鼓励成立"列宁室",专门组织机关干部学习一些适宜的体育活动,并通过彼此之间的体育竞赛来提高技艺,锻炼身体,这对苏区群众体育活动的开展起到了一定的促进作用。毛泽东、周恩来、朱德、任弼时、邓发、邓小平和聂荣臻等党和政府领导经常参加各种比赛,在他们的带动下,苏区军民参加体育活动的热情异常高涨。

鼓励青少年积极开展体育活动,也是苏区体育的一大特色。在湘赣苏区于1933年1月通过的《湘赣苏区儿童团工作决议案》中规定,"各地儿童团要定期下操,但操的方式不要专操正步、跑步,应该多操散兵、集合、掩护、前进、攻击、退却及各种游戏体操"。"要以村为单位设游戏场,经常领导儿童去打球、踢毽子、滚铁环、打秋千、捉迷藏等游戏,提高儿童的革命兴趣"。这反映出苏区对青少年体育活动是很重视的。

在苏区开展体育活动的基础上,红军第一、二、四方面军,亦在于1934年10月开始的二万五千里长征途中,在遭遇无数艰难险阻恶劣环境条件下,结合练兵开展了多样化的体育活动。开展这些体育活动的目的在于活跃生活,保障健康,表现了工农红军无比顽强的意志和革命乐观主义精神。

由上述苏区和工农红军体育的组织、开展来看,各类体育活动和开展的形式,多是与军事技术和政治任务紧密结合的。虽然当时物质条件和技术水平较差,竞赛项目不多,但苏区军民仍然将其与革命战争和政治斗争结合起来,并取得了显著的成效,这在世界体育史上也是罕见的。中国共产党领导的苏区体育,在丰富、发展新民主主义体育的同时,也为后来新中国社会主义体育的建设积累了经验,开拓了道路。

(三)抗日根据地和解放区的新民主主义体育

随着1935年10月中国工农红军长征到达陕北和1937年7月全面抗战爆发,党在领导建立陕甘宁边区革命根据地的同时,又先后开辟了晋冀鲁豫、川陕等敌后根据地,这些敌后根据地在1945年抗日战争胜利后统称为解放区。在党的关怀、教育与组织号召下,抗日革命根据地和解放区的广大军民,继承了苏区体育的优良传统,全面推动群众体育、学校体育以及人民军队体育活动的开展。在创造和积累丰富经验的同时,为新民主主义体育在新的历史时期的发展,为未来社会主义新中国体育事业的发展奠定了基础。

1937年在延安成立的抗日军政大学,为当时体育活动的开展创造了很好的条件,体育活动非常活跃,如1937年"八一运动会"、1938年"一·二八运动会"、1939年"六一抗大三周年运动会"等。抗日军政大学还在基层体育委员会下设置了排球组、篮球组、乒乓组、田赛组、竞赛组等单项运动组织,为培养军事体育人才做出了贡献。1941年9月延安大学体育系成立,虽然仅仅存在了一年多时间,但却为根据地培养了一批体育工作的骨干。他们对延安和边区体育建设、体育竞赛活动都起到了一定的作用。

革命根据地体育活动的广泛开展,与相继出现的红色体育组织分不开。分别于1940年和1942年成立的延安体育会、延安新体育学会,在承担编写体育教材、培养业余体育干部、开展体育理论研究的同时,还带动了延安各个机关体育活动的开展,如有名的"东干队""抗大队""陕公队""群联队""南联队"和"市政府队"等篮球队，就是在此影响下成立并参与比赛活动的。上述体育工作和体育活动的开展，进一步推动了陕甘宁边区体育学术研究工作和体育运动的开展，为新民主主义体育事业的全面发展奠定了思想和干部基础。

抗日战争时期，在贺龙同志的关怀下，一二〇师组建了一支名震根据地的"战斗"篮球队。朱德同志曾高度赞扬这一篮球雄狮是"球场健儿，沙场勇士"。1939年5月30日，新四军还在安徽泾县云岭山下举行了"五卅"运动会，比赛项目包括田径、球类以及着装跑、障碍竞走、掷手榴弹、刺杀等军事内容，同时还有团体操和拳术等表演项目。在皖南事变后，陈毅担任军长的新四军，还设立了文化、体育和娱乐等小组，军队的文体活动又有了新的发展。

1945年抗战胜利后，人民解放军为了粉碎国民党军队发动的内战，开展了轰轰烈烈的大练兵运动。在练兵热潮中，除了大力开展各类军事体育，还进行了大量练兵检阅和表演活动，通过各类军事体育活动的开展，检查、促进、提高练兵实效，为增强军队作战能力，彻底粉碎国民党数百万武装、解放全中国做了充分准备。

抗日根据地和解放区的体育，相对全国来说虽然是区域性的，但其体育活动的开展，为新中国成立后的社会主义体育事业摸索了经验，开拓了道路，并为新民主主义体育在新的条件下建设和演化，奠定了坚实的基础。

二、当代体育事业的探索与发展（1949—1978）

1949年10月26日，新中国刚刚成立不到20天就召开了全国体育工作者代表大会，商议新中国体育发展事宜，提出"为人民的健康、新民主主义的建设和人民的国防而发展体育"的工作方针。在借鉴和引进苏联发展体育经验过程中，随着1956年中国社会主义改造基本完成，如何在经济落后、发展不平衡的中国走出一条独特的体育发展之路，成为人们思考的重要问题。但因国内外形势影响，中国体育先后遭受了1958年与国际奥委会等国际体育组织中断联系、反右扩大化、"大跃进""文化大革命"等严重挫折。20世纪70年代，在中国共产党的正确领导下，中国逐步打开与西方国家交往的大门，体育事业开始迎来新的历史时期。

（一）社会主义改造时期体育建设与初步发展

在1949年中华人民共和国成立到1956年基本完成社会主义改造这一时期，

在中国共产党领导下,中华民族承接新民主主义革命胜利果实,创造性地实现了从新民主主义到社会主义的历史性转变,完成了中国历史上最深刻、最伟大的社会变革。在这一转变过程中,新民主主义体育的丰硕成果,为当代中国社会主义体育事业的发展积累了丰富的经验。

新中国成立初期,负责管理体育工作的青年团组织社会力量,积极推进体育工作。1949年10月中华全国体育总会筹委会成立时,名誉主席朱德同志在会上强调,体育事业一定要为人民服务,使国民锻炼成为身体健康、精神愉快的人,以便担当起繁重的新中国建设任务。1952年6月10日,毛泽东同志为即将正式成立的中华全国体育总会题词:"发展体育运动,增强人民体质",这成为新中国体育事业发展的指导方针。在1952年11月中央人民政府体育运动委员会成立后的第一个工作报告中,首任体委主任贺龙明确指出:"体育工作必须积极地为国家的总路线服务","为了保证体育运动的开展,必须迅速建立和健全各级体育运动委员会",并建议工会、共青团、教育部门等建立和健全体育机构。此后,县级以上政府以及部分部委、人民解放军、铁路与公安等行业系统,分别建立了体育工作机构。一个由体委统一领导、各部门具体实施、分工合作、高度集中的体育管理体制逐步建立,形成了国家办(体委)、部门办(各行业系统)、单位办(机关、企业、厂矿、学校)相结合的组织实施系统。新中国体育事业走上了有计划、有步骤的发展之路。

新中国成立伊始,体育队伍建设成为体育事业发展的当务之急。在建立各级体育管理机构的同时,从工作需要出发,由相关机构抽调一批骨干做体育的管理工作。当年名扬解放区的一二〇师"战斗篮球队"和陕甘宁边区篮球队冠军"东北干部队"成员张之槐、张连华、荒烈、韩复东、朱德宝、王廷弼等成为各级体育管理部门主要管理者。为了加速培养体育人才,以适应体育工作发展的需要,先后在上海、北京、南昌、西安、沈阳、成都创办了6所体育学院。在其他地方办了11所体育学校和中等体育专科学校,恢复、建立了28个师范院校的体育系科,创办了77所少年儿童业余体育学校。六大体院及各类体育学校的建立,大大缓解了建国初期学校体育师资需求的矛盾,加快了新中国学校体育和竞技体育事业发展人才的培养。

为了推动群众体育发展和竞技运动技术水平的提高,在体育制度建设上进行了新的探索。1951年11月,第一套广播体操公布;1954年2月11日,参照苏联经验,制定了"准备劳动与卫国"体育制度(简称劳卫制)。从1953年到1956年,包括全国第一届工人体育运动大会、全国民族形式体育表演大会以及十二单位武术表演大会在内,共举办了6000多次县级以上体育运动会,打破全国纪录1300多次。

1953年和1956年,还诞生了中国国际比赛中第一个游泳冠军吴传玉、第一个打破世界纪录的举重冠军陈镜开。

新中国体育开启伊始,在党的领导下,作为体育事业重要组成部分的体育宣传工作被提上了议事日程。1950年,《新体育》杂志创刊;1954年,新中国第一家体育专业出版单位人民体育出版社成立。体育专业媒体的设立,对传播体育专业知识,促进人民大众投身体育活动,增进身体健康,推进体育事业的发展具有重大意义。

(二)社会主义体育道路的艰辛探索和曲折发展

1956年至1978年是新中国在曲折中艰辛探索的时期。在国际上我国1958年被迫中断和国际奥委会等国际组织联系,国内的反右扩大化、"大跃进"等政治运动亦给体育工作带来了消极影响。但中国体育人不屈不挠、顽强拼搏,在极其困难的情况下努力开展工作,体育事业在曲折中发展。

为庆祝新中国成立10周年,推动新中国体育运动技术水平的提高,中共中央于1958年9月做出了举办第一届全国运动会的批示,并指出:"举行的第一次全国运动会,将推动我国体育运动的进一步发展,对国际上也很有很大意义,因此必须开好。"1959年9月13日—10月3日,第一届全国运动会在北京举行,毛泽东、刘少奇、董必武、朱德、周恩来等党和国家领导同志出席了开幕式。在36个比赛项目中,有7名运动员4次打破了游泳、跳伞、射击和航空模型项目的世界纪录;664人844次打破106个单项全国纪录;数以千计的运动员刷新了省、市、自治区的各项运动成绩。规模盛大、竞技成绩优异的第一次全国性综合运动会,也成为对新中国体育成就的第一次总检阅。周恩来、宋庆龄、董必武、邓小平等出席了10月3日举行的全运会闭幕式,并向10年来打破世界纪录和得到世界冠军的40名优秀运动员颁发了体育运动荣誉奖章。

1960年5月,中国登山队在人类历史上第一次由北坡登上了世界高峰—珠穆朗玛峰。1961年4月,中国乒乓球队在第26届世乒赛上,夺得男团、男子单打、女子单打3项世界冠军。1963年前后,为了推动群众体育的开展,国家体委提倡"业余、自愿、小型、多样,因时、因地、因人制宜"原则,要求根据各地生产和生活水平,从自愿和可能两个方面安排体育工作。

随着国民经济状况的好转,社会主义体育事业发展出现了新高潮。全国厂矿、企业、机关群众体育活动普及面进一步扩大;武术等传统体育和少数民族体育,经过挖掘整理重放异彩,城乡各族人民习武练拳活动十分活跃;竞技体育在保证重点项目,维护特色项目,精干运动队伍的基础上,坚持走自己的路,树自己的风格,取得了不俗的成就。1965年,中国乒乓球队在第二十八届世锦赛上获得5项冠军和4项亚军,扩大了在世界乒坛的优势。在总结正反两方面经验的基础上,中国社会主义体育事业逐步形成了一套行之有效的做法,在发展规模和水平上,都达到了一个新的高度。

正值社会主义体育事业在经过调整后出现新高潮的关键时刻,1966年5月开始的"文化大革命"给中国体育带来了严重的灾难。全国相当一部分体委和体育科研机构被撤销,体育院校停止招生,体育报刊被迫停办,体育设施大量荒废或被捣毁,各级运动队伍也基本上被搞垮,许多体育人才被耽误了青春。

1976年10月"文革"结束,体育事业开始走入拨乱反正、恢复发展的轨道。1978年1月,"文革"后第一次全国体育工作会议,在总结新中国成立以来特别是"文革"以来正反两方面的经验的基础上,明确了党对体育工作的领导、促进青少年德智体全面发展、坚持普及与提高相结合、开展体育运动竞赛、迅速攀登体育运动技术高峰、开展国际体育交往以及坚持合理的规章制度等八个问题。但总体而言,在"文革"结束后的1977年至1978年,虽然一些"左"的因素仍在束缚人们的头脑,但在拨乱反正中对不适合新的社会发展因素的否定,正在孕育着新的探索,社会主义体育事业即将为进入新时期积蓄更大力量。

三、体育事业发展进入新时期(1978—2012)

1978年12月召开的中共十一届三中全会,揭开了改革开放的序幕。面对新中国成立以来少有的大好形势,在中国回归国际体育大家庭的同时,不断深化的体育改革促进了体育事业的整体发展。而社会主义市场经济体制的建立,更为中国特色社会主义体育的大发展注入了新的活力。

(一)改革开放与中国特色社会主义体育的开创

1979年10月25日,国际奥委会执委会通过了影响深远的《名古屋决议》,根据邓小平"一国两制"伟大构想,以"奥运模式"成功解决了在国际奥委会和其他国际体育组织中的涉台问题。改革开放的中国回归到国际体育大家庭,为新时期体育事业发展铺平了道路。

体育发展战略问题在体育事业进入新时期后受到了高度重视。在1978至1980年连续三年的全国体育工作会议、1984年至1990年的历次全国体育战略讨论会上,都对新时期体育事业发展的目标、政策、措施和战略思想进行了研究。在此基础上,国家体委首先就竞技体育发展提出了统筹安排、突出重点、调整好项目重点布局,集中力量把奥运会和有重大国际比赛的若干项目搞上去的目标和原则性措施。1986年的《国家体委关于体育体制改革的决定(草案)》,提出了体育体制改革的指导思想:"遵循对内搞活、对外开放的方针,坚持实事求是,从全局出发,调动各方面办体育的积极性,推动体育社会化、科学化,创造把我国建成体育强国的各种条件,促进体育的全面发展和提高,使体育在两个文明建设中发挥更大的作用。"从此我国体育事业在群众体育、竞技体育等等各方面有了一定的发展。

20世纪80年代到90年代,在我国群众体育迅速走上社会化和全民化的基础上,国家与社会相结合开始逐步实现,社会办体育的积极性被调动起来。体育作为文化生活的重要内容,开始进入中国人的社会生活,成为生活方式的组成部分。各级各类群众体育组织逐步得到恢复与完善,体育观念开始发生变化,体育活动形式逐渐丰富,面向群众的体育设施得到了明显的改善。

1980年中国首次参加普莱西德湖冬季奥运会,1984年中国体育健儿在洛杉矶夏季奥运会上实现金牌"零"的突破,1990年中国成功举办第11届亚洲运动会,由此,以"举国体制"为核心的中国体育,在取得一系列成就的过程中,开始初步探索出了一条中国特色的高水平竞技体育发展道路。

(二)社会主义市场经济体制下中国特色社会主义体育的新发展

1992年初,邓小平南方谈话发表。同年10月,中共十四大做出了一项具有深远意义的重大决定:"我国经济体制改革的目标是建立社会主义市场经济体制,以利于进一步解放和发展生产力。"邓小平同志南方谈话和党的十四大精神,为社会主义市场经济体制下中国特色社会主义体育的新发展奠定了基础。

1992年11月广东中山全国体委主任座谈会、同年6月北京郊区红山口全国足球工作会议以及1993年5月国家体委发布的《关于深化体育改革的意见》,在提出率先以足球市场化为突破口,探索竞技体育改革之路的基础上,进一步确定了以转变运行机制为核心、"面向市场,走向市场,以产业化为方向"的改革发展思路。20世纪90年代中后期,随着全国性单项体育协会改革取得重要突破,逐渐形成了全国性单项体育协会和运动项目管理中心"两块牌子、一套人马"的管理模式,对我国运动项目发展产生了深远影响。

1995年6月制定的《体育产业发展纲要》(1995—2010),明确了到2010年我国体育产业发展的指导思想、发展重点和目标,并提出了相应的措施。2002年出台的《中共中央国务院关于进一步加强和改进新时期体育工作的意见》、2005 年国家体育总局编制的《体育事业"十一五"规划》，尤其是 2010 年国务院办公厅引发的《关于加快发展体育产业的指导意见》，为体育产业成为国民经济发展新亮点，成为经济转型升级的重要力量提供了政策依据，为后来体育改革的继续深入积累了宝贵经验。

随着体育改革的深化，体育的法治建设被提上议事日程。在 1995 年 10 月 1 日《中华人民共和国体育法》正式实施的同时，与其相配套的《全民健身纲要》《奥运争光计划（1994—2000）》《2001—2010 年体育改革与发展纲要》相继出台，新时期体育事业发展在规范化、制度化方面都得到了明显提高。

社会主义市场经济体制下中国特色社会主义体育改革，使整个体育事业发展迈上了一个新台阶。在这一背景下，在中国体育健儿取得 1992 年、1996 年和 2000 年夏季奥运会，1994 年和 1998 年冬季奥运会优异成绩的基础上，成功申办 2008 年夏季奥运会。继之又在 2004 年雅典奥运会、2002 年盐湖城冬奥会、2010 年温哥华冬奥会等奥运会比赛中，取得竞技成绩的历史性突破。尤其是 2008 年北京夏季奥运会的成功举办，在彰显中国竞技体育整体实力的同时，更为我国体育事业留下了丰厚的文化遗产。

在新时期中国特色社会主义体育发展过程中，中华体育精神的不断提炼和凝聚，成为体育事业改革发展的重要理论支撑。"全民健身与奥运同行"活动的开展，中华传统价值观和奥林匹克精神的精彩演绎，最终提炼出了以"为国争光、无私奉献、科学求实、遵纪守法、团结协作、顽强拼搏"为主要内容的中华体育精神。这一体育精神，与新时期中国特色社会主义体育建设的整体发展相适应，在进一步丰富社会主义精神文明建设内涵的同时，更激起全国人民积极投身社会主义现代化建设的热情。

四、迈入新时代的中国体育（2012—2022）

党的十八大以来，以习近平同志为核心的党中央高瞻远瞩，及时、科学地把握国内外发展大势，顺应实践要求和人民愿望，举旗定向，谋篇布局，迎难而上，开拓进取，取得了改革开放和社会主义现代化建设的巨大成就，推动党和国家事业发生历史性变革，中国特色社会主义进入了新时代。面对新时代的来临，在习近平新时代中国特色社会主义思想指导下，中国体育融入"五位一体"总体布局和"四个全面"战略布局,体育事业在改革发展中迈上了新台阶。

(一)坚持开放办体育理念,推进体育管理体制改革

2012 年 11 月召开的党的十八大,提出了"两个一百年"奋斗目标,而这两个奋斗目标就是实现中华民族伟大复兴中国梦的重要基础。在 2013 年 3 月举行的十二届全国人大一次会议上,习近平同志指出,实现中国梦必须走中国道路,实现中国梦必须弘扬中国精神,实现中国梦必须凝聚中国力量。在这一中国道路、中国精神和中国力量的推动下,新时代的中国体育开始紧紧围绕体育强国建设奋斗目标,谋划、统筹、推进体育事业改革。

新时代体育事业改革的关键是坚持开放办体育,而主旨则是体育管理体制的改革。在这一前提下,坚持问题导向,着力解决行政、事业、社团、企业四位一体的弊端,努力构建小政府、强社团、大社会的体育发展新格局就成为新时代体育发展的基础。随着体育系统"放管服"改革的逐渐深化,许多社会力量开始参与到体育事业的发展中来,成为凝聚各方力量和资源的重要举措。2015 年 2 月 27 日,中央全面深化改革领导小组审议通过的《中国足球改革发展总体方案》,首先将先前已经进入改革前沿的足球改革推向了纵深。在足球改革这一突破口的引导下,以奥运项目协会实体化为主体的改革也开始稳步推进,中国特色的社会主义体育体制机制的活力正在显现。

(二)广泛开展全民健身活动,促进体育强国建设

"我国社会主要矛盾已经转化为人民日益增长的美好生活需要和不平衡不充分的发展之间的矛盾",是党的十八大对中国社会主要矛盾做出的新判断。围绕主要矛盾的转化,由体育事业发展角度出发,在全面提升全民健身公共服务水平,着力破解群众身边健身难题的同时,努力推动全民健身活动广泛开展,成为全面促进体育强国建设的重要基础之一。2020 年 10 月由国务院办公厅印发的《关于加强全民健身场地设施建设 发展群众体育的意见》,提出了加强全民健身场地设施建设和发展群众体育的一系列新政策、新举措、新要求。2014 年《国务院关于加快发展体育产业促进体育消费的若干意见》又明确提出全民健身上升为国家战略。这一系列群众体育发展理念和实践的重大飞跃,促使覆盖全体、突出重点的体育发展新机制逐步构建,社会力量办体育进一步创新。通过这些政策、措施的制定和实施,群众体育健身组织、体育健身设施以及体育健身活动与赛事,成为新时代全民健身国家战略全面推进的主体,体育健身的科学价值和文化价值更加深入人心。

(三)以落实奥运备战为重点,推动竞技体育改革

在 2015 年 7 月 31 日北京携手张家口获得 2022 年冬残奥会举办权后,竞技体育获得了新的发展动力。面对新时代赋予中国竞技体育发展的新任务、新使命、新目标,中国竞技体育开始以新思维准确定位发展新走向,以新理念系统谋划发展新举措,以新思路深刻认识发展新内涵,以新理论科学指导发展新实践。2022年北京冬奥会是国内第三次筹办奥运会级别的赛事。这次国际性大型赛事,对推动中西文化交流融合、增强民族自信产生了积极影响。它不仅为各国体育健儿提供了展示自我的竞技场所,而且也为促进世界和平、增进相互了解、实现文化交融、传递文明友谊搭建了最好的学习交流平台。

在建设体育强国和以落实奥运备战为重点的原则下,竞技体育改革更加注重从单一管理到"多元治理"的体制机制转变,优化竞技体育发展方式;更加注重从"争光体育"向全面体育转变,从"以金牌为本"向"以人为本"转变,从少数人的体育向全民体育转变;更加注重创新国家队管理模式,建立多元参与的"扁平化"奥运备战组织管理体系,组建复合型教练团队,提高备战工作的社会化水平。在不断注入新理念、探索新模式、创造新条件的基础上,以落实奥运备战为重点的竞技体育管理体制和运行机制改革,正以创新的竞技体育发展新格局以及体现出的综合功能和多元价值,为体育强国建设,为举国体制注入新活力,不断融入新时代国家发展的大局之中。

(四)注重体育供给侧结构性改革,加速推进体育产业发展

2014 年国务院《关于加快发展体育产业促进体育消费的若干意见》、2016 年国务院办公厅《关于加快发展健身休闲产业的指导意见》、2018 年国务院办公厅《关于加快发展体育竞赛表演产业的指导意见》的相继发布,对我国体育产业发展起到了积极的引领作用。但随着新时代我国社会主要矛盾的变化,体育发展也面临着人民日益增长的体育需求与体育产品和服务有效供给不足之间的矛盾。为此,以推进体育供给侧结构性改革为重点,加快推进体育产业发展,成为推进新时代体育产业高质量发展的核心。

发展体育产业是人民群众提高生活质量、追求美好生活的重要途径之一。而体育产业作为当前激发民间资本投资体育的重要活力,在"创新、协调、绿色、开放、共享"新发展理念引领下,与其相关的健身休闲、体育竞赛表演、体育用品制造、"体育+"行动以及体育与相关行业的融合发展等,已经成为新时代体育发展的重要助推力量。

新时代的体育管理改革、全民健身推进、竞技体育改革以及体育产业发展,预示着体育事业在全面推进中均取得了长足发展。随着中华体育精神日益深入人心,中国特色社会主义体育文化对民族、国家、社会、个人的重要作用,越来越得到广泛的认同。2020年12月17日,太极拳列入联合国教科文组织人类非物质文化遗产代表作名录,向世界展示了中国体育文化的巨大魅力。在以习近平同志为核心的党中央引领下,进入新时代的中国特色社会主义体育,不仅在中国本土,更在世界体育舞台展示了自己的独特风貌,用体育谱写出中国与世界文明交流互鉴的新篇章。

五、中国共产党百年体育实践的基本经验启示

中国共产党成立百年来,历经了革命、建设、改革各个历史时期。同样,中国体育事业在中国共产党的领导下,也经过了新民主主义革命时期、社会主义革命和建设时期、改革开放和社会主义现代化建设新时期和中国特色社会主义新时代等不同时期的探索与发展。党领导的体育事业百年实践,为新时代继续推进中国特色社会主义体育事业的发展提供了许多重要经验启示。

(一)坚持党的领导和体育为人民的宗旨

在中国共产党百年发展历史上,无论是新民主主义体育兴起与发展,还是社会主义体育建设和中国特色社会主义体育的探索与推进,都与中国共产党人的主张、组织与领导分不开。同样,由新民主主义到社会主义和中国特色社会主义建设时期体育的发展,也始终与广大民众紧密联系在一起。

在中国共产党成立初期,早期中国共产党人的体育思想与主张,就对新民主主义体育的兴起产生了积极影响。在新民主主义体育发展时期,党的各级领导人不仅身体力行带头参加体育活动,还多次为体育发展做出指示,关心创建体育组织、发起体育运动会、体育人才培养、体育运动场修建等。可以说由中国共产党领导的新民主主义体育,第一次使体育真正成为人民大众的体育,这一坚持体育为人民服务的宗旨,为当代全民健身成为时代主旋律提供了历史依据。

新中国成立70多年来,体育事业每一步发展,同样离不开中国共产党的领导。在中国共产党正确领导下,中国体育始终以发展体育运动、增强人民体质作为基本方针和任务,将满足人民群众不断增长的体育需求作为体育工作的根本出发

点和落脚点。着眼于提高人民群众的健康生活水平和生活质量,满足最广大人民群众增强体质、愉悦身心、交流情感、激励精神、丰富生活、全面发展等方面的需求,让广大人民群众共享体育发展成果。

(二)坚持中国特色的体育发展之路

中国共产党领导的百年中国体育发展历程,其最大的特点是走出了一条适合中国国情的体育发展之路。

新民主主义革命时期的体育,是一种由无产阶级领导的、以劳苦大众为主体的全新体育形态,这种全新的体育形态与中国特有的文化传统、时代进程、地域区位以及革命性相联系。文化传统与时代进程决定了体育形式为中华传统体育与现代竞技体育的融合;地域区位以及革命性则使得体育活动内容、形式和运作方式带有典型的实用性和军事性。这些特点与表现形式都与当时的国情相适应,也就是新民主主义体育的中国特色。

新中国成立,70多年来体育的发展虽然经历过挫折,但总的轨迹始终是沿着"中国特色"之路在探索、在发展。自新中国成立,一代代中国体育人艰苦探索,勇于创新,坚持党对体育事业的领导,办人民满意的体育,逐渐走出一条适合中国国情的以"举国体制"为基础的体育发展道路使体育强国建设进一步统一到社会主义现代化建设中,为实现体育强国梦奠定了坚实基础。

(三)坚持传统体育文化的民族化与创新

中国共产党领导下的新民主主义体育,除了作为基础的民族民间传统体育,还注重借鉴近代西方体育的内容,同时又吸收整合了由革命斗争实践中发展出来的新兴体育运动形式。这种土洋结合、从革命斗争实践出发、在创新基础上发展起来的新民主主义体育,成为中国近现代体育史上重要的文化遗产,也为当代中国特色社会主义体育文化的创新发展提供了历史的借鉴。

在当代建设社会主义先进体育文化中,同样也离不开中华民族传统体育这片沃土。党的十八大以来,以习近平同志为核心的党中央高度重视中华优秀传统文化,将其作为治国理政的重要思想文化资源。在此背景下,具有民族特色,融入中国人生活方式的传统体育形式,作为建设中国特色社会主义体育的文化资源,经过选择、过滤、吸收和认同,在创新的基础上同样成为当代中国体育的重要组成部分。

(四)坚持中华体育精神的传承与发扬

新民主主义体育所体现出的体育文化精神也被称为红色体育精神,而这种红色体育精神就是"立足民众、团结一心、锻炼筋骨、保家卫国、艰苦奋斗、拼搏超越"的民族精神。它诠释了新民主主义体育的指导思想和体育工作方针，是一种富有原创意义的中华民族体育精神。在中国共产党领导下，新民主主义体育在每一个历史时期的发展，都与红色体育精神的融入有着密切关系。

新中国成立后，随着社会主义体育建设的发展，中华体育健儿在继承和发扬红色体育精神基础上，继续创造着符合时代发展的中华体育精神。而以"为国争光、无私奉献、科学求实、遵纪守法、团结协作、顽强拼搏"为主要内容的当代中华体育精神，作为体育界的优良传统和全社会的宝贵财富，激励鼓舞着一代又一代运动员取得辉煌运动成绩，实现个人人生价值，成为社会主义先进文化和时代精神的重要内容。

（五）坚持体育为党的建设和国家中心任务服务

新民主主义体育的目标和任务之一，就是为革命战争和党的革命中心任务服务。党领导下的第二次国内革命战争、抗日战争和解放战争时期的新民主主义体育，都是围绕革命战争的中心任务，有组织、有计划开展的。无论是当时的军队、学校，还是工厂、农村中，这一特点在所开展的体育活动中都有着鲜明的表现，并成为新民主主义革命斗争的组成部分。

新中国体育的发展，始终围绕中心、服务大局，立足全局抓体育、围绕中心干体育，所做出的体育发展战略和规划，始终保持与经济社会协调发展。新的时代，体育事业正在被置于"五位一体"总体布局和"四个全面"战略布局中去谋划。这一对体育社会价值与综合作用的挖掘与展现，会更加服务于体育各领域的发展，并为社会主义物质文明和精神文明建设、为实现中华民族伟大复兴的中国梦，贡献中国体育的独特智慧。

第三章
保障权利与维护公平：中国体育法治进程

一、中国体育法治发展的历史进程

（一）新中国成立后的体育法规初创

新中国废除了国民党政府的伪法统，迅速制定颁布了一批急需的法律、法令和法规。党和国家非常关注人民的健康问题，将领导和发展体育作为重要工作。党和政府制定了多个体育方面的文件，指明了新中国体育的发展方向。体育也成为有关立法的重要内容。在《中国人民政治协商会议共同纲领》中提出提倡国民体育和首部宪法对体育原则规定的基础上，全国实施了以推行劳卫制等为重点的群众体育法规，体育竞赛和运动队伍与人员的有关法规也相继出台，为体育奠定了初步的法治基础，促进了事业发展。从 1951 年起，政务院和中央体委先后就改善学生身体健康、推行广播操等体育活动、加强学校体育工作、推行劳动与卫国体育制度、体育行政机构职责等，制定了多部法规规章和规范性文件。

（二）改革开放后《中华人民共和国体育法》颁布

改革开放以来，中国体育立法全面展开，立法数量迅速增长，立法质量和法律位阶也不断提高。1949-1994 年，国家体委制定了 523 项体育法规和部门规章，这其中有 455 项是 1979 年以后制定的。

1995 年，《中华人民共和国体育法》颁布实施，同年又有全民健身、奥运争光、体育产业规范性文件同时面世，成为国家推进体育法治建设的重要标志和体育法规制度全方位发展的重要开端。

二、中国体育法治建设取得的进展

在中国传统的体育体制下，法律与体育如同两条不相交的平行线，体育中的纠纷要么依照"场上行为场上解决"的惯例处理，要么依靠行政力量解决。改革开放以后，中国竞技体育经历了一个曲折困苦与高歌猛进并存的过程，体育体制改革以来，体育中的利益多元化，出现新的纠纷，中国体育的法治化进程在冲突中得到发展。新中国成立70多年来，我国体育法治建设在理念上，经历了从"体育法制"走向"体育法治"的过程；在体育法治功能上，实现了从政治功能为主向体育的社会化、产业化功能的拓展；在体育法治价值上坚定了体育权利的价值追求。

法律对体育的关切首先体现在它对体育中人的权利的高度尊重和全面而充分的保护。首先是通过立法的方式，对公民体育权利进行保障。实施《体育法》是为了保障公民的体育权利，《全民健身条例》中权利明示入法，充分彰显了体育作为积极权利获得国家法治保障。其次是除立法保障外，还要求体育管理机构制定的管理规范和制度，在内容上应体现对个人权利的尊重和保护、对公平和公正目标的追求，符合现行法律的规定，否则作为自治机构的体育组织的制度和裁决，可能会受到司法干预。

同时，法律对体育的关切还体现在对体育中不当行为的规制。体育中常常出现冲突和失范现象，如控制比赛、球场暴力、体育赌博、妨害兴奋剂管理等，需要用法律手段进行调控。

值得注意的是，体育法作为决定体育领域中的法律关系结构及产生于体育活动中的问题的一种法律，不仅包括国家对体育进行管理的法律规则，还包括体育运动当事人创造的用以调整彼此之间体育关系的规则。前一类规则具有公力强制性的特点，而后一类规则具有多元性、自治性、专业性、国际性、文化性、传统性以及非公力强制性的特点，因此谈及中国体育法治进程，关注的并非仅仅是国家法对体育的调整，还包括在体育组织与体育参与者在法治环境下，适用体育内部规则对体育进行调整。尤其是在当前的中国体育行业，治理从原来的一元变为多元，除了公权主体的政府之外，还有私权主体的企业、社会组织甚至社会个体等作为对公权主体治理的补充。在公共治理模式和私方治理模式的双轨制模式中，体育规则对行业的调整显得尤为重要。

(一)《中华人民共和国体育法》颁布与修订

1980 年全国体育工作会议提出"及早拟出中华人民共和国第一部体育法草案"。1983 年,经国务院批转的国家体委关于进一步开创体育新局面的请示中,提出"着手制定体育法"。1986 年全国体委主任会议确定在"七五"期间制定符合我国国情的《体育法》。1988 年,国家体委成立体育法起草领导小组和起草小组,正式开始体育法治定工作,1995 年颁布实施的《中华人民共和国体育法》作为我国第一部国家立法层次的体育法律,为我国体育事业发展提供了法律保障。

限于时代背景,《体育法》不可避免地具有很强的计划经济色彩,其后中国社会和中国体育都与立法时发生了很大变化,它不能很好满足体育现实需要的各种问题逐渐显现,《体育法》的修订完善已势在必行。2010 年,体育总局成立了修订体育法工作领导小组,《体育法》修订被列入国务院 2010 年立法工作计划,并从 2012 至 2016 年,连年都在国务院立法工作中予以立项。2018 年 9 月,在第十三届全国人大常委会立法规划中,《体育法》修改被列为第二类项目,即"需要抓紧工作、条件成熟时提请审议的法律"。2021 年再次列入。2021 年 10 月,《中华人民共和国体育法》修订草案提请第十三届全国人大常委会第三十一次会议审议。这是《体育法》首次修订。修法亮点包括强化全民健身、坚决反对兴奋剂、建立体育仲裁制度、保证体育课时不被占用、加强对高危险性体育项目和赛事活动监管等。《体育法》修订确立权利本位的立法宗旨,将实现从"管理法"到"服务法"的转变。

我国现行有效的体育法规体系包括 1 部体育法律、7 部体育行政法规、32 部体育部门规章、100 多项体育地方性法规和地方政府规章,以及 150 余种体育规范性文件。

(二)法治下的体育行业自治

行业自治是体育的传统。当今庞大的国际体育组织体系是由最基层的草根体育组织萌芽,在一个自然发生和发展过程中形成的。无数个规模大小各不相同的体育自组织以多种互动方式,相互竞争、相互促进、相互制约、相互博弈,在世界政治秩序和经济秩序之外,建立了一个完整的体育自治体系,反映出超越国家的力量、民心所向和共同价值。

随着我国体育改革进程,体育组织,尤其是全国性单项协会,逐步建立起自治体系,通过规则制定、日常管理、纪律处罚和争端解决,维护着体育秩序。尤其是对于体育中的不当行为,各个体育组织都有自己的规则,并设有纪律处罚机构,对运动员、教练员、裁判员、管理人员、会员组织等相对人的不当行为进行处罚,实现体育中的正义和维护体育道德。相对人对处罚不满，可以向体育组织内部仲裁机构提起上诉解决纠纷。

虽然国家司法对体育组织裁决不介入的现象并未扭转，但讨论产生了有益的影响：有关体育组织的性质及权力来源从理论上拓宽了行政主体概念的外延，引发了对体育组织及其行业章程和规范效力的研究活动；以足协为被告的行政诉讼对国内现有的行政诉讼受案范围发起了挑战，虽然未进入诉讼的实体阶段，但至少使立法和司法机关意识到行政诉讼法中存在诉讼的"死角"；随着体育商业化的发展，体育成为国家各种利益平衡的重要筹码，越来越多的人开始意识到对自身体育权利的保护，体育组织在行使带有公共权力性质的自治权时，应承担与其相应的责任。体育自治必须有法治保障，社会自治组织的行为必须受法治原则拘束。法治原则对体育组织的约束主要表现在下述方面：①体育组织只能在自治范围内行事，除非有法律、法规授权，不能对外部人员实施管理行为和采取制裁性或强制性措施。②对内部成员的基本权利和自由不能加以限制或剥夺。③对内部组织成员做出不利决定，要遵循正当程序，包括告知理由与依据，听取陈述与申辩，听证，回避，救济等。④成员对体育组织的管理行为不服，认为违反法治原则，可向法院请求司法审查。早期我国体育组织纪律处罚缺乏程序的规定，没有听证制度，或者程序规定过于简单，操作任意性大，规则缺乏对期间、举证责任、法律代理等问题的规定，给体育组织留下了很大的自主解释的空间，不利于保护相对人权利。在中国足协处罚渝沈假球、吊销教练员证书、处罚《无锡日报》、处罚行贿受贿过程中，分别出现了违反自设规则、处罚内容模糊、处罚超越职权、与国家法律相悖等问题。近年来体育组织在制度建设上已经有了一些进步。

司法也为自治留出空间。体育中需要规制的事项包括保护公平竞争、参与者健康，反对兴奋剂、贿赂、种族主义、暴力行为，维护善治、正当程序、社会责任，保护儿童和青少年、保护隐私权等。国家在干预体育事务时应充分发挥体育组织自治和体育规则的作用。对那些由法律规制的、需要国家强制力规范的行为，如体育暴力、虐待青少年运动员、体育赌博、体育腐败等，应当坚持以司法治理为主，体育组织予以协助。而体育伦理、体育联赛准入、体育竞争、体育项目发展等，应交给体育组织或市场，政府则提供资金支持和政策引导。体育有自己的"准法律系统"，国家司法机关应当充当纠错系统，当自治失败或案件关乎公共利益的时候，法院才会干涉。司法对体育的干预应当受到以下原则的限制：技术事项例外原则、用尽内部救济原则与仲裁协议效力优先原则。

(三)体育纠纷解决机制的构建

当前,构建体育纠纷解决机制在我国体育法治建设中占据重要地位。构建成熟完备的体育纠纷解决机制,能够保障纠纷当事人获得公平救济。

当前解决体育纠纷的主要途径包括内部仲裁、外部仲裁和诉诸司法三种方式。向体育组织内部仲裁机构申请仲裁,是解决体育纠纷的常见方式,有利于将纠纷化解在体育组织内部,是体育治理的重要手段。我国奥运项目类全国单项体育协会共 34 个,已经有 12 个协会章程中有关于纠纷解决的规定,标志着协会制度建设的完善。但我国并非所有协会都设有内部纠纷解决机构,而且其往往被视为协会内部机构,缺乏独立性和中立性。而体育纠纷若全部诉至法院,将消耗大量人力物力,也会使比赛结果长期悬而不决。因此独立的体育仲裁制度成为体育纠纷解决的主要方式。当下我国体育纠纷解决看似途径多元,实际上解决途径有限。体育仲裁是解决体育纠纷的最好方式。

借鉴国际体育仲裁制度及实践,1995 年《中华人民共和国体育法》(以下简称《体育法》)第 33 条(2016 年修改后第 32 条)规定:"在竞技体育活动中发生纠纷,由体育仲裁机构负责调解、仲裁。体育仲裁机构的设立办法和仲裁范围由国务院另行规定。"1998 年《关于严格禁止在体育运动中使用兴奋剂行为的规定(暂行)》第 19 条规定:"运动员、相关人员及其单位与有关单项协会达成仲裁协议的,国家体育仲裁机构的仲裁结论是最终结论。"但迄今为止,我国一直未建立起体育仲裁制度。2020 年 5 月 19 日,由于大连万达球员转会被诉高额违约金案,北京市朝阳法院分别向国家体育总局和中国足球协会发送司法建议,建议尽快修订《体育法》,尽早建立符合我国国情的体育仲裁制度。

近年来国内理论与实践均认为,体育仲裁是解决体育纠纷的有效途径,我国应尽快建立符合体育善治,与国际惯例接轨,符合我国体育实际,能够快速、便捷、经济地解决体育纠纷的仲裁制度,化解矛盾,保障权利。虽然《仲裁法(修订)(征求意见稿)》删除了仲裁适用范围规定中"平等主体"的限制性表述,但这只是原则性规定,在《体育法》修订中规定体育仲裁制度最为可行。2021 年《体育法》修订被列入全国人大重点立法工作,已经形成的《体育法》修订草案中新增"体育纠纷解决"一章,对体育仲裁事项进行了规定,这是对体育法治实践的积极回应。

体育仲裁机构是为解决体育领域纠纷提供公益性服务的依法设立的非营利法人。在各类体育纠纷中,管理型纠纷是最具体育特殊性的纠纷,应由体育仲裁解决,对体育仲裁协议的效力应从宽解释。平等主体间的体育争议,如运动员合同转会纠纷和商事纠纷,应或裁或审。相对人在诉讼或向体育仲裁机构提起仲裁之前,应当首先用尽体育组织的内部救济措施。体育仲裁一裁终局,体育仲裁裁决要接受司法监督。

(四)反兴奋剂规则体系完善

20 世纪 80 年代前,我国体育界对兴奋剂问题知之甚少。随着对外交往的扩大,竞技体育竞争的日趋激烈带来负面影响,兴奋剂在 80 年代中后期开始波及我国。中国在 20 世纪 90 年代的广岛亚运会、珀斯游泳锦标赛时饱受兴奋剂问题困扰。1989 年,原国家体委提出对兴奋剂问题实行"严令禁止、严格检查、严肃处理"的"三严方针",并颁布《全国性体育竞赛检查禁用药物的暂行规定》。建立兴奋剂检测中心并开始在国内进行兴奋剂检查。自此中国反兴奋剂工作砥砺奋进,建立了较为完整的反兴奋剂法律规则体系,构建了反兴奋剂管理体制和运行机制,大量检查保证了对兴奋剂的监控,高于国际平均水平、达到年检 2 万例的检查量和低于国际平均水平的阳性率显示出中国反兴奋剂工作的成效。另外,在建设反兴奋剂保障系统,保护运动员听证权在内的各项权利方面均取得进展。

在反兴奋剂法律法规体系方面,中国签署和加入了《反对在体育运动中使用兴奋剂国际公约》和《世界反兴奋剂条例》,承诺对世界反兴奋剂机构规则的认可。《中华人民共和国体育法》将反兴奋剂纳入国家法范畴,国务院《反兴奋剂条例》、国家体育总局《反兴奋剂规则》等,均在反兴奋剂工作中发挥着重要作用。《中华人民共和国体育法》具有体育基本法地位,但现行体育法对反兴奋剂问题规定过于原则,已滞后于国家反兴奋剂工作的开展。2021 年 10 月,《中华人民共和国体育法》修订草案提请十三届全国人大常委会第三十一次会议审议,"反兴奋剂"单独成章是此次体育法修改的亮点之一,体现了我国反兴奋剂的决心,这是当前国家体育法治发展的必然要求,也是推动反兴奋剂工作发展的保障。体育法草案"反兴奋剂"章主要是将现行有效的反兴奋剂规则进行提炼,总结上升为法律条文,对反兴奋剂工作进行规范,包括禁止使用兴奋剂的原则,不得向体育运动参加者提供或变相提供兴奋剂,国家建立反兴奋剂管理机制,规定了体育行政部门和相关部门的职责以及反兴奋剂国际合作等。

(五)运动员人格权商用争议

在现代社会,体育明星的形象权具有巨大商业价值,也容易引发争议。国内外运动员、运动队、协会、赛事组间的形象权使用纠纷非常常见。有些优秀运动员超越了单纯的运动能力,表现出更具有商业价值的个性、声誉和魅力。在我国传统计划经济体制下，高水平专业运动员是国家正式职工，其生活、训练、比赛等物资及人力的投入，均由国家来承担。这种投资和培养的模式，形成了运动员的无形资产为国家所有的观念。知名运动员人格权的商业利用不断出现后，国家、集体、个人三方合理利益分配产生了矛盾。2003年，姚明诉可口可乐公司肖像权侵权案看似是商事人格权利用的争议，其背后的焦点则是运动员相关权利的归属问题。规定"现役运动员的所有无形资产归国家体委所有"的505号文件的合法性成为争论焦点，虽然承认国家在培养国家级选手方面的付出，但"集体将个人的肖像权侵夺，使个人独占的、固有的权利变为集体的权利，是一个严重的违法行为"。此案最终以双方和解达成协议、可口可乐公司道歉告终。备受争议的505号文件也被废止。

2006年9月6日，国家体育总局下发了《关于对国家队运动员商业活动试行合同管理的通知》（体政字[2006]78号）。该通知及其附件《国家队运动员商业开发合同（参考文本）》规定了国家队运动员以"国家队运动员身份"的商业开发权利属于项目协会或运动项目管理中心所有。

由于我国优秀运动员的培养采取的大多还是举国体制模式，决定了运动员人格特征要素商业价值形成仍然具有复杂性和主体多元性。随着运动员形象权经济利益因素的增加，对知名运动员形象权的争夺愈加激烈，冲突也时有发生。有些案例是典型的运动员、运动队、协会和体育赛会赞助商之间发生的冲突，如2018年雅加达亚运会上的"遮挡商标"事件。国家体育总局下发了《中国国家队联合市场开发方案》，打造中国国家队（Team China）概念，试图通过一揽子统一开发方式，解决国家队、项目协会与中国体育代表团商务开发的冲突。

目前，我国运动员形象权开发操作制度层面确立了以总局为主、各单项协会为辅的商业开发制度；确立了利益分配制度，使各方主体的利益得到了保障；推行合同化的管理方式，使商业开发更加规范。但由于我国运动员形象权商业开发时间不长，所以相关制度仍然有待完善：①应完善体育组织间的分层商务开发制度；②确立运动员对其形象权享有主体地位，清理项目协会等体育组织与现行法律相违背的形象权开发规定。

在知名运动员人格权商用方面，还出现了未经许可擅用、超授权范围使用、超期限使用等情况，这些情况都能够依靠现有相关法律解决。比较引人注目的是体育明星姓名抢注商标问题。我国商标评审时主要采取形式审查而非实质审查，这是造成"名人商标抢注"现象的一个重要原因。我国《商标法》第32条规定："申请商标注册不得损害他人现有的在先权利，也不得以不正当手段抢先注册他人已经使用并有一定影响的商标。"2017年1月,国家工商总局公布新修订的《商标审查及审理标准》规定,未经许可,将他人的姓名申请注册商标,给他人姓名权可能造成损害的,系争商标应当不予核准注册或者予以无效宣告。2020年最高人民法院对于乔丹案的判决受到了广泛关注,被法律界称为"一份判决书、半部商标法"。该案判决明确的法律适用标准,有利于维护权利人的人格尊严,维护公平竞争的市场秩序,净化商标注册和使用环境。同时,对于引导市场主体诚信经营,尊重他人合法在先权利,积极培育自主品牌均具有重要的作用。

(六)球员合同争议

职业运动员合同是运动员个人与体育俱乐部之间签署的书面协议,是协议双方明确劳动关系的法律文件,是对双方权利和义务的约定。无论我国《劳动合同法》还是《体育法》,都没有职业球员合同的规定。因此,对于职业球员合同的性质,一直存在着争议。2016年,人力资源和社会保障部、教育部、国家体育总局、中华全国总工会《关于加强和改进职业足球俱乐部劳动保障的意见》规定:各地要指导俱乐部依照《劳动合同法》等法律法规,俱乐部应当与球员等劳动者依法签订劳动合同,除劳动合同法规定的必备条款外,俱乐部与球员、教练员可以根据足球行业特点,依法约定其他条款。此部门规章文件认定了球员和俱乐部签订的工作合同属于劳动合同。

关于职业球员合同与我国法律的冲突,主要包括:无固定期限劳动合同与职业体育实践不符、任意解除权无法行使、球员同工同酬难以衡量和实现、转会期限制、FIFA有关足球行业纠纷解决机制与劳动法精神不符、劳动仲裁部门不受理球员与俱乐部纠纷、球员合同同时具有劳动权利义务和商事权利义务的内容等方面。

球员起诉俱乐部违约的案例很多。早期球员合同条文简单,用词模糊,对一些需要约定的内容语焉不详,为日后纠纷埋下伏笔;也有俱乐部任意违约、侵犯球员权益;俱乐部经营情况不佳,无力支付球员工资的情况也经常出现。

早期职业球员合同纠纷可以通过劳动仲裁和诉讼解决,虽然对职业球员合同性质存在争议,但川足欠薪案、谢晖与重庆力帆俱乐部欠薪案都通过劳动争议仲裁得以解决。在2013年上海市第一中级人民法院判决的孙吉诉上海申花联盛足球俱乐部有限公司劳动合同纠纷案中,法院认为,根据我国劳动合同法及相关规定,劳动者与用人单位之间因劳动报酬等而发生的争议,可以作为劳动争议案件予以处理。争议涉及2009年度俱乐部向孙吉支付的劳动报酬是否足额,故该争议属于劳动争议案件的受理范围。在孙吉案后,艾迪·弗朗西斯与大连一方俱乐部工作合同争议经过劳动仲裁和诉讼解决。

但近年来,一些法院对干预体育纠纷变得更加谨慎,尤其是辽宁省高院在沈阳东进足球俱乐部与球员李根等人的欠薪案中,经过劳动仲裁、法院诉讼,最终法院认为案件应向足协仲裁委申请仲裁,法院无管辖权。李根案用尽了国内行业内部仲裁、劳动仲裁和诉讼手段,球员最后一无所获。

法院谨慎干预体育纠纷,意味着国家司法对体育组织依法自治的尊重。在李根案一审法院的裁决中,法院援引了《中国足协章程》《国际足联章程》,认为本案不属于民事诉讼的受理范围。同时,根据合同意思自治的原则,"原、被告之间的劳动争议应由中国足协仲裁委员会依法做出处理,不属于人民法院受理范围"。法院根据《体育法》32条规定,排除了司法管辖权,认为案件应依据合同约定向中国足球协会仲裁委员会申请仲裁。中国足协仲裁委员会毕竟仅为足协内部仲裁,我国独立的体育仲裁机构又一直没有建立起来。即使体育仲裁机构建立,目前的制度设计中,运动员合同不在体育仲裁范围之内,《中华人民共和国体育法》修订草案第76条仲裁范围规定,"平等主体的公民、法人和其他组织之间发生的合同纠纷和其他财产权益纠纷,或者用人单位与劳动者发生的劳动争议,不属于体育仲裁范围"。运动员的诉权仍然需要寻求保障途径。

(七)转播权与赛事直播节目保护

在体育实践中,体育赛事的广播电视权属于赛事的主办者,应当得到保护,在大多数国家举行的重大国际性竞赛的电视转播权都必须经过竞赛组委会允许,竞赛组委会可以对电视转播权转让或出卖。体育赛事转播所获得的收益日渐成为体育组织的重要收入来源,甚至占到体育组织总收入的一半以上。近年来中国市场的体育赛事转播权交易也非常活跃。

虽然体育组织出售体育赛事转播权是其重要经费来源,但大多数国家法律上并没有对体育赛事转播权的法律性质、范围和内容进行界定。当然,这并不影响赛事转播权的转让和开发。无论电视转播权的性质如何,在各国实践中,赛事转播权都属于赛事主办者,应当得到保护。直播权意义上的体育赛事转播权法律性质一直存在着争议。国外研究在理论上经历了从"赛场准入权说""娱乐服务提供说"到"企业权利说"的发展过程。目前我国法律没有转播权的相关规定。为了保护赛事组织者权益,《中华人民共和国体育法》修订草案第47条第二款规定:"未经体育赛事活动组织者等相关权利人许可,不得以营利为目的采集或者传播体育赛事活动现场图片、音视频等信息。"该条款虽然没有明确"转播权"概念，但实际上是对体育赛事组织转播权的保护。

媒体购买转播权后，要制作体育直播节目传播给观众。在体育赛事转播日益发展的同时，我国体育赛事直播节目保护存在着一些漏洞和缺陷，体育赛事直播节目所遭受的盗版侵权问题十分严重。互联网的发展使盗播体育赛事的行为扩散范围更广。在司法实践中，对于盗播案件，法官形成不同的判决，主要原因是当时的《著作权法》中没有关于体育赛事直播节目的相关规定，对体育直播节目定性和保护存在不同看法，对"体育赛事节目"所承载的内容，即所展现的即时景象的语言、图片、文字和声像画面等表达是否构成版权保护客体存在争议。2020年《著作权法》进行了修订，在确定作品范畴方面实行了"列举+兜底条款"的立法模式，在将第3条第6项"电影作品和以类似摄制电影的方法创作的作品"修改为"视听作品"的基础上，将第9项"法律、行政法规规定的其他作品"修改为"符合作品特征的其他智力成果"，防止不在范畴列举之内的其他作品不受《著作权法》保护，扩大了对视听形态内容的作品保护范围，回归了立法的本意，符合国际上的立法趋势。无论基于对独创性的法理分析，根据最新《著作权法》，还是从保护产业利益诉求出发，对体育赛事直播节目应以"作品"加以保护。

（八）奥林匹克标志保护与反隐性营销

北京申奥成功以及2008年北京奥运会、2022年北京冬奥会的举办，使我国体育中的知识产权保护受到前所未有的重视。

在我国现有的法律体系中，知识产权立法已经构成了一个相对完整的体系。北京取得了第29届奥运会主办权后，根据《奥林匹克宪章》和《第29届奥林匹克运动会主办城市合同》的要求，我国有义务对所有奥运会的有关权益给予充分保护。确定举办权后3个月后，《北京市奥林匹克知识产权保护规定》便正式出台。2002年，国务院常务会议通过，并以国务院令形式颁布了《奥林匹克标志保护条例》。在筹办2022年冬奥会过程中，2018年对《奥林匹克标志保护条例》进行了修订。《奥林匹克标志保护条例》确定了认定奥林匹克标志侵权行为的标准：未经奥林匹克标志权利人许可，任何人不得为商业目的使用奥林匹克标志。该条例还对隐性营销行为进行了明确规制，规定利用与奥林匹克运动有关的元素开展活动，足以引人误认为与奥林匹克标志权利人之间有赞助或其他支持关系，构成不正当竞争行为的，依照《反不正当竞争法》处理。

在司法实践中，2001年判决的中国奥委会诉金味食品厂奥林匹克标志侵权案高达 500 万元的赔偿?对商家滥用奥林匹克标志的行为敲响了警钟。此外,北京奥组委还采取了控制城市公告、清洁赛场环境、观众控制等自救措施来进行奥林匹克知识产权保护。以行政手段保护奥林匹克标志是北京举办第 29 届奥运会的成功经验,也是符合中国国情的做法,大量的奥林匹克标志侵权案件,主要依靠工商行政管理部门以及其他行政机关进行查处。奥林匹克标志得到了较好的保护。

(九)控制比赛

假球、黑哨、赌球目前是危害世界足坛的三大毒瘤,无论传统足球强国,还是足球的新兴之地都无法逃脱这些阴影的笼罩。控制比赛成为世界性问题。控制比赛表现为两种形式,一种是裁判的徇私枉法裁决行为,被称为"黑哨";一种是运动员的作假行为,被称为"假球"。当然控制比赛并不限于球类比赛,也发生在其他项目中。

中国的假球史可追溯到 20 世纪 80 年代初。早期的假球是为了满足荣誉方面的需要,为了取得名次而打关系球、默契球。足球职业化之后又掺杂进对商业利益的追求,如球队为了在职业联赛中保级或争得名次,教练、运动员或管理人员为谋取商业利益和荣誉等。随后,中国足球中的假球开始与赌博产生密切联系,成为赌博主体谋求控制比赛结果的主要方式。2009 年 8 月,最高检委托辽宁省高检成立专案组,在中国足坛发起了一场历时近 3 年的"打假扫黑"风暴,数百人到沈阳协助调查,57 人受到法律制裁,涉案人员包括足协高层官员、中层干部、裁判、球员、俱乐部管理者等,几乎涉及了足球圈的每一种角色。从足坛反腐系列案的审理中所揭露的事实来看,我国足坛的腐败可谓触目惊心。涉及人员不仅包括球员和教练,还包括裁判以及主管官员;涉案内容从赌球、操纵比赛到贪污、受贿;不仅涉案人数多,而且犯案行为还呈现出经常性、日常化的特征。

2002 年,收受俱乐部近 40 万元的足球裁判以受贿罪入狱 10 年。很多刑法学家撰文对黑哨的定性进行了分析,有无罪,受贿罪,公司、企业人员受贿罪三种意见。关于黑哨行为诸多刑法学者众说纷纭原因在于足协身份的官民二重性,主体身份不明确,法律规范本身有多种解释的可能。我国 2006 年《刑法修正案(六)》"非国家工作人员受贿罪"的确定,解决了司法介入控制比赛行为的争议,能够运用刑法制裁假球黑哨,保护足坛公平竞争的环境。在 2013—2015 年的足坛打假扫黑活动中,涉案裁判员都以"非国家工作人员受贿罪"定罪。

控制比赛是一个复杂的社会现象,造成这种现象的原因是多方面的,对它的治理是一项极为复杂的系统工程。防止控制比赛,仅从刑法的角度考虑是不够的。

刑法具有补充性而居于保障法的地位,在犯罪的综合治理中,首先,应当寻求预防的政策,在青少年时期就要加强体育道德与体育规则教育。其次,由单项协会按照体育法与体育规则对控制比赛的行为进行规范。刑法对体育竞技贿赂犯罪的规定会是最后的屏障。所以,防治体育竞技中的控制比赛,仍必须强调加强行业自律,完善行业规则。足协的行业执法机构和国家法律机关在各自的职权范围内行使职责,并行不悖。

(十)体育伤害法律责任

风险是体育不可或缺的一部分,大部分体育项目,或多或少都具有与自身斗争,与对手斗争、与环境斗争的特点,造成伤害在所难免。我们无法拒绝体育中风险的存在,否则体育就失去了价值。

随着公民权利意识的增加,因为体育伤害诉至法院的案例比比皆是,近年来司法实践中产生了大量加害人认为参加有风险的活动应自甘风险的案例。这些案例大多数都与体育活动、运动竞赛和户外探险旅游中发生的伤害有关。这些活动中伤害的发生,经常存在各方均无法律上的过错的情况,如射门的足球击伤守门员眼睛,双方争顶造成碰撞受伤。由于我国民法体系中没有自甘风险的规定,不同地区的法官常常会形成不同的判决思路。所以在司法实践中既出现了大量适用自甘风险的判决,也出现了很多截然不同的判决,没有过错的其他体育参与者、体育赛事组织者、体育场馆经营者、管理者和开展体育活动的学校常常背上赔偿的负担,以至于因担心风险而裹足不前。对于体育伤害的侵权责任分配,需要在两种利益中寻找平衡:一种利益是公民参与体育免受伤害威胁,另一种利益则是我们的公民尤其是年轻人,能够自由而富有朝气地参与体育活动而不至于背上过重负担。适用自甘风险除了有利于体育的发展外,也符合经济成本原则。由受害人自甘风险,将降低因体育伤害产生的诉讼发生率。对于体育伤害中受害人的救济,应由保险和社会保障制度来解决。

2002 年教育部颁布的《学生伤害事故处理办法》第 12 条规定,在对抗性或者具有风险性的体育竞赛活动中发生意外伤害的,学校已经履行了相应职责,行为并无不当,无法律责任。此规定可被视为自甘风险规则的雏形。《中华人民共和国侵权责任法》立法时期,杨立新教授就建议将自甘风险列入侵权责任免责事由之中。

2020 年 5 月 28 日,十三届全国人大第三次会议表决通过了《中华人民共和国民法典》。第 1176 条规定:"自愿参加具有一定风险的文体活动,因其他参加者的行为受到损害的,受害人不得请求其他参加者承担侵权责任,但是其他参加者对损害的发生有故意或者重大过失的除外。活动组织者的责任适用本法第1198条至第1201条的规定。"第1198条至1201条是安全保障义务和学校等教育机构在学生受到人身损害时的相关责任规定。这是我国法律首次对自甘风险做出规定。1176条规定了文体活动的受害人明知有危险而有意冒险参加因而受伤应自甘风险的情形,有利于体育、户外、休闲、探险、旅游等文体活动的发展。

虽然现行《民法典》对自甘风险的规定只免除了其他参加者对于体育固有风险的责任,但《民法典》对公平分担进行了限制,将使上述主体在各方均无过错的体育伤害中,不至于再按照公平分担原则承担责任。在司法实践中,如果能够合理确定体育赛事组织者、体育场馆经营者、管理者和开展体育活动的学校的注意义务,将体育固有风险排除在上述主体注意义务之外,则上述主体注意义务过重,动辄就为伤害"买单"的窘境将得到解决。

《民法典》自2021年1月1日起施行,2021年1月4日各地法院均开始适用《民法典》,北京市朝阳区人民法院审理的第一案就是体育伤害案,原告在自发组织的羽毛球比赛中,被被告扣杀过来的球击中了右眼受伤,故而起诉索赔,一审法院依据自甘风险条款驳回了原告的诉求。

三、中国体育法治建设仍应关注的问题

我国体育法治在许多方面还存在着不适应的滞后的现象,依法治体的任务仍十分艰巨。特别在竞技体育管理中,由于主客观等多方面的原因,真正实现依法治体还会遇到诸多的困难和阻力。今后体育法治建设将关注下列问题。

(一)对运动员权利的关注和保护

竞技体育是高风险职业,高水平竞技体育可能使运动员面临身体、心理到精神等多方面的职业损害;竞技体育高度的竞争和优胜劣汰使运动员面临很高的机会成本风险,职业生命很难预测,即使优秀的运动员也可能面临职业生涯的突然中断。运动员的权利,健康权、受教育权、休息权、肖像权、姓名权、名誉权、隐私权、荣誉权、注册权、转会权、公平竞争参赛权、劳动报酬权、伤残保障权、监督权、申辩权等如何得到保护? 如何对运动员职业进行专门的保护,弥补运动员职业和其他普通社会职业在职业风险上的过度差异,促进竞技体育的发展? 应从三个方面入

手保证运动员权利保障：一是加强体育协会善治。二是建立和完善我国体育仲裁制度，解决体育纠纷，维护运动员权利。三是国家司法应介入体育纠纷，成为保护运动员权利的最后底线。

(二)治理体育不当行为

现代竞技体育在积极、进取、公平的光环下，还存在着因多种复杂社会原因形成的各种不当行为，兴奋剂、控制比赛、下注赌博、暴力等问题仍然存在。我国体育制度化、规范化、程序化程度较低和道德失范，是产生竞技体育不当行为的主要原因，是利益多元化下的寻租行为。将一些体育不当行为作为一类罪纳入到犯罪中固然是手段之一，但仅高举法律之剑远远不够，培育良好的社会道德环境，加强职业道德建设以强化个人内心的自律和外部的法律制度建设，对治理体育不当行为缺一不可。

第四章
新中国竞技体育发展历程、经验及走向

　　体育强则国强，国运兴则体育兴。新中国成立以来，中国共产党带领全国人民革故鼎新，经济社会发生全方位变革，人民生活水平实现根本性转变，其中竞技体育事业的长足发展构成了中国社会整体变迁的一个缩影。新中国成立70多年来，中国竞技体育在国家崛起的大潮中搏击奋进、砥砺前行、不断超越、勇攀高峰，经历了一个从小到大、从无到有、从弱到强的发展历程，走出了特色发展之路，取得了举世瞩目的历史成就，践行了勇攀高峰、为国争光的宏伟目标，彰显了不同时期经济社会发展的伟大形象，为国家体育事业做出了重要贡献。新中国成立70多年，是一段彻底甩掉"东亚病夫"的帽子，改变中国人民精神面貌，使中华民族扬眉吐气屹立于世界民族之林的历史，也是一段追求更快、更高、更强，提高中国竞技体育综合实力和国际竞争力，弘扬中华体育精神，为中华民族伟大复兴凝心聚气提供强大正能量的伟大进程。站在新时代的历史起点，系统回顾新中国成立以来竞技体育发展的伟大历程，总结竞技体育取得的历史成就和重要经验，科学规划新阶段中国竞技体育的发展走向，对于加快推动体育强国建设具有重大意义。

一、新中国竞技体育发展历程

　　回顾新中国成立以来我国竞技体育事业的发展历程，从"东亚病夫"到体育大国，从体育大国迈向体育强国，竞技体育正在成为中华民族伟大复兴的一个标志性事业。新中国成立以来，我国经济社会发展经历了历史性变革、取得历史性成就，中国竞技体育在国家发展的大潮中也实现了大的发展、大的跨越。新中国成立以来，我国竞技体育与国家经济社会发展的目标紧密相连，竞技体育的发展历程，与中华民族从"站起来""富起来"到"强起来"的发展进程同向、同步,竞技体育的优异成绩彰显了社会主义现代化建设的伟大成就,映射了中国特色体育发展道路。1949年新中国成立以来,国家各项事业积极顺应经济社会发展的大潮,体育作为国家事业的重要组成部分,伴随着国家经济社会的进步实现了快速发展,尤其是1978年开始的改革开放创造的政治、经济环境,赋予了竞技体育新的发展机遇。根据不同历史时期的社会背景、竞技体育发展特征以及相关政策等进行划分,经历了主线清晰、任务不断承载、功能不断扩大的四个发展阶段。

初步发展阶段(1949—1978年)。1949年新中国成立后,面对国内外形势,如何快速提高竞技运动水平,适应国际交流需要成为一项重要任务。结合当时国情,我国体育事业确立了"普及与提高相结合"战略,在该战略推动下,我国竞技体育从推动群众体育发展到实现自身快速发展。从1952年参加第15届赫尔辛基奥运会开始,我国竞技体育逐渐崭露头角,1959年第一届全国运动会为竞技体育带来了新的发展机遇,竞技体育在国内外大赛成绩、优秀运动员培养等方面都取得了巨大进步。然而,"文革"时期给我国体育事业发展带来了严重阻碍,特殊时期在"缩短战线与保证重点"战略方针引导下,通过把有限社会资源运用到重点领域,确保了竞技体育的局部赶超。总体而言,新中国成立之初,为了甩掉"东亚病夫"的帽子,树立国家形象,党和国家非常重视竞技体育工作,构建了"思想一盘棋、组织一条龙、训练一贯制"的竞技体育保障体系,初步形成了系统化、科学化的竞技体育发展模式。竞技体育以为国争光为主要目标,在国家推动下各类运动项目水平得到了快速提升。

稳步发展阶段(1979—1992年)。自1979年我国恢复在国际奥委会的合法席位以来,竞技体育的主要任务是"勇攀高峰,为国争光",在"优先发展战略"推动下在国际比赛取得优异成绩,为国家培养优秀运动员。在党的十一届三中全会精神指引下,我国竞技体育进行了体制机制改革的积极探索,竞技体育管理体制、竞赛训练体制、人才培养体制等方面的改革全面启动,在举国体制的保障下,竞技体育实现了自身实力的稳步增长。总体而言,这一阶段我国竞技体育发展的基本思路仍然是坚持"全国一盘棋",积极落实奥运战略,并在20世纪80年代制定了一系列侧重发展竞技体育的方针政策。从1979年开始,历经了3次全国体育工作会议后,进一步明确了以竞技体育为体育工作中心,形成了以"举国体制"为保障的发展方式。

快速突破阶段(1993—2008年)。自1992年我国竞技体育走职业化道路以来,市场经济为竞技体育注入了新的活力,以足球项目改革为突破口,我国竞技体育改革不断深入。这一阶段竞技体育的主要任务是吸收职业化改革成果,大力提升竞技体育的科学化、系统化和国际化水平,实施奥运争光计划纲要,在"奥运战略"助推下获取国际大赛成绩。2008年北京奥运会我们实现了金牌、奖牌榜世界第一的目标,提升了竞技体育综合实力,塑造了良好的国家形象,竞技体育的国际竞争力取得了历史性飞跃。总体而言,这一阶段是我国竞技体育勇攀高峰、运动项目成绩快速提升的重要时期,我国在奥运会、亚运会、世锦赛等多个国际大赛中取得了一系列辉煌成绩,实现了竞技体育为国争光的目标。

转型升级和全面发展阶段(2009年至今)。2008年奥运会是中国竞技体育深化改革的重要历史节点,北京奥运会后,优化竞技体育发展内涵、深化竞技体育体制机制改革成为时代发展的新要求。尤其是2012年党的十八大开启中国特色社会主义新时代以来,我国竞技体育不断顺应经济社会改革步伐,积极推进结构性改革,在体制结构、组织结构、目标结构、价值结构等方面的改革特征显著。北京奥运会后,竞技体育的主要任务是积极探索可持续发展方式,大力推进竞技体育体制机制改革,创新奥运备战模式和实施全运会制度改革,稳步推进奥运项目协会实体化改革。尤其是进入新时代以来,竞技体育获得了新的发展动力,逐步实现了从单一管理到"多元治理"的体制机制转变、从"争光体育"向全面发展转变、从"金牌至上"向展示综合实力的复合型目标转变,竞技体育集聚了新的发展活力,竞技体育综合实力和国际竞争力进一步提升。

二、新中国竞技体育发展成就

(一)奥运征程实现从零的突破到位列世界之巅

新中国成立以来,我国竞技体育在国家发展的大潮中不断摸索,尤其是1978年改革开放带来的政治、经济、社会发展赋予了竞技体育重大历史使命,同时为竞技体育提供了新的发展机遇。奥运会金牌,曾是几代中国体育人和普通民众的向往。1979年10月25日,国际奥委会执委会在日本名古屋召开会议,做出恢复中华人民共和国在国际奥委会合法席位的决议,中国重返奥运大家庭。在"冲出亚洲,走向世界"、建设体育强国的目标驱动下,我国竞技体育以在国际大赛上取得优异成绩、"为国争光"为主要任务,在奥运会等国际赛场取得了优异成绩。尤其是进入21世纪以来,在悉尼奥运会、雅典奥运会、北京奥运会、伦敦奥运会、里约奥运会和东京奥运会上,中国代表团在金牌榜上始终稳居前三强。从1952年参加第15届赫尔辛基奥运会开始,中国代表团不断在奥运舞台上崭露头角,尤其是重返奥运赛场后,中国在历届奥运会上取得了优异成绩。1984年重返奥运赛场的中国体育代表团,展示出新兴世界体育强国的风采,许海峰获得奥运会第一块金牌,实现了中国在奥运会上金牌及奖牌"零的突破"。从参加1984年洛杉矶奥运会到2016年里约奥运会,我国共参加了9届夏季奥运会,共获得224枚金牌、167枚银牌、155枚铜牌。2008年北京奥运,中国代表团最终获得48枚金牌,首次登顶金牌榜,实现了历史突破,让无数中华儿女为之骄傲。2012年伦敦奥运会创造了境外最好成绩。2016年里约奥运会,中国代表团获得了26枚金牌,居金牌榜第三位。2020年东京奥运会中国体育代表团获得38金32银18铜共88枚奖牌,金牌数、奖牌数仅次于美国,位居第二,追平在伦敦奥运会取得的境外参赛最好成绩。从1980年参加第13届冬季奥运会开始,我国共参加了12届冬奥会,1992年实现冬奥会奖牌"零"的突破,2002年实现金牌"零"的突破,尤其是2010年温哥华冬奥会中国首次进入冬奥会奖牌榜前8位,截至2022年,中国共获得冬奥会金牌22枚,银牌32枚,铜牌23枚。我国从1984年洛杉矶奥运会重返奥林匹克大家庭,实现奥运金牌"零"的突破,到2000年悉尼奥运会首次进入奥运金牌榜第一集团,再到2008年北京奥运会首次位列金牌榜首,仅用了24年的时间,创造了世界竞技体育史上的奇迹,实现了竞技体育的跨越式发展。

(二)涌现了一大批为国争光的世界冠军

曾几何时,在短跑、短距离游泳等对身体素质要求极高的竞技项目中,中国运动员甚至亚洲人都难以取得好成绩。但随着新中国体育事业的发展,在这些昔日的弱项中,中华儿女开始多次站上世界之巅。新中国成立以来,我国积极参与国内外重大比赛,并取得了一系列优异成绩,从1952年参加第15届赫尔辛基奥运会开始,中国运动员不断为国争光、勇攀高峰,取得了一次次历史飞跃。尤其是改革开放以来竞技体育世界冠军数量攀升,从1978年中国运动员在世界大赛获得4项冠军开始,我国运动员共获得奥运冠军252个;获得世界冠军3319个,占新中国成立以来总数的99%以上;创超世界纪录1125次,占新中国成立以来总数的86.4%。其中,1978—2000年中国运动员获世界冠军1392项,23年时间内年平均获得世界冠军60.5个,远远超过同期其他国家的增长速度。2001年北京奥运会申办成功后,竞技体育整体保持了较高的水平,从2001年到2017年的16年时间内,中国获得世界冠军的数量达到1844项,年均获得世界冠军数量达到115.25

个,2008年北京奥运会的举办令中国运动员在该年度获得142项世界冠军,再次刷新了世界冠军数量纪录。新中国成立70多年来,中国运动员奋勇拼搏,屡创佳绩。据不完全统计,中国体育健儿共夺得3458项世界冠军,打破世界纪录1310余次,其中,北京奥运会之前创超世界纪录1001次。从1984年洛杉矶奥运会到2020年东京奥运会,我国不仅取得了一系列辉煌的成绩,而且确立了由奥运榜首的"体育大国"向全面发展的"体育强国"迈进的伟大战略目标。竞技体育发展的突出成就集中彰显了中国特色社会主义制度的优越性,映射了中国经济社会快速转型的伟大飞跃。

(三)形成了稳定的竞技体育优势项目群

新中国成立以来,我国不断注重打造适合中国国情的重点项目,经过70多年的不断努力,我国竞技体育形成了一个比较稳定的重点项目群,打造了跳水、乒乓球、羽毛球、体操、举重、射击、柔道7大优势项目,摔跤、击剑、射箭、自行车、跆拳道等众多潜优势项目,我国竞技体育成为国际体育舞台上一支重要力量。从改革开放之初的1个运动大项冠军发展到2017年的24个运动大项,且稳定在每年20多个大项,尤其是2009年一度达到36个大项的冠军。中国运动员获奥运项目世界冠军的范围也在不断扩大,2008年获得冠军的运动大项数量达到19个,几乎囊括了大部分奥运项目。此外,我国还涌现了一大批优秀运动项目代表队,如五连冠的中国女排、长盛不衰的中国乒乓球队、勇攀高峰的中国登山队、被誉为"梦之队"的中国跳水队等。尤其是改革开放以来,中国运动员获世界冠军的运动大项在1978—2000年呈现不断上升的趋势,在2002—2017年保持在相当高的水平上平稳发展,形成了在世界重大比赛中夺取优异成绩的项目基础。此外,在田径、游泳等直接反映国民身体素质的大项上,中国运动员通过不断努力,在世界大赛中逐步打破欧美选手对冠军的垄断,展示中国速度、中国力量;在冬季运动方面,以北京获得2022年冬奥会举办权为契机,冰雪健儿们争分夺秒,努力实现强项更强、弥补短板。

(四)举国体制成为竞技体育搏击奋进的制度保障

举国体制是中国特色社会主义制度,是实现竞技体育勇攀高峰的重要保障。经过几代体育工作者的实践检验,举国体制适应我国基本国情的发展需要,成为推动竞技体育搏击奋进、勇攀高峰的制胜法宝,成为中国特色社会主义制度优越性的最好体现。新中国成立以来,国家为了发展体育运动,积极参与奥林匹克运动,根据新中国竞技体育十分薄弱的发展基础,不断借鉴和学习苏联体育体制的基本经验,研究制定了我国竞技体育的管理体制。改革开放后,我国体育主动适应市场经济发展的要求,在坚持中不断调整和完善举国体制,使得举国体制始终能够发挥巨大的凝聚力、动员力和协调力,充分调动起全国体育系统共同做好竞技体育工作的积极性。经过几代体育工作者70多年体育实践的不断检验,举国体制成为推动我国竞技体育快速发展、取得辉煌成就的制胜法宝。依靠举国体制能够在特殊时期广泛调动全国资源和体育系统的积极性,高效的形成政府主导,部门协同,社会共同参与的体制机制,形成强大的工作合力,推动竞技体育在世界大赛中取得了优异成绩。竞技体育举国体制和奥运战略适应了中国基本国情的发展需要,成为新中国成立以来竞技体育事业的宝贵财富,很好地彰显了中国特色社会制度的优越性和先进性。党的十八大以来,我们在发挥举国体制制度优势的同时,充分发挥市场机制和社会力量的作用,与时俱进地赋予举国体制市场经济条件下的新内涵。新中国体育事业的伟大实践表明,竞技体育举国体制适应了我国改革开放、竞技体育走向世界、积极参与国际竞争、社会主义现代化建设和市场经济改革与发展的需要,适应了当代国际竞技体育激烈竞争的内在要求,提高了我国竞技体育的综合实力,促进了我国体育事业的全面发展和社会的全面进步。

(五)成功申办和承办国际重大体育比赛

承办奥运会是中国竞技体育实施奥运战略的重要组成部分,申办奥运会不仅具有重要的政治意义,也同样具有重要的经济价值和社会意义。各类重大赛事很好地继承和发扬了我国举办2008年北京奥运会的成功经验,为国内外运动员搭建了良好的平台。尤其是2022年北京冬奥会的申办,使北京成为世界上唯一一个举办过夏季、冬季奥运会的城市,我国将以举办冬奥会为契机,大力推动冰雪运动开展,加快我国冬季项目全面发展和竞技水平的进一步提高。新中国成立以来,我们成功举办了1990年北京亚运会、2008年北京奥运会、2010年广州亚运会、2011年上海世界游泳锦标赛、2012年海阳第三届亚沙会、2013年南京第二届亚青会、2013年天津第六届东亚运动会、2014年南京第二届青奥会、2015年北京世界田径锦标赛等多项综合性国际赛事,还成功申办了2022年北京第二十四届冬奥会、2022年杭州第19届亚运会、2019年男子篮球世界杯赛等各类重大国际赛事。尤其是2008年北京奥运会和2022年北京冬奥会的申办,使北京成为世界上唯一一个举办过夏季奥运会和冬季奥运会的城市。每一届赛事的成功举办都对城市的现代化和国际化进程产生着巨大的推动作用,不仅提高了市民整体素质,推动了城市精神文明建设,而且对主办城市居民的精神面貌产生了积极影响。通过积极承办各类世界重大赛事,很好地展示了我国现代化建设的伟大成就,扩大了与国际社会的交流与合作,增强了我国的文化软实力和国际影响力。

(六)培养了一支规模庞大的优秀竞技人才队伍

竞技体育人才包括优秀运动员、教练员、管理人员、科研人员、医务人员等多个群体,是实施体育强国战略的根基。竞技体育人才培养关系体育事业的全面、协调、可持续发展。新中国成立以来,我们充分发挥社会主义制度优越性,不断完善优秀体育人才培养体系,我国体育精英人才的选拔、培养和保障工作从无到有、从国家单一投入不断向国家、社会多途径多渠道齐抓共管转变,在"科教兴体""人才强体"方面取得了明显的成效。新中国成立以来,我们充分发挥举国体制优势,在体育领域大力实施"人才强体"战略,逐步建立了运动员、教练员、体育管理、科研人员、医务人员等各类优秀人才培养制度,造就了一支数量充足、结构合理、素质优良的人才队伍。新中国成立以来,我国竞技体育人才数量稳步增长,人才队伍规模不断壮大,人才结构不断优化。截至 2007 年,全国各类优秀运动员总计 17937人,其中,国际级健将 489 人,国家级健将 4230 人,一级运动员 5635 人,二级及以下运动员 7583 人;2008-2016 年,我国累计培养国际运动健将 2725 人,国际级运动健将 21020 人,从 2008 年到 2017 年,国家级健将运动员每年都超过 5000 人,国际级健将运动员每年都超过 700 人,2014 年达到了 854 人。截至 2017 年,我国共有教练员 24354 人,发展教练员人数 1659 人,到 2016 年,全国裁判员数量总计95472 人,其中,国际级裁判员 485 人,国家级裁判 1819 人,分布在 72 个运动项目中。此外,我国不断完善竞技体育后备人才培养体系,不断提高青少年体育训练质量和效益,推动竞技体育后备人才培养工作深入开展,在后备人才培养体制、人才选拔机制以及新型国家队建设等方面不断创新,日益形成了多元化体育后备人才培养模式。

(七)竞技体育项目在世界赛场亮点纷呈

新中国成立以来,我国竞技体育搏击奋进、砥砺前行,在国家经济社会发展的大潮中迅速发展,尤其是根据我国的国情大力发展竞技体育运动项目,竞技体育项目在国际大赛中亮点纷呈。2008 年北京奥运会以来,我国竞技体育综合实力在保持世界前列的同时,多个运动项目在世界大赛中亮点纷呈,充分展示了我国竞技体育的发展水平。2012 年伦敦奥运会,田径、水上等基础大项实现历史突破,陈定收获了男子 20 公里竞走金牌,中国田径时隔 8 年重返奥运金牌榜。孙杨在 400

米、1500 米自由泳决赛中勇夺两枚金牌,并打破 1500 米自由泳世界纪录,改写了中国男子游泳奥运参赛历史。徐莉佳在帆船项目激光雷迪尔级比赛中获得首枚奥运金牌,实现历史突破。2016 年里约奥运会,中国女排时隔 12 年再夺奥运冠军,女排精神再次引起社会反响。自行车项目首次夺得奥运金牌,实现了历史性突破。高尔夫项目首次进入奥运大家庭,我国运动员就登上了领奖台。新中国成立以来,我国田径项目全面进步,在多次国内外大事中取得了突出成绩,从 1984 年洛杉矶奥运会到 2008 年北京奥运会,我国田径项目成绩总体不断提升,2008 年北京奥运会后的五届世界田径锦标赛中,三届获得两枚金牌,三次排名世界前十,尤其是 2017 年伦敦世锦赛,我国田径代表队获得 2 金、3 银、2 铜,总排名第五,男女 20 公里竞走、女子投掷、短跨、跳高等多个项目取得了好成绩。同时,我国优势项目乒乓球、羽毛球、跳水等在奥运赛场和世界大赛中继续保持优势,伦敦奥运会,乒乓球和羽毛球两个项目均包揽所有金牌,展现了我国优势项目的综合实力。此外,我国冬季运动项目取得了明显进步,2010 年温哥华冬奥会,我国奖牌分布面由 2 大项 8 小项扩展到 3 大项 9 小项,进入前 8 名的运动员人数由 3 大项 14 小项 49 人次增加到 4 大项 17 小项 66 人次,我国短道速滑队成为冬奥历史上首支包揽女子项目金牌的队伍。2014 年索契冬奥会,在速度滑冰项目上取得历史性突破,速度滑冰女子 1000 米决赛创造历史,张虹以 1 分 14 秒 02 夺得中国冬奥会历史上首枚速滑金牌,展示了冬季项目的巨大潜力。2020 年东京奥运赛场,杨倩以 251.8 环摘得奥运会首金,创造了新的奥运会纪录;苏炳添在男子 100 米半决赛以 9.83 秒的成绩刷新亚洲纪录,创造新的历史,成为第一位进入奥运男子百米决赛的中国选手。

(八)竞技体育职业化和社会化改革成效显著

我国竞技体育职业化始于 20 世纪 90 年代初,在长期的改革实践中,围绕运动项目的职业化发展、运动员的职业化、职业联赛的打造以及职业俱乐部的发展等多个方面取得一定成果,积累了丰富的经验。伴随着我国经济社会发展水平的不断提高,竞技体育职业化发展速度不断加快,足球、篮球、排球、乒乓球等多个竞技运动项目不断尝试走职业化道路,在长期实践中逐步形成了具有中国特色的职业化发展方式。新中国成立以来,我国在竞技体育领域不断推进运动项目协会实体化改革,尤其是 1992 年足球实施职业化改革以来,我国竞技体育项目职业化、实体化进程不断推进,到 2005 年,共成立了 23 个运动项目管理中心,成为我国竞技体育实体化改革的显著标志。2008 年北京奥运会后,我们积极探索社会主义市场经济条件下的职业体育发展方式，继续推动具备条件的运动项目走职业化道路，提升了足球、篮球、网球等多个运动项目的职业化水平，利用社会市场助力竞技体育发展，形成了一定规模的职业联赛市场。2015年以来，以足球改革为突破口，不断提升了足、篮、排三大球等项目的职业化发展水平，不断扩大了职业体育的社会参与。另外，运动项目实体化改革不断深入，以单项体育协会为突破口，大量运动项目陆续实行了实体化改革，截至2017年底，28家脱钩试点改革协会已有10家完成脱钩任务，3家脱钩实施方案得到批复，7家完成脱钩方案报送。2019年6月，国家发改委官方网站发布了《关于全面推开行业协会商会与行政机关脱钩改革的实施意见》，有68个业务主管单位为国家体育总局的协会状态为"拟脱钩"，其中包括中国篮球协会、中国排球协会、中国滑冰协会等奥运项目协会，以及中国围棋协会、中国象棋协会等非奥项目协会。

(九)中华体育精神在实践中得到弘扬

伟大的事业孕育伟大的精神，伟大的精神推进伟大的事业。中国体育健儿在国际赛场上的优异表现，向世人展示了新中国的崭新形象和我国社会主义建设取得的巨大成就，为祖国赢得了巨大的荣誉，成为中华民族凝心聚气的强大力量。其间涌现了一大批全国人民耳熟能详的英雄集体，如长盛不衰的中国乒乓球队、"五连冠"的中国女排、勇攀高峰的中国登山队、被誉为"梦之队"的中国跳水队、赢得中日围棋擂台赛的中国围棋队等，优秀运动员更是数不胜数。体育健儿们创造的以"为国争光、无私奉献、科学求实、遵纪守法、团结协作、顽强拼搏"为主要内容的中华体育精神，极大丰富了社会主义精神文明建设的内涵，激发了全国人民积极投身社会主义现代化建设的热情。新中国成立以来，竞技体育领域产生的不仅仅是优异的运动成绩，还有具有中国特色的竞技体育夺冠之路和中华体育精神，为社会创造了极为宝贵的精神财富。在长期实践中，我们逐渐形成了以"为国争光、团结协作、无私奉献、顽强拼搏"等为内涵的中华体育精神，中华体育精神继承了中华民族历久弥新的民族精神，凝聚着体育战线一代又一代人的心血，在实践中不断弘扬。通过优秀运动员的形象展现国家形象和民族精神，运动员在赛场上取得的成绩和表现出的拼搏精神成为鼓舞全国人民前进的号角，中国女排不畏强手，顽强拼搏，创造了五连冠的辉煌，女排精神极大鼓舞了全国人民的激情，成为中华民族锐意进取的强大精神动力。伴随着2022年北京冬奥会的临近，我国各项体育事业发展面临新机遇、新局面，亿万中华儿女更要继续以时不我待的责任意识、舍我其谁的担当精神，发扬"永不放弃、永不气馁、永不低头"的顽强拼搏精神，多措并举推动中华体育精神的广泛弘扬。此外,我们注重在实践中不断发展丰富中华体育精神内涵,从为国争光到塑造体育文化软实力,"人生能有几回搏""胸怀祖国,放眼世界""冲出亚洲,走向世界"等远远超过了体育的范畴,成为一个个激励全国人民自强不息、奋发图强的强大精神力量。中华体育精神丰富了社会主义精神文明建设的内容,成为激发全国人民积极投身社会主义现代化建设的力量,在全社会得到广泛弘扬。

三、新中国竞技体育发展经验

(一)坚持以创新促发展,不断完善中国特色竞技体育发展模式

新中国成立以来,为适应社会主义市场经济体制需要,我们不断完善竞技体育举国体制,贯彻国家计划与面向市场相结合,政府主导、社会参与的改革思路,积极探索竞技体育发展新模式,举国体制不断向政府、社会与市场协同的管理体制转变,举国体制优势逐步向社会化、协会化、市场化、个体化、立体化发展模式转型。新中国成立以来竞技体育取得的伟大成就,可以看作是不断坚持和完善举国体制的必然结果,坚持竞技体育举国体制和实施奥运战略是社会主义初级阶段的中国参与国际体育竞争的必然选择,是一种高效提高我国运动员竞技运动水平的合理制度设计,也是我国竞技体育全面参与国际竞争与合作的一个十分重要的战略举措。

1979 年全国体育工作会议确定,省级以上体委在普及与提高相结合的前提下,侧重抓提高,集中力量解决运动技术水平落后的矛盾,同时完善运动员、教练员等级制度,进一步明确了竞技体育"思想一盘棋、组织一条龙、训练一贯制"的指导思想,我国竞技体育举国体制形成并得以逐步完善。1988 年,为了充分发挥单项体育协会在竞技体育事业发展中的作用,原国家体委对足球、武术、登山、棋类等运动项目管理体制开始进行协会化试点改革,竞技体育举国体制由过去的单一行政管理主体向社会广泛参与的多元化管理主体方向发展,迈出了竞技体育社会化的步子。在国家体育部门的大力支持下,竞技体育管理体制改革不断深入,1993年《国家体委关于深化体育改革的意见》提出转变政府职能,实现政事分开,将大量事务性工作交给事业单位和社会团体,举国体制开始以运动项目管理改革为重点、全面推进运动项目协会实体化改革。2002 年,《中共中央国务院关于进一步加

强和改进新时期体育工作的意见》对于如何完善举国体制提出更加明确的指导，强调合理运用计划和市场两种手段，从宏观和微观两个层面调动社会资源发展竞技体育。2008年北京奥运会后，围绕建设体育强国的要求，进一步转变政府职能，推出以足球为突破口的项目实体化改革，举国体制不断深化与社会市场相结合，获得了新的发展活力。新中国70多年的实践表明，中国竞技体育的伟大成就得益于我们不断探索具有中国特色的竞技体育发展模式，竞技体育的改革进程与国家经济社会的伟大历程同向、同步，不断坚持和完善举国体制的过程也是我国社会改革不断深入的过程。

(二)坚持实施奥运战略，不断提升竞技体育为国争光能力

奥运战略在成就我国竞技体育快速崛起的同时，也推动了我国竞技体育从优先发展、赶超发展向协调发展、全面发展转变，竞技体育不断完善发展战略，战略思路整体呈现出从效率优先向注重公平、协调发展转变。改革开放为竞技体育发展战略的调整提供了新动力，1978年改革开放后，国家制定了"在20世纪成为世界体育最发达国家之一"的战略目标，在集中优势、突出重点、优化结构、分类管理的指导思想下，按照有利于奥运会上取得好成绩的原则，对重点运动项目布局做出了调整，确立了以奥运会上争金夺银为重心的"优先发展"战略，提高竞技体育优先发展效率。1979年"奥运模式"创立后，我国选择了竞技体育适度赶超发展战略，加强对竞技体育领导成为国家体委的首要任务和亟待考虑的首要问题。决策层把奥运会取得优异成绩上升到了政治高度，看作是关系国家、民族荣誉的政治问题。1982年国家体委对内设机构做出了较大调整，尤其加强了竞技体育的管理力度，国家体委规定把重大的国内和国际比赛作为各级体育部门的中心任务。1988年增设负责管理全国优秀运动队的"训练竞赛综合司"，细化了对运动项目的科学管理，通过竞技体育管理体制的强化，逐渐形成了以奥运会为核心的优先发展模式。1995年，原国家体委颁布了《奥运争光计划纲要》和《全民健身计划纲要》，竞技体育经历了"两个战略协调发展"的战略转变。2001年北京奥运会成功申办后，国家体育总局制定了《2001—2010年奥运争光计划纲要》，更加注重竞技体育发展与北京奥运备战同行，优化了运动项目布局，促进了不同项目间的协调发展。2008年北京奥运会后，国家体育总局颁布了《2011—2020年奥运争光计划纲要》，战略目标上专门提出以优化结构为重点，强调均衡发展、统筹兼顾、协调发展、全面提升，奥运战略得到了很好的继承与完善。在"奥运战略"助推下我国在国际大赛取得了优异成绩，快速实现了为国争光的目标，提升了竞技体育综合实力，

塑造了良好的国家形象,竞技体育国际竞争力取得了历史性飞跃。

(三)坚持全面深化改革,不断提升竞技体育治理能力现代化水平

伴随着经济社会的不断改革,我国体育相关部门通过大力推进竞技体育体制和运行机制改革,坚定不移地走社会化道路、适时调整和实现运动项目结构科学布局,不断完善竞技体育举国体制,优化竞技体育发展方式,大力推进竞技体育社会化改革,加快推进国家队和后备人才选拔方式改革,竞技体育体制机制改革不断向纵深推进。我国竞技体育管理体制和运行机制逐步完善,竞技体育管理体制改革更为突出"开放","放管服"改革取得实效,使竞技体育管理体制和运行机制不断完善,竞技体育治理能力现代化水平不断提升。

一是不断推进实施竞技体育事业的"扁平化"管理。我们不断推进竞技体育的社会化、市场化改革,在市场经济体制的新环境中拓宽了竞技体育发展方式,推动了竞技体育有限资源的优化配置,逐步改革了依靠国家"独家管办"竞技体育的发展方式。尤其是改革开放以来,通过不断转变竞技体育发展方式,深入推进各领域的"放管服"改革,将原有竞技体育事业中各自分管几个部门、单位的块状管理方式,调整为条块结合的"扁平化"管理方式,我国竞技体育逐步从管办分离、简政放权中获得了可持续发展的动能和全方位拓展的空间,逐渐形成了计划与市场并行。国家体育总局集中领导下的"集中双轨制"运行机制,不断打造了更加开放、更具活力的竞技体育管理体制和运行机制,提高了竞技体育的发展质量和效益。更多的社会力量开始介入竞技体育发展的多个领域,初步形成了市场化的竞技体育运行机制,个人、社会组织、企业团体共同参与开展运动训练,组织、承办运动竞赛,将传统依靠行政驱动"自上而下"的竞技体育管理方式,转变为通过利益驱动来调节竞技体育参与主体的行为、以市场为主要手段调节竞技体育资源配置和以法律手段维护竞技体育发展秩序等。

二是不断推进竞技体育有限资源的优化配置。新中国成立以来,围绕我国社会主义初级阶段的基本国情,在通盘考虑社会经济发展水平和现有竞技体育发展基础上,围绕我国不同运动项目的竞技实力和布局不断进行有限资源的优化配置。结合我国实际情况,集中优势,凝聚力量,优化资源配置,在社会资源极其匮乏的条件下,选择了"缩短战线,保证重点"的发展策略。按照有所为、有所不为原则,调整了我国体育工作重点,在侧重竞技体育发展的同时,将运动项目区分为重点项目与非重点项目,确定了优先发展重点项目的工作方针。20 世纪 80 年代以来确定的"竞技体育适度超前"的发展战略、"奥运争光计划"为龙头的发展战略、奥

运项目与非奥项目区别对待的项目发展战略等，在体育投入总量不足的情况下，确保竞技体育实现了高速赶超、跨越式发展目标。进入20世纪90年代，我国按照项群理论将现已开展的运动项目分为优势项目、潜优势项目与一般项目，基础项目与集体项目等。其中，优势项目指我国运动员在重大国际竞技体育比赛中，特别是在奥运会比赛中，运动成绩表现出比较稳定的特点，经常在国际竞技体育比赛中，取得优异运动成绩的体育项目，包括射击、跳水、乒乓球、羽毛球、举重、体操、女子柔道等7大传统竞技体育优势项目，围绕这些项目主要采取"专项划拨、重点支持、确保优势"等措施，使之在以奥运会为最高层次的国际竞技体育大赛中屡建奇功。

三是不断推动运动项目协会实体化改革。通过转变政府职能，取消、下放和清理了若干行政审批事项，推进了全国性单项体育协会试点改革和赛事审批制度改革。把体育内部的一些工作逐步放开给社会，由体育部门办体育逐步转变为全社会共同参与办体育，不断打破了行政、事业、社团和企业四位一体格局，初步建立了与社会主义市场经济相适应、国家办与社会办相结合的竞技体育管理体制。自1988年国家体委推进足球、网球等12个项目协会改革以来，我国运动项目发展的活力不断提升，初步形成了运动项目协会实体化改革的趋向。1992年红山口会议确立了足球职业化改革方向，开启了我国运动项目职业化改革的进程。1994年国家体育总局成立"运动项目管理中心"，成为独立的事业单位和协会办事机构，伴随着项目协会改革的深入，到2005年，国家体育总局成立了23个运动项目管理中心。2008年北京奥运会后，运动项目协会实体化改革不断深入，2016年2月，国家体育总局足球运动管理中心正式撤销，以单项体育协会为突破口，大量运动项目陆续实施了实体化改革。不断实现了运动项目管理体制从国家体委统一管理到项目中心双轨制管理，从项目中心管理功能弱化不断向协会实权化转型，进一步提高了我国竞技体育的发展质量和效益。

(四)坚持科学化训练，不断完善训练、竞赛和国家队管理体制

新中国成立前，大多数运动员缺乏良好、系统的训练，体育运动水平低，竞赛成绩差。新中国成立后，我国竞技体育举国体制逐步发展，形成了适合我国国情的运动训练、体育竞赛和国家队管理体制。

一是全面推进竞赛体制改革。新中国成立以来，我国体育相关部门注重国家队建设，围绕我国各类运动项目成立了多支高水平国家队。在国家队的内部管理体制上走出了一条与时俱进的改革创新之路。新中国成立以来，我们紧抓全运会

体制改革,带动和不断深化我国竞赛体制的全面改革。1983年,以全运会为"龙头"的竞赛体制改革拉开序幕。1986年,《全国体委关于体育体制改革的决议》提出"竞赛要向社会化、制度化方向发展,国内比赛与国际比赛衔接,业余比赛与专业比赛衔接",贯彻"全运会为奥运战略服务"的思想,为后期竞赛改革指明了方向。从第七届全运会开始,为更好地激发各地区备战奥运会的积极性,对竞赛体制做了进一步改革,将参加奥运会取得的成绩与全运会成绩联系起来,实现项目设置与奥运会接轨,推动了奥运战略的实施。2008年北京奥运会后,围绕全运会竞赛体制、项目设置、参赛方式等多个方面进行了深入改革,不断推进了竞赛的社会化、市场化发展。尤其是2017年第13届全运会取消了金牌奖牌榜,打破了专业和业余、国际和国内界限,竞赛的社会化程度不断提升。我国形成了以全运会为龙头,以全国城市运动会、冬季运动会、各单项运动会及青少年运动会等为主体的系列竞赛体系。并且,以全运会为龙头的竞赛体制改革,带动了其他各类赛事的改革,我国竞赛组织水平和科学化程度显著提高。

二是稳步推进训练体制改革。竞赛体制和训练体制是我国竞技体育发展的两翼,是直接影响竞技体育发展水平和综合实力的基础。我国体育部门注重创新体育竞赛体制和训练体制,不断深化竞赛体制和训练体制改革,通过完善办赛方式和组织管理办法,深入挖掘竞技体育项目特点和训练规律,在巩固、发展以三级训练网为标志的"一条龙"训练体制的基础上,大力拓宽训练渠道,加强训练创新,不断探索科学训练和科学管理新模式。新中国成立以来,我国各级体育系统不断深化对不同运动项目训练规律的认识,在训练方法、手段以及技战术方面勇于创新,从"三从一大"训练、二元训练、项群训练,到核心力量训练、大周期训练、超量恢复训练理论,再到身体功能性体能训练,在长期实践中我国竞技体育逐步形成了符合现代运动训练发展要求的训练体系。遵循与时俱进的精神,不断创新运动训练方法,并完善了诸多科学化训练制度,如不同运动项目技战术专家会诊制度、专业科研人员长期跟队制度、优秀运动队陪练制度等。另外,根据不同运动项目技术特点和要求,不断丰富了多元运动训练管理模式,如领队负责制、总教练负责制、领队领导下的主教练负责制、领队主教练分工负责制、队委会制、队委会领导下的分工负责制等,通过系统引进国际前沿训练理念和方法,不断调动管理人员、教练员和运动员的积极性,有效提高了运动训练的效率与效益。此外,不断创新运动训练理论,探索不同运动项目的制胜规律。长期的运动训练实践中,广大竞技体育工作者根据不同运动项目的特点与世界该项目发展的基本趋势与规律,不断探索运动项目发展和制胜的客观规律,成为我国竞技体育运动训练实践的重要经验。

三是不断推动国家队管理体制改革。我国国家队管理体制从垂直式管理向扁平化管理转变，从单一组建体制不断向多元化、复合型管理体制转变。改革开放后，随着市场经济发展，我国不断改革国家队组建体制，不断探索国家队内部新型管理模式，形成了集中型、集中与分散结合型、分散型三种组建方式。改革开放以来，我国各项目国家队实行的是领队负责制，强调的是领队的政治领导作用，1985年至20世纪末，国家队大多实行的是主(总)教练负责制，突出了主教练业务上的全面指挥权。20世纪90年代我国开展竞技体育职业化发展以来，进一步改革国家队的组建形式和选拔制度，国家队的内部管理逐步向着队委会领导下的分工负责制方向转变，只对少数奥运优势项目国家队实行集中管理长期集训，多数项目国家队放到有一定训练能力和训练条件的地方和部门，使国家重点项目布局点与承担国家队任务的单位结合起来。集中型的国家队成为国家队赖以有效提高运动水平的主要训练组织形式。1993年《国家体委关于深化体育改革的意见》提出，只对少数奥运优势项目国家队实行集中管理长期集训。随着国家队管理体制改革的深入，进入21世纪后，为备战北京奥运会，国家体育总局适当扩大了国家队编制和集训规模，从而更好地发挥国家队集中训练的优势。2008年奥运会后，国家队组建方式日益多元，不断向地方、向企业、向社会开放，国家与社会共同建设国家队的新模式日益形成。国家队内部管理体制同样与时俱进不断改革，从1985年到20世纪末，实行主(总)教练负责制，进入21世纪，逐步向队委会领导下的分工负责制转变，不断打造复合型国家队训练管理团队，体现了国家队管理的科学化水平不断提高。

四、新时代中国竞技体育发展走向

（一）新时代中国竞技体育发展思路

新时代，中国竞技体育要紧紧围绕社会主义现代化建设的战略布局，把竞技体育事业放在国家各项事业发展的全局中去谋划、去推动、去落实。

一是要以习近平新时代中国特色社会主义思想为指导，以国家"四个全面"战略布局和"五位一体"的总体布局为引领，以建设健康中国和体育强国为目标，以服务全面建成小康社会、满足人民群众体育需求为出发点，坚持以人民为中心的发展观，以新思想引领竞技体育改革发展新实践，开启竞技体育事业发展新征程，为实现中华民族伟大复兴的中国梦做出新贡献。

二是要坚持"世界眼光、国际标准、中国特色、高点定位"，大力推进竞技体育的创新发展、协调发展、绿色发展、开放发展和共享发展，以提升为国争光能力，实现竞技体育自身快速发展、带动人的全面发展和社会的全面进步作为重要方向，促使竞技体育更好地融入新时代国家发展大局。

三是要立足决胜全面建成小康社会、全面建设社会主义现代化强国的目标，始终坚持以人民为中心的发展目标，坚持中国特色竞技体育发展道路，坚持实施奥运战略，坚持以创新驱动为关键，坚持以促进人的全面发展为核心，充分发挥竞技体育的综合功能和多元价值，为实现中华民族伟大复兴的中国梦做出新贡献。

四是要围绕"加快推进体育强国建设，筹办好北京冬奥会、冬残奥会"的要求，坚持以全面深化改革为引领，以创新驱动为关键，以优化结构布局为重点，遵循竞技体育发展规律，从备战奥运、筹办奥运、创新体制、依法治体、科学训练、人才培养、科技助力等多个维度出发，全面深化竞技体育体制机制改革，全面提升竞技体育治理能力现代化水平。

五是要转变竞技体育发展观念，拓宽竞技体育管理主体，引入市场机制，协调好政府、社会、市场、协会等多元主体关系，调动社会力量支持竞技体育发展，推动政府、社会组织和市场构成的多元主体协同治理；整合多方力量，合理运用计划和市场两种手段，协调举国体制和市场机制的关系，建设更加充满活力、更加创新的竞技体育发展新格局，为新时期举国体制注入新活力。

(二)新时代中国竞技体育发展路径

1.丰富竞技体育发展的新内涵，助力新时代强国建设

新时代赋予竞技体育新的内涵，全面建成小康社会的奋斗目标和中国民族伟大复兴中国梦，赋予竞技体育新的历史使命和时代责任。竞技体育是体育强国建设的显性指标，在体育强国建设中有着突出的引领作用，在实现强国梦的伟大征程中，竞技体育要拓宽自身的功能和价值内涵，积极服务于"五位一体"的国家战略布局，将竞技体育实现自身发展和带动人的全面发展、社会的全面进步作为重要方向。

一是从服务国家的单一价值向满足社会需要的多元价值转变，拓宽竞技体育发展的价值内涵。要更加强调通过竞技体育推动新时代国家和社会建设，不断挖掘竞技体育的经济价值、文化价值和教育价值，在促进国家经济社会转型升级、服务新时代国家对外战略、推动国家文明与社会和谐等方面发挥综合效能，为竞技

体育自身发展拓展更大空间、集聚更多能量,从而更好地发挥竞技体育在建设社会主义现代化国家新征程中的重要作用。

二是从单向度的为国争光向全面服务社会发展转变,紧密对接新时代强国建设需要,创新竞技体育发展的目标内涵。要从国家发展和民族振兴的高度提升竞技体育发展的新内涵,将竞技体育发展与国家、民族的命运密切关联,从国家发展和国家战略的高度重新定位竞技体育的发展方向,更好地服务于健康中国和强国建设目标,以满足人民体育需求为出发点,推进竞技体育转变发展方式,不断增强竞技体育全面、协调、可持续发展的动力和活力。

三是从竞技体育优先发展、赶超发展向协调发展、全面发展转变,优化竞技体育发展的结构内涵。新时代的竞技体育要始终坚持以人民为中心的发展观,及时对竞技体育发展中的结构性问题进行矫正,尽快补齐竞技体育发展短板。要贯彻"创新、协调、绿色、开放、共享"发展理念,保障竞技体育内部各要素结构平衡发展,要实施可持续的发展评价,通过优化竞技体育发展方式,推动竞技体育的内涵式发展。

2.建立竞技体育发展的新体制、新机制,提升治理能力现代化水平

随着新时代社会主义市场经济体制改革的不断深入,举国体制面临经济社会转型的新挑战,需要通过全面深化改革破解难题。新时代,要继续坚持和完善举国体制,健全竞技体育治理体系,落实"放管服",依法推进竞技体育治理体系和治理能力现代化,建立竞技体育政府主导型管理体制及其相关政策体系和管理制度。

一是从竞技体育的单一管理向多元治理的体制机制转变,从政府权力无限向权力有限转变,从政府管办合一"独轮驱动"向政府、社会、市场、个人"四轮驱动"转变,从"垂直型"管理向"扁平化"治理转变,推动竞技体育不断向政府主导、社会参与、个人投资的"扁平化"治理结构转变。加强顶层设计,转变政府职能,确立社会组织在竞技体育发展中的主体地位,不断把社会的全面参与、市场的有效参与、公民的自愿参与和政府主导融为一体,打造充分利用社会资源、依靠社会力量,政府参与、市场支持的新型竞技体育治理结构。

二是从依靠集中资源投入的粗放型向注重科技助力、机制创新的组织体系转变,推动竞技体育治理结构向多种机制耦合创新的集约型转变。整合竞技体育体制性资源,强化政府调控与市场资源配置协同,推动竞技体育发展方式从重数量的外延式扩张向重品质的内涵式发展转变,继续创新竞技体育运行机制,从强调资源集中投入的粗放型向依靠理念创新、制度创新的集约型转变,从人力密集型向科学密集型转变,提高竞技体育的整体结构性效益,引导竞技体育不断走向内涵式发展。

三是从国家单一投入向国家和社会多元参与的奥运备战组织管理模式转变，提升备战参赛体制机制活性。以改革促备战，以备战强改革，创新国家队备战管理机制，通过统筹政府、社会、市场、个人、行业等多元力量，引导和鼓励地方体育和社会组织、企业、高校、个人承担奥运会训练参赛任务，整合多方力量，调动多元主体备战奥运会的积极性，搭建全国性备战组织管理平台，打造国家和社会多元参与的备战体系。

3.不断完善竞技体育发展战略,提高为国争光能力

为国争光是党和人民赋予中国竞技体育参与国际竞争的神圣使命。习近平总书记在党的十九大报告中提出"广泛开展全民健身活动，加快推进体育强国建设，筹办好北京冬奥会、冬残奥会"，赋予了竞技体育重大的时代责任。这就要求要进一步完善竞技体育发展战略，提升竞技体育的综合实力和创新能力。

一是从突出奥运优势项目向各类竞技运动项目全面协调发展转变，通过提升竞技体育的整体实力，提高竞技体育为国争光能力。转变以优势项目为中心的奥运战略项目布局，完善竞技体育项目结构，在保持优势项目水平的同时，扩大和巩固优势项目规模，大力实施"集体球类项目振兴战略"和"体能项目全面提高战略"，在世界公认的最具影响力的项目上实现突破，保持冬季项目综合水平和国际竞争力持续提升，夏季奥运会和世界大赛成绩处于世界一流，通过优化竞技体育的结构布局，建立各项目分布合理、均衡协调的竞技体育发展新格局。

二是从注重数量规模型向强调质量效能型的奥运战略转变，从金牌至上向展现综合实力的复合型目标转变，丰富竞技体育为国争光的新内涵。塑造和推广健康积极的金牌观，从单纯追求提高运动水平转向为提升竞技体育的综合竞争力。充分认清竞技体育背后透射出的国家发展、国家形象、民族精神和社会价值，科学统筹重大赛事的备战参赛工作，更加注重追求国际体育话语权、国际体育事务参与权、承办国际赛事的能力、大型赛事规则制定权等，全面提升竞技体育的综合竞争力。

三是从被动应对到主动适应国际竞技体育发展规律，从师徒传技到奥运攻关，大力推进"科技助力"工作，提升运动训练的科学化、智能化水平。主动适应国际政治、经济和信息技术变化，深化对竞技体育发展规律研究，把握奥运会项目演变特征和训练规律，提高金牌背后的科技含量。要搭建科技助力平台，加快复合型训练团队建设，推动新技术、新材料、新装备与体能训练、专项训练、机能监测、医疗康复、膳食营养、心理训练、情报信息等训练实践深度融合，加快训练场地、器

材、设施等智能化改造,提高训练过程和状态监控的科学化、信息化水平。

4.大力推动"科技助力"工作,提升运动训练科学化水平

科学化、智能化水平是衡量体育强国的重要指标,随着现代科技的发展,科学技术已经成为提高运动训练水平的关键因素。新时代,要大力提升运动训练的科技元素,推进"科技助力"工作,提升运动训练的科学化、智能化水平。

一是完善"科技助力"工作的体制机制。建立与社会主义市场经济体制相适应、与运动训练实践密切结合的科技服务体系,完善统一的管理机制,打通各个项目间的壁垒,通过打造资源共享和经验交流平台,将科技与训练实践紧密结合。广泛利用社会市场资源,吸纳社会各方力量参与"科技助力"工作,通过发挥不同参与主体的优势,共同进行科研攻关、科技服务和保障工作,打造高效率、多渠道、多形式的运动训练信息服务网络以及体育科技激励、保障机制,提高科技服务的质量和效率。

二是大力实施"科技助力"和科技支撑计划。引进大数据和人工智能技术,加强国际信息情报收集,动态分析掌握各国竞技体育大数据;围绕运动训练的实际需求展开科技开发,以科技为手段,组织多元力量对重大竞技体育科研项目进行攻关,推动高新技术在运动训练实践中应用;加强技战术训练大数据分析,提高专项体能训练和科学恢复再生水平,加快生物技术、体育装备、训练器材和科研仪器等更新迭代,加强科学训练、营养恢复、状态调控以及多学科科技公关,提高训练过程和状态监控的科学化、信息化水平,通过器材的创新、设备的改造升级等逐步提高项目的科技含量。

三是构建现代化多功能智能场馆。提高我国训练场馆设施的科技元素,通过器材的创新、设备的改造升级等逐步提高场馆设施的科技含量,推进训练、科研、医疗、康复保障等多个元素融入训练场馆。要不断升级与改造满足备战奥运需要的"科研、训练、保障"三位一体的多功能智能场馆,打造具有技术诊断、医务监督、信息情报搜集、身体恢复等多功能融合的智能训练中心,为运动训练与竞赛提供优良的硬件保障。

5.构建中国特色现代化竞赛体系,提升竞技体育的职业化水平

职业体育是高水平竞技体育的显著特征,也是未来我国竞技体育的发展趋势。当前,国际上已经形成了具有周期特征的奥运资格竞赛制度和以市场为导向的职业竞赛制度,尤其是以联盟为代表的高水平职业成为世界竞技体育发展的典范。新时代的中国职业体育要积极与世界职业赛事接轨,不断拓宽体育竞赛种类,

健全具有中国特色的现代化竞赛体系,培育具有国际影响力的职业化品牌赛事。

一是推动竞赛体系的社会化、科学化、制度化和多样化。改革全运会、冬运会、青运会制度,完善办赛方式和组织管理办法,推动全运会与奥运会接轨,年度赛事与全运会挂钩,国内比赛和国际比赛紧密结合,开展形式多样的系列赛、大奖赛、分站赛等,满足不同地区、不同层次人群的需要。实行竞赛的分级分类管理,扩大专业赛事举办和参赛的灵活性、开放性和自主性,调动多元化赛事主体的积极性,建立既符合项目发展和市场需要,又符合青少年运动员成长、成才规律要求,与国际接轨的单项竞赛制度。

二是创新中国特色职业体育发展方式。首先,协调好我国的职业体育与"为国争光"的专业体育关系,既要立足我国国情又要尊重职业体育发展规律,协调项目管理中心与协会、职业俱乐部的关系,根据我国运动项目的市场化程度,广泛利用社会市场资源提升运动项目的竞技水平;其次,推动职业联赛的实体化运营,做好职业体育联赛顶层设计,打造不同项目的职业联赛,充分调动社会市场参与职业赛事的积极性,构建政府引导、依托市场、协会监管的联赛管理制度,建立具有中国特色的职业联赛发展模式。

三是培育具有国际影响力的职业化品牌赛事。发挥市场的主导作用,充分挖掘不同项目的职业化发展潜力,打造具有中国特色的职业体育俱乐部和高水平职业化品牌赛事。积极推动各类运动项目俱乐部走向国际市场,根据我国体育项目的职业化程度和在世界的影响力,探索我国足球、篮球、排球、网球、高尔夫球等项目的职业化发展道路,争取到2050年重点培育出3~5个具有国际影响力的职业化品牌赛事。

6.坚持实施人才强体战略,推进竞技体育人才多元化培养

人才是竞技体育发展的基础,未来竞技体育发展的核心要素是提升运动员、教练员、裁判、科技、体能、管理等人才的数量和质量,提升复合型竞技体育人才队伍的综合素质。新时代,我们要继续坚持实施人才强体战略,有效发挥教育系统、体育系统和社会组织的作用,推动竞技体育人才培养的多元化。

一是打造体育系统、教育系统和社会力量多元投入的新型竞技体育后备人才培养体系。拓宽运动员培养途径,大力推动体教融合,在继续发挥政府部门主导作用的同时,调动人才培养单位、社会组织和个人的积极性、主动性和创造性,发挥市场在项目普及和培养后备人才方面的作用。完善学校、社区、家庭相结合的青少年体育网络和联动机制,实现运动学校、学校运动队、业余体校、体育俱乐部有机结合,厚植竞技体育后备人才培育基础。

二是提升高水平教练员、裁判员等复合型人才队伍的培养水平。进一步实施精英教练员培养计划,加强高水平教练员队伍的建设、管理和培养,完善教练员执教管理考评机制和教练员职业能力提升办法,建立教练员终身学习制度,全面提升我国高水平教练员综合素质和创新能力。提升复合型训练管理团队的科学化水平,通过加快我国体能训练人才培养,扩大我国体能训练和康复再生人才规模,加大高水平竞赛管理人员和裁判员培养,打造国际体育组织认可的人才团队。

三是推进国家队人才培养模式的多元化。创新国家队组建模式,优化优秀人才选拔方式,大力推进国家队高水平人才培养的社会化、院校化和地方化。通过依托多方力量,调动社会参与的积极性,积极与一些高等院校、单项协会等建立合作关系,利用多方力量建设新型国家队。另外,将教育政策和竞技体育政策结合起来培养优秀后备人才,继续推行跨界跨项多元人才选拔方式,建立项目选拔与跨界选拔相结合的长效机制,继续坚持实施人才强体战略,打造不同项目联动递进的后备人才梯队。

第五章
我国学校体育百年发展历程、经验与展望

中国共产党自 1921 年成立起，至今走过 1 百余年的光荣岁月。在中国共产党的领导下，学校体育经历了新民主主义革命时期(1921—1949)、社会主义革命和建设时期(1949—1978)、改革开放和社会主义现代化建设新时期(1978—2012)、中国特色社会主义新时代(2012 至今)四个历史时期。通过对这 4 个不同历史时期学校体育发展脉络的梳理，总结学校体育发展过程中的成功经验，以为新时代学校体育的改革与发展提供参考与借鉴。在新时代"健康中国""体育强国""教育强国"和"教育现代化"等国家战略部署下，党和国家对学校体育发展高度重视，学校体育面临前所未有的发展机遇，同时也需要加强改革，加强学校体育改革的协同性、系统性和全面性，在继承发扬传统的基础上，充分发挥教育、体育、卫生、文化等方面政策红利，抢抓机遇，迎难而上，抓细抓实抓好各项工作，以贯彻落实中共中央办公厅、国务院办公厅《关于全面加强和改进新时代学校体育工作的意见》和国家体育总局、教育部《关于深化体教融合 促进青少年健康发展的意见》为契机，改革学校体育遗留下来的各类"顽疾"，加强组织领导，加大保障支持力度，积极推进学校体育理念、课程、教师、教学、场地条件、课外活动、课余训练、学生竞赛、经费支持等方面的建设发展，确保学生在体育锻炼中享受乐趣、增强体质、健全人格、锤炼意志，为我国培养更多德智体美劳全面发展、能堪当民族复兴大任的社会主义建设者和接班人。

一、中国共产党领导下的学校体育百年发展历程

(一)艰难起步：新民主主义革命时期(1921—1949)

近代中国内部处于军阀割据、动荡不安的混战状态，外部面临帝国主义不断鲸吞蚕食、豆剖瓜分的危机，救亡图存、强国强种、民族复兴成了近代中国发展的主题。中国共产党自成立起以"为民族谋复兴、为人民谋幸福"为使命，在这一时期，中国共产党人致力于"争取民族独立、捍卫国家尊严"，不仅在政治导向、文化策略中得到体现，同时也体现在教育、体育之中。新民主主义革命时期，学校体育举步维艰，即便如此，中国共产党因地制宜、因时制宜开展学校体育工作，形起了"星星之火，可以燎原"之势。

1.组织机构：学校体育身兼抗战救国重担

(1)学校体育管理机构为学校体育的开展指引方向

1929—1934年，中央苏区非常重视学校体育工作，将"强国强种、抗战救国"与学校体育相结合，成立学校体育管理机构，增强学生体质，增进学生健康，为学校体育服务，为革命战争服务。中央苏区学校体育领导机构主要包括中央教育人民委员部、少共苏区中央局、中华苏维埃共和国赤色体育委员会等组织。中央教育人民委员部是中央人民委员会下设的主管苏区教育工作的国家行政机关，简称教育部。中央苏区体育在行政上归教育部门领导，教育部是管理苏区体育的一级组织，教育部设初等教育局、高等教育局、社会教育局、艺术局及编审局和巡视委员会。少共苏区中央局是管理红色体育工作的二级体育机构，它是苏维埃区域青年组织的最高领导机构。下设苏区青年团、少先队、儿童团等青少年体育机构。顾作霖担任少共苏区中央局书记职务，张爱萍担任秘书长，陆定一担任宣传部长兼《青年实话》主编，王盛荣担任少先队中央总部总队长，曾镜冰担任儿童局书记。1933年6月3日，在"五四"体育运动会的总结会上，成立中华苏维埃共和国赤色体育委员会，属于管理红色体育工作的第三级机构，其成员由中央机关各部门的负责人组成。除此之外，苏区俱乐部、红军俱乐部、社团俱乐部、儿童俱乐部、列宁室等也担负起组织开展红色体育活动的任务，属于第四级体育管理机构。

1935—1949年，陕甘宁边区学校体育管理机构主要包括陕甘宁边区党政军机构中的体育组织、陕甘宁边区社会团体中的体育组织等管理机构。陕甘宁边区

党政军机构中的体育组织主要包括教育厅的体育组织、中共中央青年工作委员会的体育组织、中央军委的体育组织、各类体育俱乐部等四部分。陕甘宁边区社会团体中的体育组织主要包括苏区体育运动委员会、延安体育委员会、陕甘宁边区体育委员会、延安新体育学会、民众教育馆的体育组织等五部分。从中央苏区到陕甘宁边区,中国共产党注重将"强国强种、抗战救国"与学校体育相结合,提倡因时制宜、因地制宜开展学校体育工作。

(2)体育政策法规的颁布为学校体育开展提供制度保障

体育法规政策是学校体育开展的法律依据,是学校体育开展的制度保障。在中央苏区与陕甘宁边区,为了更好地开展学校体育工作,中国共产党领导下的学校体育管理部门制定并颁布了相关的体育法规政策,为学校体育工作的开展提供法律依据。在课程设置方面,中央苏区于1933年颁布《小学课程与教则草案》,1934年颁布《中华苏维埃共和国小学校制度暂行条例》《小学课程教则大纲》《小学管理大纲》《列宁初级小学校组织大纲》《列宁高级小学校组织大纲》等文件。在陕甘宁边区(1935—1949),关于体育课程与教学方面,学校体育管理机构颁布《陕甘宁边区中等学校的方针、学制与课程》《陕甘宁边区暂行中学规程草案》等文件;在课外活动方面,出台《中央教育部、中央儿童局关于举行秋季列宁小学校学生大检阅联合决定》《少年先锋队工作决议》《全国第五次大会儿童运动决议案》《各种赤色规则》等文件。中央苏区与陕甘宁边区颁布的体育法规政策,强调学校体育与国家的命运休戚与共,强调学生是参加苏维埃革命斗争的新后代,并在苏维埃革命斗争中训练将来共产主义的建设者,为抗战救国服务,为社会主义建设服务。

2.课程教材:因地制宜、因陋就简开展教学

(1)中央苏区与陕甘宁边区的课程设置

中央苏区与陕甘宁边区重视学校体育工作,加强对体育课程的制定与实施。《小学课程教则草案》(1933)、《小学课程教则大纲》(1934)、《小学管理大纲》(1934)、《边区师范初级部上课时数表》(1939)、《列宁初级小学校组织大纲》、《陕甘宁边区小学规程》(1941年)等文件如雨后春笋,不断涌现,为"红色学校"体育的开展提供了法律依据。1933年,中央教育人民委员部发布《小学课程教则草案》,强调"儿童是将来共产主义的建设者,同时也是目前参加阶级斗争的新后代"。

《小学课程教则草案》对体育课程进行规定,强调"一般儿童的心理中不喜欢正式体操,只喜欢在杠上、环上、秋千上翻腾,喜欢攀登、跳跃、赛跑、掷石和竞争游戏,一年级就以这些运动为主"。除此之外,初年级儿童筋肉没有充分练习,动作很难正确,因此《小学课程教则草案》强调低年级学生体育运动以简单为主,随着年级的增加,体育运动稍加复杂。1934年4月,教育人民委员部颁布《小学课程教则大纲》,提倡"唱歌、图画、游戏与体育相结合"的"游艺"课程。规定初级小学每星期"游戏"课程为8小时,高级小学每星期"游艺"课程为8小时。1939年,教育厅发布《陕甘宁边区小学规程》,注重小学课程以政治军事为中心,强调初级小学每星期3学时,高级小学每星期6学时。1946年,教育委员部颁布《陕甘宁边区中等学校的方针、学制与课程》,设置体育课程,规定第一学年与第二学年每星期2节体育课,第三学年每星期1节体育课,并以自卫军活动为主要内容,以军事教育加以配合,使学生获得体育知识与军事知识。除以上课程教则外,《边区师范初级部上课时数表》《边区师范速成科上课时数表》《列宁初级小学校组织大纲》等也对学校体育课程作出规定,注重开展体育课程,强调增强学生体质,以求实现"强国强种、抗战救国"的教育目标。

(2)提供因地制宜、因陋就简开展体育教学

中央苏区与陕甘宁边区出台了多项体育课程教则,对小学、中学、师范学校进行规定,强调体育课程的重要意义。由于"红色学校"条件艰苦,大多数学校缺乏相应的体育场地、设施与器材,基于此,学界提倡因地制宜、因陋就简开展体育教学。据《中央苏区体育发展概述》中记述,这一时期"中央革命根据地体育场地器材,集中表现在'勤俭'二字上。由于时代、地域等因素的限制,苏区在开展体育活动的场地器材诸方面,均突出因陋就简、勤俭节约的方针。""中央革命根据地,几乎所有使用的场地与器材,都是自己修建和制造的。竞争与友谊的和谐统一,自力更生与勤俭办体育,这是革命根据地体育独有的明显特征。"《体育教学法》《小学体育运动教学法》《少先游戏》等教材应运而生,为体育教师提供参考依据。"直接指导法""间接指导法""随时指导法""分组指导法""团体指导法"就是在这种艰苦的条件下所提倡的教学方法,它反映出因地制宜、因陋就简的方针。

3.课外活动:注重体育活动与军事训练融合发展

(1)开展"体育与军事"相融合的赤色体育运动会

张爱萍发表《发展赤色体育运动》强调"为的使劳动者特别是劳动青年群众,能在体格上适合阶级斗争的需要,为了要利用适合于青年情绪的方式来加强我们的政治影响,组织苏区的劳苦青年的体育运动,是极其必要的。"张爱萍呼吁体育与军事相结合,开展赤色体育运动会。《赤色体育运动与青年》一文发表于《青年实话》,强调:"加紧赤色体育运动,乃是为着使我们青年能够养成工农的健康活泼的后代,能够使苏维埃国家的能力,发挥到应有的高度,锻炼出钢皮铁骨似的身体,

保护苏维埃战胜敌人。"1933年8月1日,在党的领导下,福建省"八一赤色体育运动会"于长汀县举办,比赛内容包括三类:第一类是军事体育,包括刺杀、投弹、射击等项目;第二类是田径项目,包括短跑、跳高、跳远、跨栏等;第三类是球类项目,具体包括篮球、足球、排球等。1934年2月27日《红色中华》刊载《中央政府赤卫军少先队举行军事竞赛》,将体育与军事相结合,注重开展具有军事化的体育运动。从中央苏区到陕甘宁边区,"体育与军事"相融合的课外体育活动是学校体育特殊时代的发展特征,回应的是"强国强种、救亡图存"的时代要求。

(2)实行"体育与军事"相融合的少先队大检阅

少年先锋队是革命后备的重要力量,少年先锋队检阅是学校体育的重要组成部分,是学校体育课程的延续与补充,实行少年先锋队检阅不容忽视。实行苏区少年先锋队检阅,有利于总结其工作经验、归纳其教训,以便更好地与其他少年先锋队进行交流。张爱萍发表《努力啊!准备全苏区少先队员总检阅》,强调:"检阅各地少先队的政治的军事的学习的进步与缺点,绝不是简单平凡的来比比谁胜谁败,夺夺锦标、争争第一第二。这与国民党的童子军大会操的意义绝不相同。恰恰相反,这次苏区少年队的总检阅,正是具有它伟大的政治意义"。在中国共产党的领导下,少年先锋队的总检阅与实际的斗争密切联系起来,检阅的内容包括军事、体育、文化、娱乐、游戏等。除中央苏区少年先锋队第一次总检阅之外,福建省少先队大检阅、瑞金全县俱乐部大检阅等也得到广泛开展。少年先锋队将体育、娱乐、军事等内容相结合,丰富了学校体育生活,对于培养革命后备力量具有重大意义,对于抗战救国有不容忽视的作用。除此之外,在中国共产党的领导下,陕甘宁边区提倡体育与军事相融合的纪念日运动会,"五一运动会""五四运动会""八一运动会""九一八运动会""九九运动会"等数不胜数。

4.师资培养:教师教育初见端倪

(1)成立体育师资培养机构

新民主主义时期,共产党领导下的体育师资培养主要集中在陕甘宁边区,其中主要包括延安大学体育系、短期训练班两种。1941年9月22日,延安大学由陕北公学(1937年7月创办)、中国女子大学(1939年7月20日创办)和泽东青年干部学校(1940年5月4日创办)合并而成。延安大学体育系始于1941年春季,于1942年夏季停办,是在泽东青年干部学校体育训练班基础上创办而成,学制为1~2年。虽然延安大学体育系创办时间仅仅一年,却为边区培养了一大批体育师资,为辖区学校体育的发展做出了巨大贡献。短期训练班主要包括脱产体育培训班与不脱产体育训练班两种类型。延安大学体育系培养的体育师资质量好、水平高但人数少,对整个边区体育师资的需求来说,无异于杯水车薪。于是,脱产体育培训班与不脱产体育训练班应运而生,泽东青年干部学校体育训练班、军队系统的体育训练班、师范学校的体育训练班、延安游泳研究班、中国女子大学体育培训班、运动选手短期集训班如雨后春笋,不断涌现,弥补了边区体育师资缺少的短板,为学校体育师资的培养缓解了燃眉之急,为新中国体育事业的发展储备了人才。

(2)师资培训课程设置与教材编制

1933年1月8日,湘赣省苏区文化部举办永新县寒期教师讲习所,并印发《教学法》,注重适合儿童的心理,引发儿童的兴趣。对于"体育科"教学法,强调注重游戏的开展,如步技、走技、力技、跳舞表情等,促进竞争模拟战争、游泳等内容的开展。1933年5月30日,中央苏区编制《各种赤色体育规则》,为体育师资培养提供了教材,为中小学体育的开展提供了依据。同日,《田径赛训练法》《柔软体操》出版,内容包括田径赛短跑、中跑、长跑、柔软体操教学法、选手体操等。1934年1月18日,湘赣省苏区教育部出版《小学体育运动教学法》,详细描述了走步教学法、柔软体操法、模仿教学法、游戏教学法、田径赛教学法、早操教学法、舞蹈教学法等,为体育教师培养工作提供了理论支撑,引导体育教师上好中小学体育课。为了更好地促进学校体育的开展,为了更好地为体育教师提供优质教材,1934年4月8日,中华苏维埃共和国少年先锋队中央总队部发布第四号命令,批准总训练部编写的《少先游戏》《少先体操》予以出版,为体育师资培训提供参考。1941年至1942年间,延安大学体育系开设公共必修课与体育专业课,公共必修课包括《联共党》《中国现代史讲稿》《中国共产党简史》《政治经济学》《抗日民族统一战线指南》等,体育专业课包括篮球、排球、田径、体操、游泳、舞蹈、滑冰、体育理论、卫生、解剖学等课程,为体育师资的培养提供课程方案。

(3)利用报刊宣传交流

1933年3月19日,《青年实话》组委会强调"要提倡和开展青年群众的体育运动,各级队部训练部,应成立文化体育委员会,指导体育运动。"基于此,《青年实话》开设"体育栏"。1933年11月13日,《青年实话》从第三卷起,开设"赤色体育栏"。除《青年实话》外,《红色体育》《少年先锋》《新中华报》《解放日报》《抗战报》《救亡报》等期刊报纸,纷纷报道学校体育状况,为体育师资培养提供了交流平台,为学校体育文化的传播营造了良好的氛围。

(二)探索发展:社会主义革命和建设时期(1949—1978)

新中国成立后,教育、体育事业开启了新局面,与此同时,学校体育的发展也进入了崭新阶段。中国共产党明确了新中国教育事业、体育事业的发展方向，新中国的学校体育与社会主义革命和建设同步推进，具体表现在学校体育作为教育事业和体育事业的组成部分，为培养社会主义建设者和接班人服务。该时期学校体育在继承"红色体育"、改造"旧体育"、借鉴苏联学校体育经验并在中国本土探索实践中取得重大进展。

1.组织机构："劳卫制"的颁布与奠基

(1)学校体育管理机构显现出"一主多元"的管理模式

1951年8月6日，《中央人民政府政务院关于改善各级学校学生健康状况的决定》颁布，指出目前全国各级学校的学生健康不良状况颇为严重，功课过重，社团活动过多，伙食管理不尽得法，卫生工作注意不够，以致影响了学生的身体健康，因此，强调各级政府应当立即纠正忽视学生健康的思想和对学生不负责任的态度，切实改善各级学校的学生健康状况。1953年4月3日，《教育部关于设立体育行政机构的通知》出台，指出："各省(市)教育(文教)厅(局)应设立体育科或专职视导人员，以指导所属各级学校体育、卫生等工作"。该文件注重加强对学校体育、卫生工作的领导，以增强青年一代的体质，保证师生的健康。1953年10月14日，颁布《高等教育部、中央体委、教育部关于正确发展学校体育运动、防止伤害事故的联合指示》，注重多部门联合，共同服务学校体育工作。1954年5月4日，颁布《中央体委、高等教育部、教育部、卫生部、青年团中央、全国学联关于在中等以上学校中开展群众性体育运动的联合指示》，注重多部门共同作用，开展学校体育与群众体育工作。

除此之外，《教育部、体育运动委员会、卫生部关于改进中小学体育工作联合指示》(1955)《教育部、卫生部关于保护学生视力的通知》(1960)《卫生部、教育部、文化部、建筑工程部、国家体委、共青团中央、全国妇联、保卫儿童全国委员会关于试行中小学校保护学生视力暂行办法》(1964)《教育部、国家体委、卫生部关于加强学校体育、卫生工作的通知》(1978)等，也倡导多部门联合，共同促进学校体育工作。通过以上政策法规的颁布，可以窥斑见豹，学校体育是党和国家高度重视的工作，学生身心健康是党和国家密切关注的主题，学校体育管理机构以教育部门为主，体育部门、卫生部、共青团等部门协同配合，显现出"一主多元"的管理模式。

(2)劳卫制的颁布为学校体育的发展奠定了基础

1949年10月，"全国体育工作者代表大会"于北京召开，此次会议成立了中华全国体育总会筹备委员会，标志着新中国的体育事业从此开启了新的征程。1950年中苏体育代表团互访，紧随其后苏联体育专家"援中"，为我国体育锻炼标准的制度化创造了有利条件。1953 年 11 月 17 日,《中央体委党组关于加强人民体育运动工作的报告》,指出在全国中等以上学校学生中,有准备有计划地推行"准备劳动与卫国"体育制度。经过《北京市暑假体育锻炼标准》(1951)《冬季体育锻炼标准》(1951)《准备劳动与卫国体育制度暂行条例》(1954)《准备劳动与卫国体育制度预备级暂行条例》(1954) 等一系列政策的演变,《劳动卫国体育制度条例》于 1958 年 10 月 25 日正式颁布。1964 年原国家体委将《劳动卫国体育制度条例》改为《青少年体育锻炼标准》,并逐步向全国推行。1966 年,我国体育组织体系遭到破坏,《青少年体育锻炼标准》的实施被迫停止。1975 年经国务院批准公布的《国家体育锻炼标准条例》在全国试行,经过多年的实践探索,不断总结经验,为1982 年《国家体育锻炼标准》的颁布与实施提供了理论支撑,为学校体育的发展奠定了基础。

2.课程教材:体育课程颁布与实施

新中国成立至今, 共经过 8 次体育课程改革, 第一次体育课程改革(1949—1952)、第二次体育课程改革(1953—1956)、第三次体育课程改革(1958—1965)、第四次体育课程(1966—1976)、第五次体育课程(1977—1980)、第六次体育课程(1981—1985)、第七次体育课程(1985—2000)、第八次体育课程(2001 至今)。从1949 至 1978 年间, 共经历完成了四次课程改革, 这四次体育课程改革各具特点,各不相同。经过社会主义革命和建设时期体育课程的四次探索, 为第五次体育课程改革积累了经验, 为改革开放和社会主义现代化建设新时期体育课程的改革奠定了基础。

(1)第一次体育课程改革(1949—1952)

新中国成立后,党和国家对体育课程改革倍加关注,学校体育课程改革紧锣密鼓开展起来。1949 年 12 月 23 日,第一次全国教育工作会议召开,注重改造"旧教育",强调"老解放区新教育经验为基础,吸收旧教育的有用经验,借助苏联经验,建设新民主主义教育。"以《小学各科课程标准(草案)》和《中学暂行教学计划》为参考依据,1951 年 7 月,教育部决定从秋季起使用第一套通用教材,新编制十二年中小学教科书。1951 年 10 月 1 日,中央人民政府政务院颁布《关于学制改革的决定》,指出我国原有学制存在许多缺点,衔接困难,年限不合理。1952 年,11 本中学新教材由人民教育出版社出版,同年,我国颁布了《小学暂行规程(草案)》和《中学暂行规程(草案)》,这是第一份全面规范中小学课程的政府性文件,明确中小学学校体育教育宗旨,开启了新中国成立后学校体育课程改革的新篇章。

(2)第二次体育课程改革(1953—1956)

第一次课程改革刚刚结束,第二次课程改革就拉开了序幕。1953年,党中央提出了过渡时期的总路线和国民经济第一个五年计划。为适应过渡时期的学校体育工作,1953年,中央人民政府政务院颁布《关于整顿和改革小学教育的指示》,同年(即1953年)颁布《小学(四二制)教学计划(草案)》,1954年4月,政务院颁发《关于改革和发展中学教育的指示》,1954年又颁布了《小学(四二制)教学计划(修订草案)》,1955年颁发《小学教学计划》,这一系列的政策为我国"第二次课程改革"指引了方向,为学校体育的开展提供了制度保障。1956年,教育部颁发了第一套中小学各科教学大纲,推出第二套全国通用的中小学各科教材。1956年3月和6月,分别颁布《小学体育教学大纲(草案)》和《中学体育教学大纲(草案)》。继第一次课程改革(1949–1952年)后,1953至1956年是新中国成立后的第二次课程改革,此次课程改革明确了体育教学目的与任务,提出了体育教材选编原则,注重体育教材分类体系,规定了"五分制"考核评价方法。

(3)第三次体育课程改革(1958—1965)

我国社会主义改造基本完成,开始探索社会主义建设,随着社会的变化,体育课程标准也应做出相应的调整,第三次体育课程改革开始启动。1958年9月,中共中央、国务院颁布了《关于教育工作的指示》,开启了"第三次课程改革"的崭新一页。1961年颁布《小学体育教材》和《中学体育教材》,将体育课程目标设为"增强体质,进行共产主义教育,更好地学习、参加生产劳动和准备保卫祖国,强调与劳卫制的结合及道德品质教育。"1963年3月,教育部公布了《全日制中学暂行工作条例(草案)》《全日制小学暂行工作条例(草案)》,对中小学课程实施统一管理,第一次提出了"国定制"与"审定制"相结合的教科书制度。1963年5月,教育部发布了中小学各科教学大纲,重新确立了各学科的性质,注重"双基体育思想"的传播与发展,1963年秋季,全国通用的第四套教材开始在学校广泛使用。此次课程改革是我国"第三次体育课程改革",提出了社会主义时期体育教育方针,明确了体育课程教学的发展方向。

(4)第四次体育课程改革(1966—1976)

1967年起,学校体育课程被迫取消,1969年,"军事体育"代替"学校体育"广泛出现在校园之中,体育教材中增设了大量军事动作,原有体育教材被废弃,"第四次体育课程改革"形成以"军事项目"为主的体育教学内容。总体来说,1966年至1976年"文革"时期,新中国成立后建立的体育课程标准体系遭到批判和废除,学校体育工作遭到严重的破坏,体育课程陷入了停滞和扭曲状态,此阶段的体育课程改革值得我们归纳教训,避免重蹈覆辙。

3.课外活动：课外活动倍受瞩目

1955 年 9 月 2 日，《教育部关于颁发"小学教学计划"及"关于小学课外活动的规定"的命令》出台，注重课前操与课外体育集体活动的开展，强调："课前操（或课间操）和清洁检查每周共九十分钟。""课外集体活动每周共一百二十至二百四十分钟"。1956 年颁布《教育部关于改进小学体育工作的指示》，强调："课外体育活动是学校体育工作的一部分，各级教育部门及小学应认真贯彻"。同时，该文件中指出"课外体育活动每小组每周活动两次或三次"。1963 年 3 月印发《全日制中学暂行条例》，强调中学阶段是少年青年身心成长的重要时期，必须加强体育卫生工作，要坚持早操和课间操，必须认真执行中央关于劳逸结合的指示，合理安排作息时间，做到有劳有逸。在《全日制中学暂行条例》中，文件指出应该教育学生参加必要的集体活动，促进学生的身心健康。1964 年 5 月 4 日，颁布《中共中央、国务院批转教育部临时党组关于克服中小学学生负担过重现象和提高教学质量的报告》，强调"在课业负担减轻以后，学校领导和教师应该商同团队组织，适应开展学生课外科技、文娱、体育活动和课外阅读的组织和指导"。强调"适当的体育活动是增强学生体质所必需的。体育活动要从学生体质的实际情况出发，注意经验锻炼"。1964 年 6 月 1 日，颁布《共青团中央、教育部、国家体委关于在男少年中开展小足球活动的联合通知》，主张开展小足球运动，促进青少年身体发育。在开展课外活动时，文件中提到"必须按照学生自愿的原则，妥善安排，切忌影响学生的学习和休息"。为了能够更大限度地提倡课外体育活动，文件指出应本着勤俭节约的精神来解决场地不足的问题，强调关于小足球竞赛所需经费，由各级体委列入预算。一言以蔽之，社会主义革命和建设时期，课外体育活动丰富多彩，促进了学校体育蓬勃发展。

4.师资培养：多校并建，弥补短板

学校体育开展轰轰烈烈，体育课程改革紧锣密鼓，在党的指引下，师资培养也出现了"多校并建，弥补短板"的新局面。1956 年 11 月 14 日，颁布《教育部关于中学和师范学校体育教学方面几个问题的指示》，注重加强中学与师范学校体育工作，注重提高体育教师的水平。1959 年 8 月 29 日，国家出台《教育部、国家体委关于培养中等学校体育师资工作的意见》，强调培养体育师资迫在眉睫。新中国成立以来，我国高等师范院校设立了体育系（科）培养中等学校体育师资，体育学院及体育专科学校也培养了部分中等学校体育师资，然而面对全国体育师资的需求，目前的体育师资培养机构明显供不应求，体育师资培养迫在眉睫。1960 年 2 月 27 日，颁布《教育部、国家体委关于全国体育学院、体育专科学校和高等师范学校体

育系科会议的报告》，指出"体育学院由 1957 年的 6 所，增至 18 所，并新建体育专科学校 6 所。师范学院的体育系科也有一定发展，目前有 17 所（其中 8 所体育系）"。《教育部、国家体委关于全国体育学院、体育专科学校和高等师范学校体育系科会议的报告》中强调，部分学校性质、任务、培养目标不明确，系及专业设置、教育计划不一致、教育工作显得混乱等一系列问题，强调应当急需解决。1963 年 6 月 29 日，公布《国家体委关于体育学院工作座谈会的报告》，对体育学院办学指导思想、教学计划等问题进行讨论和研究。该报告指出了体育学院办学过程中的错误之处，同时也分享了体育学院办学过程中的成功经验，强调体育学院再接再厉，为体育师资培养多做贡献。为了解决体育教师供不应求的局面，在党的政策指引下，教育部门与体育部门注重增设体育学院、新建体育专科学校、广设师范学院体育系科以弥补体育师资不足的短板。总体而言，此时期体育师资培养主要来源于体育学院、体育专科学校、师范学院体育系科三部分。

（三）改革开放：改革开放和社会主义现代化建设新时期(1978—2012)

"文化大革命"结束后，学校体育相关工作逐步恢复，党的十一届三中全会标志着新中国进入了改革开放和社会主义现代化建设的新时期，在"解放思想，实事求是，团结一致向前看"思想方针的指引下，学校体育工作不断解放思想，推进了学校体育规范化和法制化的建设。总体来说，改革开放和社会主义现代化建设时期，学校体育焕然一新，打开了发展的新局面，焕发出了新气象，充满生机与活力。

1.课程教材：课程改革蓬勃开展

(1)第五次体育课程改革(1977—1980)

1977 年，教育部强调以十年制为基本学制(含小学 5 年、中学 5 年)，制定中小学教学计划和大纲，1978 年 3 月，教育部颁发了《全日制十年制小学体育教学大纲(试用草案)》和《全日制十年制中学体育教学大纲(试用草案)》。《大纲》对体育课程教学的基本任务做出了明确的规定：第一，根据青少年儿童的年龄特点，有计划有组织地锻炼学生的身体，促进他们身体的正常生长发育和机能的发展，全面地提高身体素质和人体的基本活动能力，提高对自然环境的适应能力，以收到增强体质的实效；第二，使学生学习和掌握体育的基础知识、基本技能和基本技术，教会学生用科学的方法锻炼身体；第三，结合体育教学特点，教育学生热爱党、热爱社会主义祖国，不断地提高他们为革命锻炼身体的自觉性，养成锻炼身体的习惯。培养他们服从组织，遵守纪律，热爱集体，朝气蓬勃，勇敢顽强，艰苦奋斗的革命精神。1978 年 4 月 14 日，《教育部、国家体委、卫生部关于加强学校体育、卫生工作的通知》,强调"从 1978 年秋季起,应按照教育部颁布的《体育教学大纲》和《生理卫生教育大纲》有计划地进行教学。中、小学每周两课时的体育课和初中生理卫生课要认真上好。"1978 年,人民教育出版社根据中小学体育教学大纲编写了全日制十年制《小学体育教材(教师用书)》和《中学体育教材(教师用书)》。两部《教学大纲》的颁发和两部教材的出版,对恢复教学秩序,规范教学,保证教学质量,起到了十分重要的作用。

(2)第六次体育课程改革(1981–1985)

1981 年颁布《全日制五年制小学教学计划(修订草案)》《全日制六年制重点中学教学计划试行草案》和《全日制五年制中学教学计划试行草案的修订意见》等文件,对体育课程进行修订。1982 年 9 月,党的十二大明确将教育列为经济发展的一个重要战略,我国开始进入社会主义建设新时期。新的局势呼唤新的体育课程改革,第六次体育课程改革由此拉开了序幕。1984 年教育部颁布了《关于全日制六年制小学教学计划的安排意见》,拟定了《全日制六年城市小学教学计划(草案)》和《全日制农村小学教学计划(草案)》,教学计划颁布后,开始进行试点实施,第六次体育课程改革在继承以往课程的基础上,有所调整,总体来说变化不大,体育课程的改革相对稳定。

(3)第七次体育课程(1985–2000)

1985 年,国家颁发《义务教育法》和《九年义务教育全日制中、小学教学计划》(试行草案),注重学校体育的开展,1987 年 1 月,国家教委修订并颁发了《全日制小学体育教学大纲》和《全日制中学体育教学大纲》,注重更新体育教学思想,提出了以增强学生体质,促进学生身心发展,为提高全民族的素质奠定基础,培养德、智、体、美全面发展的社会主义的建设者和保卫者为总目标。1988 年 11 月,国家教委颁发了《九年义务教育全日制小学体育教学大纲》(初审稿)和《九年义务教育全日制初级中学体育教学大纲》(初审稿),这两部大纲是根据地 1987 年颁发的过渡性大纲修订而成。1992 年 11 月,国家教委颁发了《九年义务教育全日制小学体育教学大纲》(试用)和《九年义务教育全日制初级中学体育教学大纲》(试用),这是新中国成立以来第一部九年义务教育中小学体育教学大纲。这次课程的改革吸取了改革开放以来国内外体育教学的实践经验与科研成果,建立了较为完整的课程目标体系。1992 年国家教委颁发了《义务教育体育与健康教学大纲(初审稿供实验用)》,指出教材包括体育与健康知识和体育实践两部分内容。1996 年国家教委又制订了《全日制普通高级中学体育与健康教学大纲(供实验用)》,注重体育与健康教育的结合。1996 年 12 月,国家教委颁发了《全日制普通高级中学体育教学大纲(试验)》,该大纲提出了"为终身体育奠定基础""促进学生身心健康""培养学生社会责任感"等新理念,对促进体育教学改革的深入发展产生了积极影响。2000年6月,教育部颁布了《九年义务教育全日制小学体育与健康教学大纲》《九年义务教育全日制初级中学体育与健康教学大纲》《全日制普通高级中学体育与健康教学大纲》。这三部大纲,为过渡性大纲,供非新课程标准实验区使用。此次所颁布的教学大纲贯彻了"健康第一"的指导思想,强调以学生为主体,注重课程的综合功能,改革了体育考核与评价方法,为教学大纲向课程标准过渡打下了良好的基础。

(4)第八次体育课程改革(2001至今)

2001年6月,颁发了《国务院关于基础教育改革与发展的决定》,明确加快构建符合素质教育要求的基础教育课程体系,研制了《体育(1-6年级)·体育与健康(7-12年级)课程标准(实验稿)》,并于2001年9月在全国范围进行实验。此次颁布的课程标准贯彻了健康第一的指导思想与多元化的课程理论,明确了课程的价值,明确了体育与健康课程的性质,提出了新的课程理念,建立了"课程目标→领域目标→水平目标"的目标体系,按学段划分水平,按水平制定了内容标准,从教学建议、课程评价、课程资源开发与利用、教材编写等四个方面提出了课程实施的建议。2003年4月,教育部颁布《普通高级中学体育与健康课程标准(实验稿)》,坚持"健康第一"的指导思想,培养学生健康的意识和体魄,改革课程内容与教学方式,努力体现课程的时代性,强调以学生发展为中心,帮助学生学会学习,注重学生运动爱好和专长的形成,奠定学生终身体育的基础。2011年,《义务教育体育与健康课程标准(2011年版)》正式颁布,强调义务教育阶段"体育与健康"具有"基础性""实践性""健身性""综合性"等特征。其基本理念坚持"健康第一"的指导思想,促进学生健康成长;激发学生的运动兴趣,培养学生体育锻炼的意识和习惯;以学生发展为中心,帮助学生学会体育与健康学习;关注地区差异和个体差异,保证每一位学生受益。2017年,教育部颁布《普通高中体育与健康课程标准(2017年版)》,在《普通高级中学体育与健康课程标准(实验稿)》(2003)的基础上,明确了普通高中教育的定位,进一步优化了课程结构,强化了课程有效实施的制度建设,凝练了体育学科核心素养,更新了体育教学内容,制订了学业质量标准,增强了课程标准的指导性。2020年,教育部颁布《普通高中体育与健康课程标准(2017年版2020年修订)》,在2017年版的基础上进行修订,着重强调"德智体美劳"五育并举的指导方针。

2.课外活动:课外活动蓬勃发展

(1)每天锻炼一小时得到保障

"文化大革命"使学校体育破坏殆尽,粉碎"四人帮"后,百废待兴。为了尽快恢复学校体育工作,保证学生每天必要的体育锻炼时间,教育部、国家体委、卫生部于1978年4月14日联合下发了《关于加强学校体育、卫生工作的通知》明确提出"中、小学要认真做好早操、课间操和眼保健操;课外体育活动,每周最少要有两节列入课表;每天平均保证一小时有组织、有领导、有计划的体育锻炼。"1979年10月,教育部、国家体委联合颁发的《中小学体育工作暂行规定》对学生每天一小时的体育活动做出了具体规定,强调"每学期要保证有16至18周(32至36节)体育课教学时间","学生要坚持每天做好早操(有条件的学校)和课间操"。1982年,教育部出台《关于当前中小学教育几个问题的通知》,强调"必须保证中、小学生每天有1小时的体育活动"。同年6月,教育部颁发了《关于保证中、小学生每天有1小时体育活动的通知》,要求必须"保证全体学生每天1小时的有组织、有领导、有安排的体育活动"。1990年2月20日,经国务院批准,由教育部和国家体委联合颁发的《学校体育工作条例》明确规定"保证学生每天有一小时体育活动的时间"。从此,"保证学生每天一小时体育活动"作为学校体育工作的重要组成部分得以实施。2005年8月,教育部下发了《教育部关于落实保证学生每天体育活动时间工作的意见》,强调开齐并上好体育课,保证课外体育活动时间,实行大课间体育活动制度,学校要将大课间体育活动排入课表,按时进行,落实必要的物质保障,加强组织管理,建立督导、检查和工作评比制度。2006年12月,《教育部国家体育总局、共青团中央关于开展全国亿万学生阳光体育运动的通知》,强调开展全国亿万学生阳光体育运动。2007年5月《中共中央、国务院关于加强青少年体育增强青少年体质的意见》进一步强调"增强青少年体质、促进青少年健康成长,是关系国家和民族未来的大事"。该文件强调重视青少年体育工作,认真落实加强青少年体育、增强青少年体质的各项措施,注重全面实施《国家学生体质健康标准》,广泛开展"全国亿万学生阳光体育运动",确保学生每天锻炼一小时。

2007年下发的《中共中央、国务院关于加强青少年体育增强青少年体质的意见》和2010年发布实施的《国家中长期教育改革和发展规划纲要 (2010—2020年)》都明确规定"保证学生每天锻炼一小时"。2011年,教育部关于印发《切实保证中小学生每天一小时校园体育活动的规定》,强调:"保证中小学生每天一小时校园体育活动是国家对学校教育的基本要求,是促进学生健康成长,切实提高学生体质健康水平的基本保证,也是学生接受良好教育的基本权利,党和政府对此高度重视"。该文件中指出应严格执行国家关于保证中小学生每天一小时校园体育活动规定,建立保证中小学生每天一小时校园体育活动的有效工作机制、科学评价机制与表彰奖励和问责制度,确保"每天锻炼一小时"有效实施。

(2)课余体育训练与竞赛受到广泛关注

课余体育训练与竞赛是学校体育的重要组成部分,发展学校课余体育训练与竞赛,既是我国体育事业发展的需要,也是我国教育事业发展的需要,同时也是满足学生体育兴趣特长、促进学生全面健康发展和推动学校体育及提高青少年运动水平的需要。1978年党的十一届三中全会的召开,学校体育加快了恢复和重建的步伐。1979年3月国家体委、教育部发布了《全国学生体育运动竞赛制度》,规定全国大学生运动会四年举行一次。同年10月教育部与国家体委,共同颁发了高等学校与中小学的《体育工作暂行规定》,强调学校体育要"贯彻普及与提高相结合的方针,重点抓普及,同时,也要不断提高体育运动技术水平"。此后,学校课余体育训练逐步得到了恢复和发展,大中学校建立了运动队,利用课余时间开展训练,并取得了一定的成绩。1984年,《中共中央关于进一步发展体育运动的通知》颁布,强调"在增强学生体质的同时,积极开展业余体育训练"。1985年,《国家教委关于举办第二届全国大学生运动和第三届全国中学生运动会的补充通知》出台,对大、中学生运动会的相关事宜进行说明。除此之外,《国家教委、国家体委办公厅印发人国学校学生业余体育训练工作座谈会几个文件的通知》(1986)、《国家教委关于加强全国大、中学生运动会运动员资格审查等工作的通知》(1986)、《关于开展课余体育训练,提高学校体育运动技术水平的规划》(1986)、《全国学生体育竞赛管理规定》(1997)、《关于进一步加强普通高等学校高水平运动队建设的意见》(2005)等政策,如雨后春笋不断涌现,为学校体育训练与竞赛提供了法律依据,为学校体育训练与竞赛提供了制度保障。从1978年至2012年间,关于课外体育训练与竞赛,国家不断颁布政策,对高校高水平运动队招生办法、竞赛注册与管理、试点高校和试点中学的评估等做出明确规定,促进了我国学校课余体育训练的开展,确保课外体育训练与竞赛的有效实施。

3.师资培养:师资培养日渐重视

(1)体育院系的整顿与调整

"文化大革命"结束后,全国体育院系招生逐步开始恢复,为适应我国体育运动攀登世界高峰,培养和造就大批专业人才的迫切需要,各体育学院注重为国家培养又红又专的体育师资、科研人员、教练员和其他体育专业人才,加强基础理论工作,开展科学研究。1978年7月13日,国家体委颁布《关于认真办好体育学院的意见》，强调："体育学院设置体育系，面向全国和地区的体育学院，主要培养又红又专的中学的骨干体育教师和高等学校的体育教师，其他体育学院培养中学体育教师。学制为 4 年"。1980 年 10 月 5 日，《国家体委关于试行体育学院体育系教学计划和体育学院学生学籍管理的暂行规定的通知》，对《体育学院体育系教学计划》培养目标和要求、学制、课程设置、时间安排等内容进行了规定，旨在培养又红又专的中等学校体育教师和其他体育专门人才。无独有偶，《国家体委关于下发体育学院的任务、系科设置、专业设置和修业年限的通知》(1981)、《教育部关于各地可以根据需要举办体、音、美、专修班的通知》(1981)、《教育部关于高师体育专业教材工作安排的通知》(1984)、《关于加强中小学体育师资队伍的意见》(1986)、《关于改进高师体育专业教材建设工作的意见》(1987)等政策的出台，对我国体育院系进行整顿与调整，通过对体育院系、培养目标、教材设置、学制等方面内容进行规定，为我国体育师资的培养夯实了基础。

(2)构建体育教师职前职后一化教育体系

关于体育教师职前教育，党和国家高度重视，将培养体育师资视为学校体育工作的重要环节。1992 年 8 月 5 日，《普通高等学校本科体育教育专业十一门课程基本要求》出台，强调全国普通高等学校的体育教育专业必须进一步加强课程建设、提高教学质量，以培养出德、智、体全面发展的合格中等学校体育师资。1997 年 2 月 25 日，《全国普通高等学校体育教育专业本科专业课程方案》出台，该文件通过业务培养目标、培养要求、专业课程及课时分配、主干课程内容与要求等方面对体育师资教育进行规定，进一步深化高校体育教育专业的改革，提高教学质量，培养更多、更好的学校体育师资。除此之外，《普通高等学校本科体育教育专业教学计划》(1991)、《体育教育本科专业九门主干课程教学指导纲要编写工作研讨会会议纪要》(1997)、《普通高等学校体育教育专业九门主干课程教学指导纲要》(1998)、《关于普通高校体育教师本科专业各类主干课程教指导纲要编写工作的通知》(2003)、《普通高等学校体育教育本科专业各类主干课程教学指导纲要》(2004)等政策的出台，为体育教师职前教育提供了依据。

关于体育教师职后教育，1981 年，国务院批准北京体育学院、上海体育学院与国家体委科研所部分专业硕士学位的授予权，可招收在职教师攻读研究生硕士学位。1980 年至 1982 年，教育部颁发了高等学校体育师资培训计划，使 30%的在职体育教师受到三个月至一年的培训，为我国体育教师在职教育开辟了新的渠道。高等学校体育领域出现了高级访问学者、高级研讨班、学科带头人高级研修班、教授学术班等高级职后培训形式，是体育教师在职教育新的尝试。教育部在组织中小学体育教师学历进修的同时,实施了跨世纪园丁工程、2008西部中小学骨干体育教师国家级培训、中西部农村义务教育学校体育教师远程培训等系列培训计划。1978年至2012年间,我国体育师资培养工作从注重体育教师职前教育转向职前与职后并重的局面,呈现出多渠道培养人才的格局,我国体育师资培训深入推进,培训对象全员化、培养层次多样化、培养渠道多元化,为实现体育教师的职前教育与职后教育奠定了良好的基础。

4.场地器材:硬件设施面貌一新

体育场地器材设施是开展学校体育的物质基础,改革开放三十年来,在党的领导下,我国学校体育场地器材建设取得了巨大成绩。1989年11月8日,国家教委印发《中学体育器材设施配备目录》和《小学体育器材设施配备目录》,要求各地结合实际情况,分期分批、逐步配齐,采取有力措施,贯彻执行。为了更好地贯彻《学校体育工作条例》和《大学生体育合格标准》,改变我国学校高校体育设施落后的困境,保证体育教学、课外体育锻炼、课余训练的基本要求,1992年12月12日,印发《普通高等学校体育场馆设施、器材和配备目录》,强调"目录中含必配与选配两部分内容。必配项目应按目录中规定的数量配齐。选配项目可根据各学校的特点和实际需要酌情配置"。为了适应我国新时期体育事业的发展,贯彻《中共中央国务院关于深化教育改革全面推进素质教育的决定》所提倡的"学校教育要树立健康第一的指导思想,切实加强学校体育工作"要求,2002年7月22日,教育部印发《中学体育器材设施配备目录》和《小学体育器材设施配备目录》。该《目录》在继承的"必配类"与"选配类"的基础上,注重必配类器材设施数量的最低标准,提倡配置具有少数民族特色的体育器材设施。2005年11月,教育部办公厅下发了《关于贯彻执行〈中小学体育器材和场地〉国家标准有关问题的通知》,该标准是根据我国中小学生生理、心理发展规律和特点而制定的,是义务教育阶段中小学校体育器材配备和场地建设的规范文件。2007年教育部根据《中共中央国务院关于加强青少年体育增强青少年体质的意见》,制定了《国家学校体育卫生条件基本标准(试行)》,为体育的开展提供了制度保障。

配备学校体育器材设施意义重大,加强学校体育器材设施检查不容忽视。基于此,1988年6月21日,《国有体委、国家统计局、国家教委、全国总工会关于对1983年以来全国新建体育场馆进行普查的联合通知》颁布,强调普查各系统、各行业所属基层单位新建体育场馆。为了抵制劣质产品进入学校,防止伤害事故的发生,保护广大学生的生命安全和身体健康,加强对大、中、小学《体育场地设施、器材配备目录》中的体育器材设施的质量进行管理,1993年2月19日,《关于对

"学校体育场地设施、器材配备目录"中的有关器材进行检查的通知》颁布,注重对学校体育器材设施进行质量检查。

改革开放和社会主义现代化建设新时期,在党的领导下,我国学校体育场地器材建设取得了长足发展,学校体育管理部门注重学校体育场地器材设施制度建设,配备学校体育各类体育器材设备,完善体育场地设施、器材检查制度,为学校体育教学和课外体育活动的开展提供了制度保障和物质基础。

5.科学研究:学校体育卫生科研举足轻重

(1)科研主题:学生体质健康备受关注

学校体育卫生科研作为学校教育科研的重要组成部分,对于促进学校体育卫生事业发展过程中,具有举足轻重的作用。1979年5月在江苏扬州召开的"全国学校体育、卫生工作经验交流会议"(即"扬州会议")以及随之颁布的《中小学体育工作暂行规定》《高等学校体育工作暂行规定》与《中、小学卫生工作暂行规定》《高等学校卫生工作暂行规定》等文件,对于我国学校体育科研发展具有里程碑意义,促进了学校体育科研工作的蓬勃发展。学界以"学生体质健康"为中心,向"体育教学改革""体育课程改革""学生体质健康调查"等主题辐射,以点带面,促进学校体育科研工作繁荣发展。《提高认识,加强领导,做好学生体质健康调研工作》《1995年全国学生体质健康调查》等文章,注重学生体质健康调查工作;《当前体育教学改革的几个问题》《对学校体育改革及学术研究中几个问题的探讨》《试谈学校体育教学改革》《体育教学改革的发展趋势》等文章相继发表,论述学校体育教学改革;《中小学体育课程教材改革的趋势》《"成功体育"对课程改革的认识和假说》《基础教育体育课程十年改革成效》等主题文章相继发表,关注体育课程改革。总体而言,1978年至2012年间,学校体育研究主题,以"学生体质健康"为主线,同时关注"体育教学改革""体育课程""学生体质健康调查"等领域相关研究。无需讳言,学校体育科研工作,为我国学校体育课程、体育教学、课外活动、课余训练与竞赛、体育师资培养等改革工作提供了内驱动力,为学校体育的改革插上了腾飞的翅膀。

(2)科研团体:学校体育科学学会林立

学校体育科学共同体主要包括中国体育科学学会学校体育分会、中国教育学会体育与卫生分会、中国高等教育学会体育分会三个学术团体,这三个体育科学研究共同体对于学校体育发展意义重大。中国体育科学学会于1980年12月成立,其二级学会体育科学理论学会同时成立,负责学校体育工作研究。1987年1月,中国体育科学学会学校体育分会正式成立,后改名为学校体育专业委员会,现名为中国体育科学学会学校体育分会。中国教育学会体育与卫生分会成立于1986年12月，是中国教育学会成立较早的分支机构之一，该分会将组织、团结、凝聚热心教育事业的各方面人士为服务宗旨，主动服务政府教育决策，助推中小学校长、体育与健康教师、国防教师的职业进步和专业成长。1986年12月24日，经中国高等教育学会批准，中国高等教育学会体育专业委员会在厦门成立。中国高等教育学会体育专业委员会隶属于中国高等教育学会，以团结广大高校体育工作者、研究高等教育中体育工作为目标，体育专业委员会办会的宗旨是学术立会，服务为本。

(3)科研氛围：学校体育学术研究氛围浓厚

1991年7月，国家教委批准成立中央教育科学研究所体育卫生研究中心，1992年8月，中央教育科研所体育卫生研究中心制定发布《全国学校体育卫生科研规划要点》和《课题指南》，启动全国学校体育卫生科研的规划工作。1993年4月，经过专家评审的24项体育卫生科研课题由中央教育科研所正式批准立项。1997年，全国教育科学规划领导小组办公室批准增设"学校体育卫生美育学科组"，专门负责学校体育卫生美育科研的课题规划、指南制定、课题评审、成果鉴定等工作。全国教育科学规划从"七五"开始设立国家和教育部级体育卫生课题，为我国学校体育科研工作指引了方向，促进学校体育科研工作蓬勃发展。期刊是学校体育科研成果的宣传媒介，是学校体育科学研究的载体。1978年至2012年间，反映中国学校体育卫生总体工作和学术情况的杂志《学校体育》《学校卫生》《中国校医》等先后创刊，对于传播学校体育科研成果意义重大。除此之外，《北京体育大学学报》《上海体育学院学报》等体育类专业期刊也日益增多，为学校体育科研成果提供了展示平台，为学校体育科学研究营造了浓厚的学术氛围。

(四)深化改革：中国特色社会主义新时代的学校体育(2012至今)

新时代的学校体育工作以习近平新时代中国特色社会主义思想为根本遵循，以课程教学、训练竞赛、体育师资、考核评价等为抓手，扎根中国本土，不断深化改革，不断推进新时代中国特色社会主义学校体育的发展。

1.组织机构：法制建设日臻完善

(1)学校体育管理机制高位发展

新时代中国特色社会主义学校体育管理机构进一步深化改革，提倡多部门联动机制，以教育部体卫艺司为主、国家体育总局青少司协同配合。2016年国务院办公厅颁布《关于强化学校体育促进学生身心健康全面发展的意见》，明确指出：

"进一步加强青少年体育工作部际联席会议制度，强化国务院有关部门在加强青少年体育工作中的责任，按照职责分工，落实好深化学校体育改革的各项工作。"2020年中共中央办公厅和国务院办公厅印发的《关于全面加强和改进新时代学校体育工作的意见》明确提出"地方各级党委和政府要把学校体育工作纳入重要议事日程，加强对本地区学校体育改革发展的总体谋划，党政主要负责同志要重视、关心学校体育工作。各地要建立加强学校体育工作部门联席会议制度，健全统筹协调机制"。2020年国家体育总局、教育部联合印发《关于深化体教融合 促进青少年健康发展的意见》提出："成立由国务院办公厅、教育部、体育总局牵头，中央宣传部、发展改革委、民政部、财政部、人力资源社会保障部、自然资源部、住房城乡建设部、卫生健康委、税务总局、市场监管总局、银保监会、共青团中央等部门参与的青少年体育工作部际联席会议制度，原则上每半年召开一次，研究解决存在的问题，重大事项按程序报国务院决定。"这些举措说明，新时代学校体育工作党和政府非常重视，学校体育工作已上升到由国务院直接管理和协调发展的格局，学校体育管理机制已属于高位发展阶段。

(2)学校体育管理制度日渐完善

新中国成立至今，走过70多年的峥嵘岁月，在此期间，学校体育管理制度也日渐完善。关于课程设置方面，继2011年《义务教育体育与健康课程标准(2011年版)》出台之后，2017年颁布《普通高中体育与健康课程标准(2017年版)》，2020年颁布《普通高中体育与健康课程标准(2017年版2020年修订版)》。随着时间的推移，我国体育课程标准的改革日渐成熟，充分体现出"以学生发展为中心""以健康第一为指导思想"。关于师资培养方面，2012年颁布《国务院办公厅转发教育部等部门关于进一步加强学校体育工作若干意见的通知》，指出"到2015年，各地要对中小学和职业学校体育教师进行一轮培训"。2015年，国家选派校园足球体育教师赴法国学习，2016年校园足球、橄榄球教练员赴英国学习，2018年，教育部对免费师范生政策进行调整，将"免费师范生"调整为"公费师范生"。关于课外活动方面，在继承的前提下，不断更新，2007年至2014年，每年"阳光体育冬季长跑运动"，2011至2016年，每年举办"未来之星"，2015年起，"阳光体育足球班级联赛"得到大家的关注，《教育部等6部门关于加快发展青少年校园足球的实施意见》(2015)《青少年体育活动促进计划》(2017)《关于深化体教融合 促进青少年健康发展的意见》(2020)等政策纷纷出台，保障课外体育活动的有效实施。除体育课程、课外体育活动外，体育教师教育、学校体育科研、学校体育文化建设等工作也得到学校体育管理部门的重视，学校体育法规政策纷至沓来，保障学校体育工作的顺利实施。

2.课程改革:健康理念备受关注

(1)课程改革以学生发展为中心

2017年颁布《普通高中体育与健康课程标准(2017年版)》,2020年颁布《普通高中体育与健康课程标准(2017年版2020年修订版)》,提倡以学生为中心,促进学生健康与全面发展,尊重学生的学习需求,注重培养学生的兴趣与爱好,注重培养学生的运动专长,奠定学生终身体育基础。为满足高中学生体育与健康学习的不同需要,激发学生的运动兴趣和内驱力,促进学生个性化展,《普通高中体育与健康课程标准(2017年版)》强调"让学生根据自己的兴趣和爱好选择运动项目进行学习"。除了体能和健康教育两个必修必学模块外,学生在高中三个学年的体育课程中,可根据学校开课情况进行选择,培养学生的运动爱好,充分体现以学生为中心。除《普通高中体育与健康课程标准(2017年版)》外,《义务教育体育与健康课程标准(2011年版)》同样注重以学生发展为主心,并以此作为课程改革的理念,坚持"健康第一"的指导思想,促进学生健康成长;激发学生的运动兴趣,培养学生体育锻炼的意识和习惯;以学生发展为中心,帮助学生学会体育与健康学习;关注地区差异和个体差异,保证每一位学生受益。

(2)课程改革以"健康第一"为指导思想

《普通高中体育与健康课程标准(2017年版)》指出"落实立德树人根本任务和健康第一指导思想,促进学生健康与全面发展"。其基本理念中明确提出以"健康第一"为指导思想,注重学生身心健康、体魄强健、获得全面发展。为进一步强调"健康第一"指导思想,《普通高中体育与健康课程标准(2017年版)》将"健康行为"设为核心素养的重要组成部分,将"健康教育"设为必修必学模块。在"健康教育"模块中,强调"健康教育模块包括基本知识与技能,合理营养和食品案例,常见传染性和非传染性疾病的预防与控制,环境、健康与体育锻炼的关系,案例运动和案例避险,常见运动损伤的预防与处理,提高心理健康水平和社会适应能力等方面的内容"。通过《普通高中体育与健康课程标准(2017年版)》可以看出,学校体育工作遵循"健康第一"指导思想,注重学生的健康教育,将学生身心健康放在至关重要的位置。

(3)课程改革以体育素养为核心环节

2017年教育部颁布了《普通高中体育与健康课程标准(2017年版)》,由此开启了培养学生体育核心素养的课程改革新周期。《普通高中体育与健康课程标准(2017年版)》强调"学科核心素养是学科育人价值的集中体现,是学生通过学科学习而逐步形成的正确价值观念、必备品格与关键能力"。在"体育学科核心素养"中主要包括"运动能力""健康行为""体育品德"三部分。在《普通高中体育与健康课程标准(2017年版)》中,运动能力是体能、技战术和心理能力等身体活动中的综合表现,是人类身体活动的基础。运动能力主要包括基本运动能力和专项运动能力。健康行为是增进身心健康和积极适应外部环境的综合表现,是提高健康意识、改善健康状况并逐渐形成健康文明生活方式的关键。健康行为包括养成良好的锻炼、饮食、作息和卫生习惯,控制体重,远离不良嗜好,预防运动损伤和疾病,消除运动疲劳,保持良好心态,适应自然和社会环境的能力等。体育品德是指在体育运动中应当遵循的行为规范以及形成的价值追求和精神风貌,对维护社会规范、树立良好的社会风尚具有积极作用。体育品德包括体育精神、体育道德和体育品格三个方面。除此之外,学界将"核心素养"扩展至各个领域内,逐步形成了"教师核心素养""学生核心素养""学科核心素养"等研究主题,随着课程标准的颁布,核心素养得以广泛关注。

3.课外活动:课外活动硕果累累

(1)奥林匹克教育

2008年,北京举办了夏季奥运会,2022年,北京携手张家口举办冬季奥运会,北京成为"双奥之城",奥林匹克教育备受关注,"更快""更高""更强""更团结"的奥林匹克格言深入人心,奥林匹克教育读物也得以研发,进入中小学,为中小学学生普及奥林匹克精神与推进奥林匹克教育提供了素材。后奥运时代,奥林匹克的物质文明与精神文明也得以重视,奥林匹克场馆、奥林匹克口号、奥林匹克吉祥物等得到广大中小学生的关注,奥林匹克价值得以有效传播。2018年,教育部、国家体育总局与北京冬奥组委共同制订了《北京2022年冬奥会和冬残奥会中小学生奥林匹克教育计划》。该《计划》明确指出全国中小学要将奥林匹克教育纳入学校教育教学内容,通过综合实践活动课程、体育课程、德育活动等方式,开展奥林匹克主题教育。该《计划》提出,将奥林匹克教育纳入学校常规教育教学工作,要求有条件的北方地区中小学开设冰雪项目运动课程,鼓励南方地区城市中小学积极与冰雪场馆或冰雪运动俱乐部建立合作。除此之外,开展冬季奥林匹克教育文化活动、开展冬季运动项目系列比赛活动、组织冬季奥林匹克教育课程资源研发等也被列为主要任务。该《计划》提出还鼓励各地方分批次建设"北京2022年冬奥会和冬残奥会奥林匹克教育示范学校",宣传奥林匹克知识,弘扬奥林匹克精神,普及冰雪运动,提升中小学生综合素质和促进全面发展。计划在全国中小学范围命名700余所,其中北京地区建设200所,河北地区建设200所,其他省(市、区)分别命名 10 所。

(2)校园足球

校园足球是学校体育中的重要组织部分,对于丰富学校体育内容来说不容小视。2009 年,国家体育总局和教育部联合下发了《关于开展全国青少年校园足球活动的通知》,标志着青少年校园足球活动的正式启动。2014 年国务院召开全国青少年校园足球工作电视电话会议,2015 年 6 月,教育部等 6 部门发布了《关于加快发展青少年校园足球的实施意见》,强调全国青少年校园足球工作坚持"教学是基础,竞赛是关键,体制机制是保障,育人是根本"的发展思路,凝练出"踢出快乐,拼出精彩"的校园足球精神。2015 年,选派校园足球体育教师出国学习,2016年校园足球教练员赴英国留学,截至 2020 年, 全国青少年校园足球特色学校 30750 所、全国青少年校园足球试点县(区)201 个、全国青少年校园足球改革试验区 49 个,满天星训练营 110 个,招收高水平足球队高校 181 所,基本形成"特色学校+高校高水平足球运动队+试点县(区)+改革试验区"的"四位一体"校园足球格。

(3)校园冰雪

伴随着 2022 年冬奥会的举办,"冰雪进校园"呼声高涨。为促进冰雪运动在校园的普及,教育部印发《北京 2022 年冬奥会和冬残奥会中小学生奥林匹克教育计划》,推动中小学校将冰雪运动知识教育纳入学校体育课教学内容,制定并实施冰雪运动教学计划。截至 2021 年,北京市体育局组织开展中小学生冰上雪上公益课程,与北京市教委联合建设市级冰雪特色学校 200 所、市级奥林匹克教育示范学校 199 所,全市上冰上雪的教育系统学生累计数百万人次,并研究制定了《北京市青少年冰雪校外活动中心创建标准》《北京市冰雪运动校园辅导员任职条件》以及《北京市青少年冰球、滑雪、滑冰、冰壶四个项目的培训大纲》,为全市冬季项目发展的标准化奠定了基础。北京冰雪进校园、雄安冰雪运动进校园、吉林长春深耕冰雪运动进校园等,校园冰雪运动遍地开花,"冰雪校园热"的出现,让更多学生体验冰雪运动无限欢乐。

(4)新兴体育类运动

学校体育提倡以学生发展为中心,注重学生的兴趣与爱好,注重开展新兴体育类运动。2017 年颁布《普通高中体育与健康课程标准(2017 年版)》提倡"新兴体育类运动"。新兴体育类运动系列包括轮滑、攀岩、定向运动和花样跳绳等运动项目,学生可以根据自己的兴趣与爱好进行选择。"新兴体育类运动"作为《普通高中体育与健康课程标准(2017 年版)》必修选学的重要组成部分,对于培养学生运动兴趣爱好具有重要指引作用,对于培养学生全面发展至关重要。

4.师资培养：教师教育引人瞩目

体育教师教育是学校体育的重要组成部分，是教育事业不容忽视的关键环节，党和国家自始至终把教师教育放在突出的位置。2013年9月9日，习近平总书记向全国广大教师致慰问信时指出："百年大计，教育为本。教师是立教之本、兴教之源，承担着让每个孩子健康成长、办好人民满意教育的重任。"2014年9月9日，习近平总书记在北京师范大学考察时强调："国家繁荣、民族振兴、教育发展，需要我们大力培养造就一支师德高尚、业务精湛、结构合理、充满活力的高素质专业化教师队伍，需要涌现一大批好老师。"2016年9月9日，习近平总书记在北京市八一学校考察时指出"教师是传播知识、传播思想、传播真理的工作，是塑造灵魂、塑造生命、塑造人的工作。"2018年9月10日，习近平总书记在全国教育大会上发表重要讲话，指出："教师是人类灵魂的工程师，是人类文明的传承者，承载着传播知识、传播思想、传播真理，塑造灵魂、塑造生命、塑造新人的时代重任"。2019年，"三寸粉笔，三尺讲台系国运；一颗丹心，一生秉烛铸民魂。"2021年3月6日，习近平总书记在看望参加全国政协十三届四次会议的医药卫生界教育界委员时发表重要讲话，指出："教师是教育工作的中坚力量。有高质量的教师，才会有高质量的教育"。习近平总书记十分牵挂教师群体，多次做出重要指示，对教育改革和人才培养寄予殷切期望。

学界注重体育教师的培养，提倡立德树人，提倡体教融合、体医融合等跨学科体育复合型人才。2020年，中共中央办公厅和国务院办公厅印发《关于全面加强和改进新时代学校体育工作的意见》，提出要配齐配强体育教师。各地要加大力度配齐中小学体育教师，未配齐的地区应每年划出一定比例用于招聘体育教师。在大中小学校设立专（兼）职教练员岗位，建立聘用优秀退役运动员为体育教师或教练员制度。有条件的地区可以通过购买服务方式，与相关专业机构等社会力量合作向中小学提供体育教育教学服务，缓解体育师资不足问题。实施体育教育专业大学生支教计划。通过"国培计划"等加大对农村体育教师的培训力度，支持高等师范院校与优质中小学建立协同培训基地，支持体育教师海外研修访学。推进高校体育教育专业人才培养模式改革，推进地方政府、高校、中小学协同育人，建设一批试点学校和教育基地。明确高校高职体育专业和高校高水平运动队专业教师、教练员配备最低标准，不达标的高校原则上不得开办相关专业。2021年，四川省教育厅、省委编办、人力资源社会保障厅、省体育局联合起草了《关于切实做好我省优秀运动队退役运动员担任学校体育教练员有关工作的通知》（川教〔2021〕37号），就四川省优秀运动队退役运动员担任本省学校体育教练员的事宜提出了要求,做出了规定。这一政策,对解决全国学校体育教师短缺做出了积极探索和起到了示范效应。

5.科学研究:科学研究迸发活力

(1)研究主题逐步深入

学界针对体育课程、体育教师教育、体育核心素养、学校体育史、学校体育思想、体育教材、体育教材教法、红色体育等主题进行深入研究,迸发出新活力,为学校体育的发展插上腾飞的翅膀。其一,学界针对体育课程进行深入研究,对体育课程的历史、现状及未来发展趋势进行深入剖析,对于课程改革,学界抓住时代发展的脉搏加以论述。其二,体育教师教育是学校体育的重要环节,关于体育教师教育的研究日益得到学界的重视,如何培养德才兼备的体育教师备受关注。其三,体育核心素养近年来得到学界的普遍认同,对于体育核心素养的讨论引起研究者的兴趣,体育教师核心素养、体育学科核心素养、学生核心素养、体育各项目核心素养得到大家的青睐,纷纷加以关注。其四,学校体育史是学校体育研究永不过时的主题,通过回顾历史,做到以史为鉴,为现代学校体育的改革与发展提供参考与借鉴。其五,学校体育思想是学校体育的重要组成部分,通过梳理名人体育思想,为当今学校体育服务,为学校体育的改革发展提供理论基础。其六,体育教材、体育教材教法是体育教师教育中不容忽视的关键环节,体育教材的编制与研究得到学界的关注,体育教材教法对于体育教师教育意义重大,对于引导准体育教师如何上好中小学体育课至关重要。除此之外,体育课程思政、红色体育等焦点也得到学界的广泛关注,为学校体育研究提供了新的思路,开启了学校体育研究新的篇章。

(2)教材研究日渐重视

教材研究是学校体育的重要组成部分,对于培养体育师资至关重要。学界围绕《学校体育学》《体育教学论》《体育课程论》《体育教材教法》等进行深入研究,并取得可喜的收获。《学校体育学》是体育教师教育的必修课程,学界对《学校体育学》的研究投入了大量的时间与精力,学界梳理了《学校体育学》的发展演变脉络,理清了《体育原理》到《体育概论》再到《学校体育学》的发展轨迹,周登嵩《学校体育学》(2004)、刘海元《学校体育教程》(2011)、潘绍伟《学校体育学》(2015)、唐炎《学校体育学》(2020)等教材内容体系日渐丰富,科学体系日渐完善。《体育教学论》同样是体育教师教育的必修课程,学界对《体育教学论》的研究与《学校体育学》如影随形,并驾齐驱。樊临虎《体育教学论》(2002)、张志勇《体育教学论》(2005)、姚蕾《体育教学论学程》(2005)、毛振明《体育教学论》(2017)、张志勇《体育教学论》(2019)等教材层出不穷,《体育教学论》研究也是紧随时代的步伐,体现出时代的特征。除此之外,《体育课程论》《体育微格教学》《体育课堂教学规范》等也与时俱进,取得长足发展,得到广大师生的认同与青睐。美中不足,《体育教材教法》未能与《学校体育学》《体育教学论》同步发展,《体育教材教法》陷入自身发展的僵局,与时代脱节、与实践脱节、与理论脱节,《体育教材教法》虽然有新教材不断出版,然而未能逃脱"理论+实践""二元模式"的牢笼。《体育教材教法》是引导准教师如何上好中小学体育课的指导材料,对于"准教师"转变成"教师"具有重要意义。

(3)跨学科研究日益突出

跨学科研究、跨团队研究、跨领域研究成为学界日益关注的焦点,学校体育的研究亦如此。将体育学科与教育、思政、医学、科技、人工智能等学科结合起来,形成了体育领域崭新的课题,开启了学校体育研究的新篇章,为学校体育的发展注入新的活力。打破学科之间"隔板",倡导体育学科与其他学科相互交融,对于解决体育学科的瓶颈问题具有借鉴意义。跨学科研究的前提则是跨团队合作,体育学科亦是如此。体育人工智能、体育大数据、体育医学、体育思政等复合型研究团队如雨后春笋,不断涌现,为学校体育的发展注入了新鲜血液,为学校体育的再次腾飞插上了翅膀。

二、中国共产党领导下的学校体育百年发展经验

(一)坚持党的领导是学校体育发展的根本保障

坚持党的领导是学校体育百年发展的经验之一。中国共产党在不同历史时期不断根据时代要求、遵循教育发展规律、立足社会发展和人民实际需要而提出发展教育事业的指导思想,因此,坚持党的领导是学校体育发展的根本保障。从新中国成立之初教育事业的"主要任务是提高人民文化水平,培养国家建设人才"到新时代教育事业要"努力培养担当民族复兴大任的时代新人,培养德智体美劳全面发展的社会主义建设者和接班人",充分体现了社会主义教育事业的根本性质。学校体育作为新时代教育事业的重要组成部分,自始至终坚持党的领导,以党的教育方针政策作为学校体育改革与发展的行动指南,在体育课程改革、课余训练与竞赛、体育师资培养等多方面均取得了重要成就。历史证明,学校体育工作只有坚持党的领导,坚持社会主义办学方向,坚持"为人民服务,为中国共产党治国理政

服务,为巩固和发展中国特色社会主义制度服务,为改革开放和社会主义现代化建设服务",才能落实立德树人的根本任务,才能培养出"德智体美劳"全面发展的时代新人,把为学生健康发展、为中国特色社会主义建设服务作为根本使命与前进动力,进而为实现中华民族伟大复兴贡献力量。

(二)坚持以人为本是学校体育发展的关键环节

注重以人为本是党领导下学校体育百年发展的经验之二。在中国共产党的领导下,从1921年至今学校体育的发展已经百余年,从各个不同历史时期来看,中国共产党坚持以人为本,强调体育教师是体育课程教学改革的主力军,学生是体育课程学习的主体。在体育课程教学中既要注意发挥教师的主导作用,更要注意发挥学生的主体作用,正确处理两者的关系,充分发挥"教"和"学"两个积极性。从教师角度而言:第一,重视体育教师教育,注重学科基础知识的学习。他山之石可以攻玉,注重教育学、社会学、管理学、历史学、哲学等基础学科知识的学习。第二,重视体育教师在职教育,鼓励体育教师针对学校体育相关议题进行科学研究,提高体育教师理论知识与技能水平。第三,体育课前、课中、课后等教学环节。以课程标准、中小学体育教材、体育教材教法为依据,注重课前备好课;课堂教学是体育教学的核心环节,抓住课堂主要教学内容,合理运用教学方法,营造宽松愉快的教学环境;课后及时总结,反馈课堂教学的得与失,查缺补漏,精益求精。从学生角度而言,在体育教学过程中突出学生的主体性地位。第一,以学生的"学"来进行课程改革、教材研制、教学内容的设计。第二,重学生能力的培养,轻知识的灌输。第三,改变过去单一评价指标,倡导综合性评价体系。第四,以健康第一、终身体育、快乐体育为教学指导思想,注重学生课堂体验,培养学生的终身体育意识。

(三)坚持课程改革是学校体育发展的政策导向

注重课程改革是党领导下学校体育百年发展的经验之三。体育课程是学校体育的关键环节,是实现学校体育目标的主要途径,学校体育工作必须以体育课程为政策导向,把课外体育活动、大课间体育活动、课余体育训练与竞赛有机地结合起来,注重全面化、立体化改革,推动学校体育各项工作的全面开展,提高工作效益。历史证明体育课程改革必须贯彻"健康第一"的指导思想,坚持面向全体学生,以增强学生体质,促进身心全面发展,为学生奠定终身体育的基础为根本目的。中国共产党领导下的学校体育百年发展历程证明,体育课程改革必须兼顾学生发展的需要、社会发展的需要和学科自身发展的需要,不可顾此失彼。新民主主义时期,中国共产党根据国家所处的特定历史时期,将"强国强种""抗战救国"与学校体育相融合,提倡"体育与军事化"教学内容,彰显了社会的发展、国家的需要。新时代,体育与健康课程的内容体现出"规定性与选择性"相结合的原则,保证课程目标的全面达成,保证学生"德智体美劳"全面发展。《普通高中体育与健康课程标准(2017年版)》强调"必修必学""必修选学"两者并重,体现了"规定性与选择性"相结合的原则。历史的经验告诫我们,体育课程改革必须依据体育学科的性质,遵循体育教学特有的规律,从地方和学校的实际出发,"体育学科核心素养"则充分体现了学科的内在规律性。我国地域辽阔,各地的经济、社会、教育发展不平衡,因此,体育课程改革应当从实际出发,采取区别对待、分类指导、分层推进的办法。体育课程改革要正确处理好继承与改革的关系,从中国的国情出发,积极吸收世界先进文化的精髓,在时代性与继承性、世界性与民族性的相互碰撞中,逐步走向融合。

(四)建设场地设施是学校体育发展的物质基础

注重场地设施建设是党领导下学校体育百年发展的经验之四。注重学校体育场地器材建设,提高到与其他学科教学条件配备同等重要的地位上来认识和对待,纳入学校基本建设计划。历史的经验表明,各地经济、教育发展不平衡,对贫困地区的学校体育场地器材配备,既要有统一要求,又不能采取一刀切的办法,应分期分批达标。新民主主义革命时期,学校发动教师与学生,因陋就简,因地制宜,修旧利废,自制体育设施与器材,为学校体育的发展创造了条件,充实了场地器材,以适应体育教学和课外体育活动的需要。新中国成立后,利用校园、操场的边角空闲地,创设快乐体育园地与健身长廊等,弥补场地器材不足,激发学生锻炼兴趣,培养学生运动习惯。从新民主主义革命时期、社会主义革命和建设时期、改革开放和社会主义现代化建设新时期、中国特色社会新时代四个时期学校体育的发展来看,场地设施器材是学校体育开展的物质基础,对于学校体育开展意义重大。

(五)繁荣科学研究是学校体育发展的内在动力

注重科学研究是党领导下学校体育百年发展的经验之五。注重学校体育卫生科研工作,始终坚持为学校体育卫生决策服务、为学校体育卫生改革和发展的实践服务、为促进学校体育与卫生学科发展服务。改革开放和社会主义现代化建设新时期,依靠学校体育卫生学术团体,团结学校体育理论工作者、体育教研员、行政管理人员、体育教师与学校卫生保健人员,在科研实践中形成一支科研骨干力量,不断提高广大学校体育卫生人员的科研素质,加强学校体育卫生科研工作的组织管理,是学校体育卫生科研工作贯彻落实科学发展观着重体现。历史的经验表明,与时俱进,开拓创新,端正学风,实事求是,理论联系实际,是提高学校体育卫生科研成果学术性与实用性的根本保证。改革开放后,立足和扎根中国学校体育卫生现实,面向世界,理性吸取国外学校体育卫生发展经验和研究视角,是创建具有时代特征与中国特色的学校体育卫生科研体系的重要途径。历史的经验表明:坚定不移地贯彻"百花齐放、百家争鸣"的方针,有利于解放思想,繁荣学术,开阔视野,深化研究;有利于推动学校体育卫生科研发展;有利于提高学校体育卫生科研水平。

三、学校体育未来展望

(一)完善顶层设计,促进教育现代化建设

学校体育在国民教育中意义重大,完善学校体育顶层设计,对于增强学生体质健康至关重要,对于促进教育现代化举足轻重,对于培养身心健康的社会主义建设者和接班人不容忽视。体课程标准为学校体育改革与发展指引方向,注重体育课程改革是学校体育工作的重要环节。学校体育课以外的体育活动是学校体育的重要补充与延续,注重学校体育训练与竞赛制度改革是学校体育的重要组成部分。学校体育评价体系是学校体育的关键环节,健全学校体育评价制度,倡导体育中考、高考制度改革是教育现代化建设的呼唤。学校体育场地器材是开展学校体育工作的物质保障基础,是学校体育工作的起点,注重学校体育场地器材建设不容忽视。建立与健全学校体育管理机构,完善学校体育规章制度为学校体育工作的开展提供法律基础。"双减"政策的颁布与实施,有效减轻义务教育阶段学生过重作业负担和校外培训负担,对于提升学校体育工作意义重大。学校体育工作包括体育课程与教学、课外体育活动、课余训练与竞赛、学校体育管理、师资教育等环节,注重学校体育顶层设计,完善与优化学校体育各环节体育制度,有利于促进学校教育的开展,有利于促进教育现代化建设的实现。

(二)发挥体育功能,注重"家-校-社"一体化建设

充分发挥学校体育健康、娱乐、教育等功能,对于培养学生身心俱健,意义重大,对于构建"家-校-社"一体化意义非凡。以"健康第一"为指导思想,增强学生体

质健康,促进学生身心全面发展,注重学校体育"健康"功能的实现。以"三基体育思想"为抓手,培养学生的体育基本知识、基本技术与基本技能,以"快乐体育"为支点,培养学生的兴趣与爱好,以"终身学校体育思想"为导向,培养学生终身体育思想,注重学校体育"娱乐""教育"功能的实现。学校体育是家庭体育、社区体育的基础,对构建"家-校-社"一体化具有重要作用,有利于"学校""家庭""社区"三者之间和谐统一。学校体育、家庭体育、社区体育有各自的优势与局限,提倡"家-校-社"一体化建设,有利于学校体育指导家庭体育与社区体育,有利于发挥家庭体育的优势弥补学校体育的不足,以求得到家庭体育和社区体育的支持,打造"家-校-社"体育平台,营造"家-校-社"体育运动氛围,最终实现学校体育、家庭体育、社区体育共同发展,相互促进。

(三)提倡体教融合,促进体育多学科融合发展

体育学科的分化与综合是时代发展的产物,是学科发展的必然。通过学校体育百年发展历程可以看出,学校体育课程也发生了改变,解剖、卫生、生理等知识进入体育学科体系,并且成为不容忽视的重要组成部分。反思当下体育学科面临的瓶颈问题,学科综合化有利于促进学校体育的发展,有利于促进学校体育色彩斑斓。坚持"五育并举",注重"德智体美劳"全面发展,提倡学科综合化,促进体育与教育、医学、科技、人工智能、思政等学科的融合,注重体育与艺术的融合,促进体育与美学再上新台阶,重新审视体育与母学科的发展,梳理体育与子学科的发展脉络,科学、合理对待学科的综合与分化,促进学校体育学科蓬勃发展。

(四)关注健康教育,助力"健康中国"稳步推进

健康教育是学校体育百年发展历程中永恒不变的主题,随着时间的推移,教育教育的内涵与外延也表现出与时俱进的特征。新中国成立前,健康教育侧重于"身体健康""心理健康",新中国成立后,健康教育表现出"身体健康""心理健康""社会适应"三维并重的健康观。健康教育由新中国成立前的"身""心"二维健康观,演变成新中国成立后的"身""心""群"三维健康观。随着时间的推移,健康教育的内涵与外延也会发生变化,体现出时代的特征。提倡健康行为与生活方式,注重生长发育与青春期保健,注重学生心理健康,明确传染病与公共卫生事件应对事项,注重安全应急与避险。注重健康教育是学校体育以人为本的体现,是学校体育改革与发展的永恒主题,是"健康中国"稳步推进的重要环节。

(五)夯实国民基础,促进"体育强国"建设

2019 年,国务院办公厅颁布《体育强国建设纲要》,指出"到 2050 年,全面建成社会主义现代化体育强国。人民身体素质和健康水平、体育综合实力和国际影响力居于世界前列,体育成为中华民族伟大复兴的标志性事业。"建设体育强国是全面推进社会主义现代化建设的重要目标,学校体育具有不可忽视的重要作用。学校体育是联结"全民健康""竞技体育""体育产业""体育文化""体育交流"等环节的重要组成部分。青年是国家民族最积极、最有生气的力量,青年始终代表着国家的未来、民族的希望,实现体育强国建设,实现中华民族伟大复兴的中国梦,需要一代又一代有志青年持续奋进,在这一光荣使命的实现过程中,需要学校体育发挥其"增强体质,增进健康"的本质功能,促进青年少年身心全面发展。《关于加强青少年体育增强青少年体质的意见》《关于强化学校体育促进学生身心健康全面发展的意见》《关于深化体教融合 促进青少年健康发展的意见》等一系列指导政策,要求学校体育在将来发展过程中,注重青少年体育工作的提升,夯实国民教育基础工程,注重推动"体育强国"建设,助力中华民族伟大复兴中国梦的实现。

第六章
新中国成立以来我国体育赛事发展历程的回顾与总结

　　"中华民族近代以来180多年的历史、中国共产党成立以来100年的历史、中华人民共和国成立以来70多年的历史都充分证明，没有中国共产党，就没有新中国，就没有中华民族伟大复兴。历史和人民选择了中国共产党。"在庆祝中国共产党成立100周年大会上，习近平总书记的重要讲话掷地有声、意蕴深远。中国共产党成立100年来，中华民族迎来了从站起来、富起来到强起来的伟大飞跃，创造了让世界惊叹的"中国奇迹"。

　　体育是社会发展和人类进步的重要标志，是综合国力和国家软实力的重要体现。"国运兴，则体育兴"，只有国家强大了，才能有体育的繁荣。建党100年以及新中国成立以来所取得的体育成就已经证明了这一点。进入新时代，国家提出了建设健康中国，体育强国的重要目标。这充分说明了体育对国家经济社会的重要影响作用。

　　体育赛事是体育不可或缺的组成部分，举办大型体育赛事更是体现国家综合实力。新中国成立以来，我国举办大型体育赛事实现了从无到有、从少到多，逐步形成了具有中国特色的办国际大赛的模式，在国际舞台上充分彰显了国家形象，提高了国际话语权，弘扬了中国传统文化，展示了国家综合实力。

一、新中国成立以来我国体育赛事发展历程

　　我们以时间为脉络，综合考察大型体育赛事举办的时代背景、发展特征，将我国举办大型体育赛事的发展历程划分为五个阶段。

(一)早期摸索阶段(1921-1949)

积贫积弱的旧中国处在一个被外国列强侵略欺辱的时代，国家未能独立，主权不完整，民不聊生，不用说承办大型体育赛事了，就连参加国际大赛都显困难重重、捉襟见肘。1932年中国唯一的选手刘长春参加在美国洛杉矶举行的第十届奥林匹克运动会，路途坎坷，受到当时日本帝国主义的破坏和干扰，由于各方面保障条件很有限，刘长春发挥不好，最终无果而返，显得何其悲壮。1936年中国再次派出代表团参加了德国柏林奥运会，然而，除符宝卢一人通过撑竿跳及格赛之外，其余均于预赛中遭淘汰。归途中经过新加坡，当地的华文报纸《星岛日报》刊登了一则漫画：在奥运五环旗下，一群头蓄长发、穿长袍马褂、形容枯槁的中国人，用担架扛着一个大鸭蛋，画题是"东亚病夫"，这就是"弱国无体育"的残酷现实。

新民主主义体育在五四运动时期萌芽，中国共产党成立以后，非常重视通过体育锻炼启蒙国民教育。早期的中国共产党创始人之一毛泽东在湖南第一师范上学时，在《新青年》上发表了《体育之研究》一文，其中一句话现在广为流传，体育之精神，实质就是在于"文明其精神，野蛮其体魄"。第二次国内革命战争时期，中国共产党开辟了中央山区等革命根据地，积极开展红色体育活动，以"强筋骨、增知识、调情感、强意志"为指导思想，把体育与军事斗争相结合，改善人民体质，提升军民战斗力。强调要把个人锻炼、体育运动与整个国家民族的命运结合起来。新民主主义革命时期，中国共产党举办了区域性运动会，如1933年全苏区体育运动大会、1942年延安"九一"扩大运动会等。

(二)曲折发展阶段(1949—1978)

近代体育自19世纪末20世纪初在我国兴起，经过曲折发展，虽有一定成就，但普及程度和发展水平都很低，新中国体育事业就是在这样十分薄弱的基础上开始的。

1.奠基阶段(1949—1956)

新中国成立之初，国家百废待兴，基于当时特殊的历史条件，我国举办的大型体育赛事仅有1956年中苏举重友谊赛。为了维护和提高我国的国际地位，增进新中国人民与各国人民相互了解，打破帝国主义国际封锁，我国积极参加国际体育赛事，如参加了1952年赫尔辛基奥运会。从1952年至1956年，我国共参加185项国际体育赛事。此外，还积极组织策划全国性竞赛，如1952年第一届全军运动会，1955年第一届工人体育运动会等。

2.初兴阶段(1956—1966)

1957年反右扩大化,1958年全面"大跃进"的冒进局面,随后是三年困难时期,以及中苏关系恶化,西方敌对势力反华,我国经济、政治上面临着极大的困难。1958年中国奥委会抗议企图制造"两个中国"的图谋,毅然宣布退出国际奥委会,此后长达几十年的时间,我国仅有乒乓球、滑冰、体操等少数项目参加世界大赛的机会,体育事业进入一个相对迟滞的发展阶段。随着我国政治经济形势好转,体育事业开始出现新的发展局面。1961年我国第一次举办世界级别赛事——第26届世界乒乓球锦标赛。经过艰难探索,我国体育逐渐形成与经济体制相适应的体育发展模式和相应的运行机制。

3.挫折阶段(1966—1978)

1966年开始的"文化大革命",使我国体育事业遭到严重摧残。1973年第一届亚非拉乒乓球友好邀请赛是这个阶段我国举办的一次规模最大的洲际体育赛事,具有重要国际影响力。受时代影响,与第二届全运会相隔10年之久的第三届全运会于1975年在北京举行。直到1976年,十年动乱的结束,我国体育领导机构进行改组,体育事业逐步进入新的发展阶段。

(三)步入正轨阶段(1978–1992)

1978年12月党的十一届三中全会召开,我国进入全面开创改革开放和社会主义现代化建设新局面的历史时期,这是体育事业发展历史上具有重要意义和深远影响的阶段,总结了过分集中于国家办体育的弊端,以社会化为导向,对竞赛体制进行了改革,旨在建立国家办与社会办相结合的体育新体制。这些改革卓有成效,1990年我国成功举办了国际大型综合性体育赛事——第11届亚洲运动会,极大地激发了全国人民的爱国情怀。与此同时,我国积极举办各类单项国际体育赛事,1981年世界冰球(C组)锦标赛、1982年北京国际马拉松、1986年第7届世界杯体操赛等,赛事举办圆满成功,产生了较大影响。

(四)快速发展阶段(1992—2014)

1992年1月邓小平南方谈话和10月召开的党的"十四大",标志着我国改革开放和社会主义现代化进入了一个新的历史时期。这一时期体育改革要以改革体制为关键、转换机制为核心,以期逐步建立与社会主义市场经济体制相适应的体育体制,并以足球改革为突破口,探索职业体育改革道路的发展方向,推动了我国竞技体育呈现项目职业化、市场化发展趋势。面对社会需求和体育投入的矛盾日益突出、社会力量办体育的模式尚未形成以及举办 2008 年北京夏季奥运会的艰巨任务,中共中央、国务院出台《关于进一步加强和改进新时期体育工作的意见》,提出以筹备 2008 年北京奥运会和备战奥运会为工作重点,强化完善"举国体制"为保障,以 2008 年北京奥运会为契机,全面提升我国体育事业。

一系列改革举措,使我国体育事业进入了前所未有的发展快车道。我国举办大型体育赛事的数量、规格达到了新的高度。2001 年北京第 21 届世界大学生运动会圆满成功,为北京举办 2008 奥运会进行了一次成功的预演,在 2001 年 7 月 13 日,我国申办 2008 年北京奥运会获得成功,实现了中华民族百年奥运的梦想,为我国举办大型体育赛事奠定了坚实的基础。2008 年北京奥运会的成功举办,创新了国家举办奥运会的办赛模式,探索了中西方文化融合的组织模式,为我国未来举办大型体育赛事奠定了坚实基础。

(五)繁荣发展阶段(2014—现在)

在国内经济结构转型的重要时期,我国体育产业仍存在总体规模不大、活力不强,以及体制机制问题,国务院 2014 年出台《国务院关于加快发展体育产业促进体育消费的若干意见》,为体育改革指明方向。这一时期,我国举办了多项大型体育赛事,如 2014 年南京青奥会、2019 年武汉世界军人运动会等。在赛事选择上更加慎重考虑赛事与城市形象与文化的协同度。北京赢得 2022 年冬奥会举办权,成为举世瞩目的世界唯一的"双奥城市",并使得北京跻身为国际体育中心城市。办赛理念呈现多元化,更加关注赛事可持续发展理念、生态理念、人文理念、科技理念等。积极探索疫情常态化举办大型体育赛事模式,对极端条件下举办大型体育赛事模式有着巨大的借鉴意义。

二、新中国成立以来我国举办大型体育赛事的特点

(一)举办大型体育赛事数量多、规模大

新中国成立以来,我国共举办 259 场大型体育赛事。其中综合性大型体育赛事有 41 场,单项国际体育赛事有 219 场。1978—1991 年,仅举办了 1 场大型体育赛事,即第 11 届亚洲运动会。1992—2001 年,我国共举办了大型体育赛事 3 场,并举办了我国第一个世界级别的大型体育赛事——第 11 届世界中学生运动会和

第 21 届世界大学生运动会。2002—2013 年,我国举办大型体育赛事数量快速增长达到了 16 场。2014 年以来我国举办大型体育赛事的数量高达 21 场,其中有 12 场赛事已经开展。

新中国成立以来,我国举办大型体育赛事呈现数量不断增加,规模不断扩大的发展趋势。特别是改革开放之后,伴随着中国经济的腾飞,我国体育事业的发展也迎来了欣欣向荣的繁荣盛况,成为世界体育赛事版图当中的核心组成部分。1978—1991 年期间,第 11 届北京亚运会高举"团结、友谊、进步"的旗帜,迎来了 37 个国家和地区的体育代表团,总人数多达 6548 人,其中运动员 4655 人,另有 47 个国家和地区的记者 4800 多人参加了本次亚运会。

1992—2001 年共计 8557 名运动员参与我国举办的两场大型体育赛事。我国首次举办全球性大型综合运动会——第 21 届世界大学生运动会,该项赛事是这个时期我国举办的规模最大、人数最多的一个重量级赛事,169 个国家和地区约 6800 名运动员、教练员和官员,近 5 万宾客齐聚北京参加了本次运动会。

2002—2013 年,我国举办了 17 场大型体育赛事,共计约 60200 名运动员参加。2008 年第 29 届北京夏季奥林匹克运动会,有 204 个国家和地区的 10500 名运动员参加,比赛需要高标准的体育场馆和场地 120 多个,体育器材 100 多万件,奥组委工作人员最高峰达到 9000 余人,奥运会志愿服务人员 10 万人,各国代表官员、编外人员以及 28 个国际单项体育联合会代表 5000 余人,新闻工作人员 2 万余人等。

2014—2019 年我国举办了 12 场大型体育赛事,共计约 31804 名运动员参加。第 18 届世界警察和消防员运动会首次在亚洲——我国的成都市举办,来自 79 个国家、地区和国际组织的 8000 余名警察和消防员参加。2019 年武汉军运会迎来了 109 个国家约 9308 名军人报名参加。武汉作为特大城市,成为第一个在一个城市举办了 27 个竞赛项目的城市。

总之,新中国成立以来我国举办的大型体育赛事的规模越来越大,2008 年北京奥运会是奥运会史上规模最大的一届奥运会,第 7 届世界军人运动会是世界军人运动会历史上规模最大、参赛人员最多、影响力最广的一届运动会。

(二)举办大型体育赛事的种类越来越丰富

我国举办的大型体育赛事主要有国际综合性体育赛事和国际单项性体育赛事。新中国成立之初,我国主要举办国际单项性体育赛事,如 1961 年第 26 届世界乒乓球锦标赛、1995 年第 43 届乒乓球锦标赛。随着我国国际地位的提升,我国更加注重大型体育赛事的举办,奥运会项目与非奥运项目国际赛事全面开花。其中,奥运项目,我国举办了 2007 年中国女足世界杯、2015 年北京国际田联世界田径锦标赛、2019 年中国篮球世界杯等最高级别单项国际体育赛事。非奥运会项目,尤其是高度职业化体育赛事,如国际斯诺克北京挑战赛、上海一级方程式大奖赛等在我国快速发展。

亚运会、世界大学生运动会、世界中学生运动会、夏奥会、残奥会、特奥会、青奥会、世界军人运动会等世界比较知名的、影响力比较大的国际大型综合性体育赛事,我国基本上都已经举办过了。截至目前,我国还没有举办过的世界大型综合性运动会就是世界体育大会,这个赛事与奥运会相比,开展的项目主要是非奥运项目。因此,从国际大型综合性体育赛事角度看,我国举办的此类赛事不可谓不丰富。

(四)举办大型体育赛事的办赛理念不断创新

新中国成立以来,随着我国举办大型体育赛事数量增多,规模不断扩大,逐步积累了比较丰富的办国际大赛的经验,同时办赛理念也得到了长足进步。由最开始的只抓竞赛,到抓市场,政府与市场联合办大赛,进而抓服务质量,顾客满意办赛理念得以确立,要做好赛事服务,增强观众观赛体验;进而抓文化和教育,通过大型体育赛事促进国际之间文化交流与教育的发展,加强;进而抓跨界融合发展,坚持"体育+"和"+体育"做法,促进体育竞赛表演产业与文化和旅游、娱乐、互联网等相关产业深度融合,拓展发展空间,进一步促进国际大赛对经济社会的全面促进作用;进而抓绩效评价,体育赛事不仅仅是体育大事件,更是国家大事,需要从各方面综合考量和评价,从而使得办国际大赛更有意义和价值,如体育赛事产生广泛而积极的国际影响力,以及体育赛事可持续发展和促进环保事业的发展等诸多方面。

三、新中国成立以来我国举办大型体育赛事取得的历史成就

新中国成立 70 多年来,体育事业伴随着国家经济社会发展和社会主义现代化建设的历史进程,举办的大型体育赛事取得了历史性成就,主要体现在以下几个方面。

(一)摸索出与时俱进的举办大型体育赛事的治理模式

1990年我国举办北京亚运会时,仍处于计划经济体制时期,因此,那届亚运会主要由政府出资举办,同时向全社会募捐。1992年我国开始市场经济体制改革,到2001年举办世界大学生运动会时,我国开始了政府与市场相结合的办赛模式,但市场开发尚不够成熟。到2008年北京奥运会时,通过与国际奥委会的密切合作,学习和借鉴历届奥运会的办赛经验以及国际奥委会创办的比较成熟的商业模式,我国在政府与市场相结合的办赛模式上又向前迈出了一大步,逐步形成了"政府主导、市场运作、社会参与"的治理模式。之后是2010年的广州亚运会、2011年深圳世界大学生运动会、2014年的南京青奥会、2019年的武汉军运会,这种治理模式得到不断的实践检验和发展,我国举办国际大型体育赛事的经验得到不断丰富与积累,治理模式也日趋成熟与稳定。

(二)学习和掌握了大型体育赛事办赛理论体系

现代奥林匹克运动会自1896年开始,迄今已发展一百多年,经历了从弱小到强大的过程,已形成了比较成熟的办赛理论体系。国际奥委会在长达百年的办赛实践中,逐步形成"奥运会项目管理理论体系和奥运会知识管理(简称OGKM)理论体系"。国际奥林匹克委员会(IOC)开创这两大理论体系的初衷,就是希望能够帮助未来主办城市在充分学习和借鉴历届奥运会的办赛经验基础上,科学办赛,全面提高办赛质量。

(三)取得了显著的综合效益

1.社会效益

通过举办大型体育赛事,可以激发全国人民的爱国热情和全世界中华儿女的民族自豪感和认同感。例如,2008年北京奥运会的成功举办,是中华民族的百年期盼,是海内外中华儿女的共同心愿,极大地振奋了民族精神,增强了中华民族的凝聚力、自信心。

通过举办大型体育赛事,可以让世界认识和了解中国国情与中国文化,进而把中国文化传播到世界各地。同时,也可以把世界各地文化引入我国,实现中外文化交流互鉴。2008年奥运会提出"人文奥运"理念,旨在加强国际文化交流。

习近平总书记申办冬奥时指出:"2022年冬奥会如果来到中国,不仅将激发中国13亿人民对奥林匹克冬季项目的热情,也将推动历史悠久的中华文明同世界各国文明交流互鉴。"

新中国成立以来,体育为中国对外交往提供了新的道路,服务国家外交大局。通过举办国际大型体育赛事,大大提高了我国的国际话语权,开辟了我国新时期体育外交途径,取得了可喜成就。长期以来,面对多种国际不利形势,我国举办了第11届亚运会,除了被亚理事会暂停参加的伊拉克,亚洲奥林匹克理事会成员全部到齐,我国更是取得了341枚奖牌的优异成绩,西方主流媒体指出,中国举办亚运会标志着中国的综合国力已达到相当的水平。2008年北京奥运会开幕式有80多个国家元首出席,创造了奥运会开幕式出席元首数量之最,并且中国代表团在这一届奥运会上,以创纪录的48枚金牌首次超越美国位列第一。

2.经济效益

举办大型体育赛事是一把双刃剑,办得好可以实现盈利,办得不好,就会亏钱。新中国成立以来,我国国家办了诸多大型体育赛事,伴随着我国由计划经济体制向市场经济体制转型,我国举办大型体育赛事的模式在不断变革,其经济效益也逐渐显现出来。比较经典的成功案例就是2008年北京奥运会,实现盈利。

国家统计局北京调查总队、北京市统计局国民经济核算处提供的报告显示,从申办成功至2008年,奥运相关的营销、商业推广、赞助活动、广告、场馆建设、门票收入、转播权等收入,以及涉及奥运与经济相关的外延,对我国的经济有直接影响。在2005—2008年的"奥运投入期"内,北京市GDP的年均增长速度将达到11.8%,其中2007年受奥运影响GDP的拉动幅度增长最大,达到1.14%,2008年则为0.85%。使我国国内生产总值每年增加0.3%,7年总计约1.4万亿元人民币。2008年奥运会提供了约100万个就业机会,覆盖建筑业、环保业、文化体育业、旅游业等产业,带动了我国产业结构调整,推动北京第三产业以年均约2%速度提升,金融保险、旅游会展、文化体育等现代服务业,以年均10%~14%的速度快速发展,带动了一批新兴服务部门发展。推动旅游服务业快速发展,以往北京入境游客数量通常以每年5%的速度增长,在奥运会期间,入境游客以6.6%增长,北京接待外境游客240万人次,增加收入39亿元。奥运场馆对公众开发以来,"鸟巢"在"十一"期间接待游客42万人次,收入2.6亿。

3.科技效益

大型体育赛事历来就是新科技的重要应用场景。反过来说大型体育赛事成功举办离不开科技的支撑。例如,2008年科技奥运的理念是"以科技助奥运、以奥运促科技"。高科技完美运用到2008年奥运会开闭幕式、场馆建设、转播技术等各个方面。攻克了在极端条件下奥运火炬持续燃烧的难题,使奥运火炬首次登上了珠穆朗玛峰。在电视转播中,开发和应用"奥运会/残奥会信息系统开发"等技术,实现了现场与电视转播同步显示中英文赛事信息。

2022年北京冬奥会筹办期间,国家科技部和冬奥组委联合策划实施了"科技冬奥专项"工作,"科技冬奥"开启智能新时代。科技冬奥以赛事为核心,惠及城市运行、百姓生活、产业升级。智能建筑,构建"数字化鸟巢",实现体育场馆数字化,动态采集设备运行情况、环境变化、人流聚散情况。智能交通,基于人工智能技术形成地铁和公交排班、大型活动交通瘫痪、大范围交通管制、周边道路疏导等交通难题。智能转播,开发云转播技术,实现了转播设备云端化,更是运用VR技术实现交互式多维度观赛体验。智能装备,便携式可穿戴设备及高水平运动员动作优化分析系统,为科学化训练提供指导依据。在奥运场馆设计和建造中,实现了场馆的可持续发展,如北京冬奥会唯一新建的冰上竞赛场馆"冰丝带",应用世界首个二氧化碳跨临界制冷制冰技术,体现绿色奥运理念。

4.可持续发展效益

当前环境保护成为人类面临的重大问题。通过举办大型体育赛事促进生态环境保护与发展已经成为国际社会的共识。生态环境保护成为现代奥运会的第四大主题,前三大主题分别是体育、文化和教育。由此看出,生态环境保护是实现现代奥林匹克运动会可持续发展的重要内容。2008年北京奥运会就提出了"绿色奥运"理念。

2022年北京冬奥会提出"绿色办奥、生态优先、资源节约、环境友好"的办赛理念,由于冬季运动大多在户外进行,因此强调场馆建设与自然生态环境之间要实现山林与场馆共生的目标。例如,延庆的高山滑雪和雪车雪橇场馆的建设,就依托小海坨地形特征打造"山林场馆",并在赛道下方设计了数条动物通道;注重场馆能耗,开发"地形气候保护系统",保护赛道不受阳光、风雪的影响,采用可拆卸预制装配式结构,媒体转播区为代表的临时设施赛后将会拆除,场馆建设期间,对施工面表土进行编号,做到原土覆盖,做到场馆与大自然和谐共处。

2022年冬奥会北京赛区12个场馆中有11个都是2008年奥运会建造的场馆,当年的"水立方"转换成"冰立方",鸟巢仍然是冬奥会的开闭幕式场馆,五棵松馆承担了冬奥会女子冰球比赛,国家会议馆承担了男子冰球比赛任务。

(四)培养了一大批国内紧缺的大型体育赛事管理人才

通过举办大型体育赛事,可以培养一大批精通此方面管理的高级人才。1990年亚运会为国家培养一批专业人才,随后在筹办2001年世界大学生运动会,尤其是筹备 2008 年北京奥运会时培养一批懂奥运会组织管理的高级人才。众所周知要办好 2008 年北京奥运会，需要培养一批既懂国际办赛规则和熟练掌握外语技能，同时又要熟悉国内办赛规则的复合型人才。这样的人才当时非常紧缺。北京奥组委派出多哈亚运会考察团考察多哈亚运会的筹办情况，发现多哈亚组委高薪聘请了大量的悉尼奥组委和雅典奥组委的工作人员来帮助其筹办多哈亚运会，成本非常高，而且不利于本国人才培养以及后续承办大型体育赛事。为此，北京奥组委采取了聘请悉尼和雅典奥组委的高级管理人员以及国际奥委会的专家对北京奥组委工作人员进行各种专业培训，这种方式既可以节省成本，更为重要的是通过培养本土化人才，可实现后续大型体育赛事筹办的可持续发展。事实证明，据不完全调查，北京冬奥组委有许多参加过 2008 年奥运会筹办的各层级管理人员。这说明 2008 年的许多奥运人才在为 2022 年冬奥会的筹办工作发挥积极作用。

筹办奥运会对大型体育赛事高端人才的紧缺需求，促进了国家体育总局以及我国高等体育院校对体育赛事管理人才的培养。2003 年国家体育总局发布《国家体育总局高层次体育人才培养工作计划》，强调要加强高层次体育人才培养引进，建设体育人才继续教育和职业培训基地。

(六)培育了一批国际体育名城

举办大型体育赛事的目的不仅仅是要赢得国际社会的赞誉，更为实际的就是要通过举办大型体育赛事，办好一座城市或几座城市，通过办好城市，讲好中国故事，弘扬中国文化，提高中国的国际话语权。只有城市的美好才能让国际友人信服。只有城市国际知名度和美誉度提高了，才能够更好地促进这个城市的发展。具体说来，通过举办大型体育赛事可以实现城市的再规划、再更新，可以提高城市的国际知名度和美誉度，促进这个城市与世界的全方位沟通与交流，通过举办大型体育赛事，可以带动这个城市的相关产业的发展，比如旅游业、酒店住宿餐饮业、建筑业、广告业等。举办一场大型体育赛事，无疑就是在激活一个城市。

新中国成立之前我国鲜有知名体育城市，但在新中国成立之后，尤其是改革开放 40 年来，随着我国举办大型体育赛事增多，已经培养出一批国际体育名城。全球体育城市指数(Global Sports Cities Index，GSI)是总结一个国家(城市)在未来举办或将举办的赛事活动的规模和影响，最后汇总生成该城市的 GSI 指数评级，通过全球体育城市指数，可以了解有哪些体育城市成功吸引了大型体育赛事，可以更加清晰地了解全球体育城市的布局发展以及各国城市对于举办体育赛事的策略。全球体育城市指数报告显示，举办重大国际体育赛事使得城市变得更加有国际竞争力,目前,许多城市在筹划大型体育赛事的时候变得更有针对性和目的性。

2019年4月30日,最新一期全球赛事影响力(GSI)国家(地区)和城市榜单,中国打破了美国对于该榜单连续三年的垄断,升至第一名。在城市榜单中,中国有三座城市入围前40,分别是北京、南京和成都,分别排名为第8位、第11位和第28位。成都在2018年GSI的城市榜单中仅排在第89名,由于持续推进"三城三都"建设,将成都打造成世界赛事名城,成都举办了2019年第18届世界警察和消防员运动会,获得了2021年第31届世界大学生夏季运动会举办权,2022年获得第56届世界乒乓球锦标赛举办权,2019年5月9日,成都又获得了2025年世界运动会的举办权,这使得成都在GSI城市榜单中的排名迅速拉升,首次进入城市榜单前30名,也是我国上榜城市中唯一一座中西部城市,这充分说明中国全球赛事影响力逐步迈上新的历史台阶。除上述三个城市外,我国还有一批城市也具有了国际影响力。它们是举办过亚运会的广州市、世界大学生运动会的深圳市、世界军人运动会的武汉市、亚运会的杭州市。此外举办过世界冬季大学生运动会的哈尔滨,在举办冬季运动会方面具有一定实力。早在1998年上海市曾举办过世界中学生运动会,但之后上海市迄今没有举办过洲际以上的综合性国际体育赛事。因此,上海市承办大型综合性国际体育赛事的实力受到一定程度的影响。

四、新中国成立以来我国举办大型体育赛事的历史经验

(一)坚持以人民利益为中心的中国共产党的领导

我国之所以能够一次次成功举办各种大型体育赛事,赢得了国际赞誉,离不开国家的政治稳定,国泰民安,离不开中国共产党坚强有力的领导。举办大型体育赛事是一件复杂的巨系统工程,需要动员全社会的力量,没有一个坚强有力的组织领导很难把大型体育赛事办好。而在中国共产党的领导下,无论何种国际大型体育赛事,都能够实现科学化管理,在此基础上,举办每一个大型体育赛事,都围绕着人民群众的利益而展开筹办工作。每一次的大型体育赛事的举办,现代化体育场馆的落成,城市环境得到整治与提升,城市交通更加便捷,城市居民健身条件得到改善,这些都能够给广大人民群众带来获得感和幸福感。举办大型体育赛事的城市为之而更加美丽、生活更加便捷,更加富于体育的活力。

例如，2008年奥运会兴建了鸟巢、水立方、五棵松篮球馆、国家会议中心、国家体育馆等诸多现代化体育馆，兴建了位于北京城市中轴线的北端的北京奥林匹克公园，占地面积约1215公顷，其中包括760公顷的森林绿地，占地50公顷的中华民族博物馆以及占地405公顷的展览馆、体育场馆及奥运村。北京市的环境整治、交通设施条件等都得到了大幅度的提高。

习近平总书记指出，北京举办冬奥会将带动中国3亿人参与冰雪运动，这是对国际奥林匹克运动发展的巨大贡献。2022年冬奥会，北京兴建了国家速滑馆，简称"冰丝带"，还有首钢大跳台，延庆赛区建设了国家高山滑雪中心和国家雪车雪橇中心，河北省张家口赛区建设了云顶滑雪公园、国家冬季两项中心、国家跳台滑雪中心、国家越野滑雪中心。

广州、深圳、杭州、成都、武汉等城市，每一次举办大型体育赛事，举办城市的城市建设就会有一次大的飞跃，城市居民的生活质量就会有一次质的飞跃。简言之，科学办赛让城市更加美好，并不断满足了人民对美好生活的向往。

(二)坚持改革创新的举国体制办赛模式

旧中国时期，我国尚无实力举办大型体育赛事，新中国成立后，我国实行计划经济体制阶段，在举办大型体育赛事方面，主要依靠举国体制即集中全国力量办大事的制度优势。1990年的北京亚运会、2001年的北京世界大学生运动会等，都是依靠这种制度成功举办的。但是，随着1992年我国开始了市场经济体制改革，建立在计划经济基础上的举国体制逐渐暴露了弊端，这使得举国体制在新的时代背景下需要不断改革创新。单纯地依靠政府投入办大型体育赛事显然不符合时代发展要求，充分利用市场力量办大赛是大势所趋。从这个角度看，我国每一次举办大型体育赛事，举国体制办赛模式就得到不断的改革与创新，发展到今天，已然形成具有中国特色的办大型体育赛事的管理体制与机制。

(三)坚持面向国际的改革开放的办赛政策

新中国成立以来，我国举办大型体育赛事所取得的成就充分证明，只有改革开放才能够把大型体育赛事办好。改革开放就是要向国际上先进的办赛国家或组织学习，学习他们办大赛的经验和理论知识，熟悉和掌握国际竞赛规则，在体制和机制上不断与国际接轨。1990年亚运会，2001年世界大学生运动会，2008年北京奥运会，2022年北京冬奥会，办赛的过程，是我国与世界各国以及各国体育组织交流学习的过程，也是一个逐步深化认识国际社会以及国际竞赛规则的过程，更是一个面向国际改革开放的学习借鉴过程，实现东西方文明互鉴，增强民族自信，提高国家话语权，面向国际社会讲好了中国故事。

(四)坚持市场化运作的办赛运营模式

新中国成立以来，尤其是1978年改革开放之后，我国走上了健康发展轨道，1992年开始了市场经济体制改革，这一系列的重大社会变革，深刻影响着我国举办大型体育赛事的办赛模式。

承办国际大赛是一项复杂的系统工程，往往涉及国家各个层面的事务，需要动员国家力量以及全社会的资源。我国仍然处在一个社会主义初级阶段，国际大赛对于国家而言，仍然具有更多的公益效果，体现国家的利益诉求，确切地说，仍然属于大型公益性项目。政府投入显然是必要的，也是应该的。然而，完全由政府投入显然也不现实。随着市场经济体制改革不断深入，市场配置资源的功能得到强化，大型体育赛事面对国际市场，具有丰富的市场资源，与国际办赛接轨，采取市场手段办赛成为必然。我国举办大型体育赛事的办赛模式由最初的向社会募捐与政府投入相结合的模式开始，到如今借助市场的力量办国际大赛，这一路走来，取得了可喜成就，不得不说，这是一个与时俱进的不断改革创新的国际大赛办赛模式，也是一个不断适应市场经济体制要求的国际大赛办赛模式。

(五)坚持培养本土大型体育赛事管理高级人才

人才是第一生产力，现代社会发展要求专业的人干专业的事，只有专业的人才能干好专业的事情。大型体育赛事的筹办绝非易事，它不仅仅是体育事务，更会涉及社会的方方面面，比如政治、经济、社会、文化、科技、教育、环保、产业、交通等诸多方面，因此，高质量办好大型体育赛事，必然需要大量的专业化人才。

旧中国举办大型体育赛事，需要依靠外国人。新中国成立以来，我国在这方面培养了一大批体育管理人才，然而，在承办大型体育赛事方面，人才显然不够，对国际大赛规则也不熟悉和了解。1961年我国第一次举办大型体育赛事——第26届世界乒乓球世锦赛，这次办赛对我国体育管理工作者是一个考验，也是一次锻炼。时隔近30年之后，我国首次举办大型国际综合性体育赛事——1990年的北京亚运会，之后的2001年北京世界大学生运动会，尤其是2008年北京奥运会的筹办工作，非常重视本土大型体育赛事管理高级人才的培养。多次大型体育赛事的举办，无疑为我国培养了一大批具有国际视野、外语好、熟悉国际办赛规则的大型体育赛事高级管理人才，他们成为未来我国承办大型体育赛事最为坚强的基础，是实现我国大型体育赛事可持续发展最为坚实的人才资源。

（六）坚持可持续发展办赛理念

任何国家体育组织都希望自己创办的体育赛事永久办下去，而且越办越好。但是，现实情况是许多国际体育赛事办着办着就消亡了，因此，办好国际体育赛事重要的是实现可持续发展。现代奥林匹克运动会发展已有一百余年的历史，然而，它现在也面临诸多严峻挑战，这些挑战如果解决不好，必将影响其生存与发展。如办赛规模过大、办赛成本过高、大型体育场馆赛后利用、对环境负面影响太大、兴奋剂问题等。

为此国际奥委会在 2014 年 12 月通过了《奥林匹克 2020 议程》改革方案，其核心内容是降低奥运会申办和运行成本、可持续发展、提高公信力和注重人文关怀等。2020 年 5 月 15 日，国际奥委会、估计残奥委会和北京冬奥组委同步发布了《北京 2022 年冬奥会和冬残奥会可持续性计划》，提出了"可持续向未来"北京冬奥会可持续性愿景，确定了"创造奥运会和地区可持续发展的新典范"总体目标，明确了"环境正影响""区域新发展""生活更美好"三个重要领域，提出了 12 项行动、37 项任务和 119 条措施。

此外，大型体育赛事的遗产再利用也是可持续发展的不可或缺的内容。2019 年 2 月 19 日北京冬奥组委正式发布了《北京 2022 年冬奥会和冬残奥会遗产战略计划》，这是践行冬奥会可持续发展的重要举措，是为国际社会提供的"北京方案"，梳理奥林匹克运动与城市和区域发展良性互动、共赢发展新典范的行动纲领。

正是通过举办大型体育赛事，通过与国际体育组织的充分沟通与交流，探讨大型体育赛事的可持续发展道路，使得这些赛事的举办更加具有现实意义和价值。

第七章
中华武术——民族传统体育文化瑰宝的传承与发展

中华武术,作为一种涵养东方智慧的体育文化,已在华夏大地上绵延发展了数千年,并得以在世界上广泛流传。它源于中国,属于世界,是中华民族传统体育文化的瑰宝,也是世界认知中国的一张文化名片。党的十八大以来,以习近平同志为核心的党中央对构建有中国特色、中国风格、中国气派的话语体系高度重视,提出加强话语体系建设,集中讲好中国故事,不断增强中国国际话语权,让全世界都能听到、听清、听懂中国声音,让世界认识一个立体多彩的中国。习近平主席更是多次强调:中华优秀传统文化就是我们最深厚的文化软实力。

深受中国传统哲学思想影响的武术,具有几千年历史文化积淀、融摄传统医学、易学、兵学等中华优秀传统文化的精髓而独树一帜,在运动中讲究"内练精气神,外练筋骨皮",把人放到自然中去,使人体运动和周围环境密切联系;且十分注重内外兼修、动静结合、刚柔相济、身心合一的运动体验,通过肢体语言来体现和表达东方文化中的宇宙观与和谐观。武术作为我国优秀的民族传统文化的代表性符号,是讲好中国故事的重要载体。在历经千年的传承与发展过程中,武术也经历了几多曲折、几许沉浮,其价值功能随时代变迁而不断调整,以适应不同时期社会发展的需要。

一、"武术"一词的由来与辨析

任何一个事物的发生、发展和演变,都与其所处的社会环境密不可分。武术的源起可以追溯到远古时期,在兽多人少、自然环境十分恶劣的原始社会,狩猎是人们为了生存而必须进行的活动。人们在与大自然斗争的过程中，一辈辈人习得了一些徒手进行的动作，如拳打、脚踢、躲闪、跳跃、跌摔等；后来又学会了制造和使用石制或木制的工具作为武器，逐渐掌握了劈、砍、击、刺、掷等技能，这些动作和技能为以后武术拳术和器械的发展奠定了基础；到了原始社会后期，经常性的部落战争使得人们的搏杀技能得到锻炼和提高，而这些技能都不是今天我们所说的"武术"。

　　"武术"作为一个专有名词，它的概念也是随着时代变迁而不断发展变化的，而真正使用"武术"这一概念是近代的事。尽管，早在两晋南北朝时期，在萧统的《文选》中就记载了南朝·宋·颜延年的一句四言诗，其中有两句为："偃闭武术，阐扬文令。"这是最早出现的"武术"一词，但它却与今天武术的概念相去甚远。关于武术的概念，古代文献记载中有许多不一样的名称，如商代称"拳勇"，春秋有"技击"，汉代有"武艺"等提法。"武艺"在《辞源》中的解释是指骑、射、击、刺等军事技术，可见古代武术的技击功能和作为军事武备的用途是十分显著的。明末清初是中国武术大发展、大繁荣的一个时期，形成了拳种流派林立、百花齐放、百家争鸣的局面，武术也有"白打""使拳""把式"等称谓。民国时期，受强国强种、救亡图存思想的影响，武术一度被称为"国术"。新中国成立以后，正式确立了武术的体育属性，明确将其称为"武术"；成立于1990年的国际武术联合会也将"武术"的英文名称正式定名为"Wushu"。中国武术协会曾多次组织专家学者对"武术"的概念进行论证，将其定义为："武术是以中华文化为理论基础，以技击方法为基本内容，以套路、格斗、功法为主要运动形式，注重内外兼修的民族传统体育。"

二、古代武术的发展与演变

　　所谓古代武术，是指由先秦至清末这一历史时期内的武术活动。在这漫长的历史发展过程中，古代武术也经历了不同的发展阶段，呈现出不同的时代特征。周伟良在《古代武术的历史分期及其基本特征研究》一文中，将古代武术的发展划分为四个历史阶段：初始期（先秦时期）、发展期（秦汉至隋唐）、成熟期（宋元时期）和繁荣期（明清时期）。

　　古代军事武艺是古代武术萌生的重要文化源，先秦时期，角力、剑技和武舞逐渐从军事武艺中分离，以自己独特的方式出现在社会舞台上。春秋战国时期，社会的动荡导致了阶级的分化和民间习武之风的盛行，我们在武侠电影中见到的"侠客"就是在这一时期出现的。由于社会生产力明显进步,铁器越来越多地应用于兵器生产,这不仅改变了兵器本身的特征,也发展了武术格斗技术。这一时期的将军统帅、文人墨客都以佩剑和论剑为荣。《吴越春秋》中所载的越女论剑生动地反映了当时剑术的发展:"……道有门户,亦有阴阳,开门闭户,阴衰阳兴。凡手战之道,内实精神,外示安仪,见之似好妇,夺之似惧虎……"(《吴越春秋》论手战之道)这不仅形象地阐释了剑术使用方法的精妙,更是进一步提出了开与闭、内与外、形与神等对立统一关系。

秦汉至隋唐,经历了一千多年的历史演进,与先秦时期的武术相比,这一时期的武术活动有了长足的发展。无论是徒手还是器械,其内容和形式都日趋丰富。汉唐时期不仅角抵相扑十分盛行,刀剑的技艺也得到很大的发展。唐代大诗人李白和被称为"剑圣"的裴旻将军都是舞剑的高手。还有一首脍炙人口的诗词:"昔有佳人公孙氏,一舞剑器动四方。观者如山色沮丧,天地为之久低昂。……"这是诗圣杜甫留给我们的千古绝唱。除了剑术的繁盛,刀术、棍术、枪术在这一时期也都得到了很大的发展。此外,始于唐朝的"武举制"也开创了以武勇选拔人才的先河,虽然其考试内容不能等同于武术,但也给普通百姓提供了一个通过个人武艺进阶仕途的机会,对推动整个社会的尚武之风发挥了积极作用。

在中国封建社会的漫长历史中,宋元时期是一个承前启后的重要阶段。两宋时期经济空前繁荣,城市规模逐步扩大,市民阶层也出现分化,受汉唐文化千年滋养的武术在这一时期迎来了它的成熟期。武术的逐步成熟主要体现在"套子"武术的产生,出现了较为完备的拳棒擂台赛,同时还能看到武术与戏曲、小说之间的相互影响。群众性游艺场所"勾栏""瓦舍"在宋朝出现了,南宋瓦市表演者为了招揽更多的观看者,经常在表演前穿插一些节目吸引观众。吴自牧在《梦粱录》中写道:"先以女飐数对打套子,令人观睹,然后以膂力争交"。所谓的"套子"就是两人按照固定的招式进行演练,南宋瓦市出现的"套子"一词和表演形式,对于后来武术套路的发展具有十分重要的意义。

回眸历史,我们不难发现明清两代是古代武术发展史上最为繁荣的时期,这一时期武术的繁荣发展不仅体现在技术层面上,更体现在武术理论体系的基本建立,以及与周边国家的文化交流上。首先,从技术层面上讲,众多武术拳种流派在这一时期得以形成和发展,明代抗倭名将戚继光的《纪效新书》中记载的拳术就有16种之多,如宋太祖三十二势长拳、八闪翻等;郑若曾的《江南经略》也记录了诸如赵家拳、披挂拳、张飞神拳等拳术名称。我们十分熟悉的"十八般武艺"在此时也有了具体的名称,如明代成书的《水浒传》中,明确指出"十八般武艺"为:茅、捶、弓、弩、桐、鞭、铜、剑、链、挝、斧、钺并戈、戟、牌、棒与枪、杈。少林武术的兴起，是中国武术史上不可忽视的重要篇章，而少林武术正是从明代开始扬名的。同时，武术理论的成熟也是明代武术繁荣发展的标志。唐顺之的《武编》、俞大猷的《正气堂集》、戚继光的《纪效新书》《练兵实纪》、何良臣的《阵纪》、郑若曾的《江南经略》等一批涉及武术的名著纷纷于这一时期产生。还有，这一时期中国武术也有了与邻国在武技方面的交流，特别是中日武术交流活动在明代达到一个高峰。入清以后，清代武术与明代武术最大的不同体现在，民间武术已经从军事武艺当中分离，加强了与传统文化中哲学、兵学、宗教、养生思想和方法的相互借鉴与融合，更多的武术拳种门派在这一时期大量涌现。

总之，整个古代武术的发展呈现出一幅波澜壮阔的历史画卷，集中显现了我们中华民族的文化智慧。

三、救亡图存的民国武术发展探索

民国时期的武术发展是中国武术发展史上不可忽视的篇章，在"新旧""中西"之争的近代社会语境中，肩负着中国体育从传统走向现代的使命，是武术传承与创新相结合的重要历史时期。南京国民政府成立后，颁布了一系列推广学校武术的政策，规定将武术统一称为"国术"，希望以其激励国人的民族精神，锻炼国民的体魄。国术中饱含着爱国主义、民族大义，在动荡不安的民国社会提倡国术显示出一种团结人心、脱离过去的偏向，不仅让大众在心理上更易接受中国武术，在思想上也更明确了国术为中国人自己的体育项目，渗透和寄托着国人的强国梦。

民国时期，武术发展出现了几个重要历史事件：

第一，武术成为学校体育课的重要内容。辛亥革命后，近代教育逐步发展，武术能够被列入学校体育课程，主要是受尚武图强、振奋民族精神的风气影响。马良等将传统武术与兵式体操加以结合，创编了《中华新武术》，在一定程度上开辟了中国武术现代化之路。1917年夏，全国各中学校校长会议决议："以《中华新武术》列为全国各中学校的正式体操"；1918年秋，《中华新武术》被定为全国正式体操。

第二，"精武体育会"的成立。精武体育会是中国近代体育史上历史最为悠久、成立最早并具有深远影响力的民间体育团体，其前身是1909年成立于上海闸北的精武体操学校，其于1916年4月6日正式更名为精武体育会。20世纪初期，中国社会正处于动荡不安的历史时期，精武体育会不再是一个单纯教授武术的学校,而是转变为一个传承尚武精神的社团,孙中山先生在《精武本纪》序中高度赞扬"精武会"的"尚武精神",其发挥的历史性力量使武术从乡村田野走向公共领域,借助集散效应在国内外开设分会;精武体育会在国民性改造运动、民族解放运动、中西文化对话的社会语境中,一方面诉诸身体改造来改观屡弱的病夫形象,进一步造就德、智、体、美、群等全面发展的新型国民,另一方面也是应对西方文化冲击所作出的一种调适。

第三,南京"中央国术馆"的成立。中央国术馆成立于 1928 年 3 月,和"精武会"不同,国术馆是依靠国家和政府的力量,有组织、有计划、有目的地发展民族国粹,具有很强的权威性和指导性。在《中央国术馆组织大纲》中明确提出了该馆的四项基本职能,即研究中国武术、教授中国武术、编著关于国术及其他武术之图书、管理全国国术事宜。中央国术馆的成立为中国武术的统一和科学化做出了巨大的贡献,特别是在对传统武术的近代化转型上发挥了关键作用。国术馆曾于1928 年、1933 年举办了两次"国术国考",并于 1936 年应邀参加在德国柏林举办的第 11 届奥运会,中国武术代表团技惊四座。中央国术馆的成立,标志着国术中蕴含的主张与愿望与官方的主流话语、时代主题相吻合,经过彼时张之江等部分社会精英的强力推介,完成了国术的个体化发展向与民族国家命运相匹配、将武术对接为"国之大事"的质变过程,也使武术成为提振民族士气、弘扬民族文化的切实载体,使武术教育成为弘扬民族传统体育的发力点,为新中国武术运动的普及与发展奠定了良好的基础。

四、武术传承与发展的路径解构

武术作为我国民族传统体育文化的代表,是新中国体育事业发展的重要组成部分。新中国成立初期,在"发展体育运动,增强人民体质"的号召下,武术由民间传统技艺逐步向体育化转变,并在普及与提高相结合的方针指引下得以全面发展。在 70 年的发展历程中,武术的传承与发展既经历了新中国成立初期的"体育化"改造与跨越式发展,也经受了十年动乱的扭曲与践踏,更在发展过程中不断接受来自域外武技的冲击与挑战,甚至是国人以"打假"之名对武术这一文化载体的无端"声讨"。然而,具有几千年文化积淀、融合中华优秀传统文化精髓的武术之所以能流传至今,必定有其存在的合理性和必然性,也必将在新时代焕发出新的风采。武术在 70 年的现代化转型发展历程中,逐步形成了以竞技武术为引领,以传统武术(社会武术)为根基、以学校武术为推动力的不同分类方向的武术传承与发展路径。

(一)竞技武术：引领武术运动发展的"风向标"

新中国成立之初,党和国家迅速把发展体育事业摆上了议事日程。1952 年 6 月 10 日,毛泽东同志为中华全国体育总会成立大会题词:"发展体育运动,增强人民体质",进一步明确了我国体育事业发展的根本任务和方向。1953 年全国民族形式体育表演与竞赛大会在天津举办,武术成为这次大会的主要表演项目。时任政务院副总理兼国家体委主任的贺龙同志提出了发掘、整理、发扬、提高、光大武术的主张,对武术运动的发展有着重要指导意义。正是在这样的思想指引下,1955 年国家体委运动司下设武术科(后改为武术处)专门指导武术运动的发展,使得武术的体育属性得以进一步明确, 也极大地推动了武术向竞技化方向发展的转变。可以说,竞技武术是在国家意志调控下武术向现代化转型的产物。根据竞技武术发展中的重要节点和具有突破性意义的重大事件,林小美等将新中国成立后竞技武术发展历程划分为四个阶段:应运而生的产生时期(1949—1977)、稳中求进的完善时期(1978—1992)、踵事增华的成熟时期(1993—2008)和守正拓展的深化时期(2009 至今)。

1956 年, 原国家体委发布了《中华人民共和国运动竞赛制度暂行规定 (草案)》,把武术列为表演项目定期举行;1957 年 1 月,《关于 1956 年体育工作总结及 1957 年工作的要求》中通过了将武术列为国家竞赛项目的决议,使武术作为体育竞赛项目迈开了新的一步。随后,一些在当时经济条件比较好的省市纷纷成立了武术专业队,1959 年第一部《武术套路竞赛规则》正式颁布,同年第一届全运会上武术成为正式比赛项目,凡此种种都对竞技武术的发展起到了推波助澜的作用。产生之初的竞技武术呈现出快速发展的势头,在发展形式上诞生了以竞技武术套路为主的武术竞赛项目;在评价规则上,为使武术竞赛更加规范、普适性更强,经过对竞技武术发展的不断探索,已经出版了 3 版《武术竞赛规则》;在发展程度上,武术规定套路的普及与自选套路的兴起, 规范和带动了竞技武术整体水平的提升,使武术走上了竞技体育的探索之路。

众所周知,"文革"时期,国家无论是政治、经济还是文化的发展都受到重创,体育也不例外。1978 年十一届三中全会开启了中国改革开放之路,这一政策的实施使中国社会发生了深刻的变革,体育事业的发展也随着改革开放的脚步逐步走向正轨,武术运动也在这一时期迎来了发展的春天。度过了"文革"那段艰辛的岁月，一系列有利于武术发展的重大活动陆续展开。被压制多年的散打开始解禁，并于 1979 年在原北京体育学院等院校搞试点，为后来散打运动的快速发展奠定了良好的基础；第一届"全国武术观摩交流"大会于 1979 年 5 月在广西南宁隆重举行，这是"文革"以后武术发展的一项具有里程碑意义的重要赛事；1979 年、1984 年、1991 年竞技武术套路规则进行了 3 次修订，竞赛规则的不断完善使得武术套路运动在全国、亚洲和世界范围内得到认可并迅速推广开展；1987 年，第 1 届亚洲武术锦标赛在日本横滨举行；1989 年 10 月，全国武术散手锦标赛在江西宜春举行，这是散手项目的首次正式比赛，标志着竞技武术散手进入崭新的发展阶段；1990 年竞技武术套路成为第 11 届亚运会的正式比赛项目，武术首次进入洲际综合性运动会，同年国际武术联合会正式成立。自此，以竞技武术套路为引领的武术国际化推广的脚步逐渐加快。

1993 年起，为了适应社会主义市场经济的发展，顺应国际竞技体育发展趋势和规律，使竞技体育高效、快速、健康发展，中国开始制定"奥运争光计划"，竞技武术的发展在竞赛规则和竞赛体系等方面全方位向奥林匹克运动靠拢。1996 年版的《武术套路竞赛规则》作为过渡，开始采用切块打分的模式，并增加了指定动作和创新难度的评分，随后为了使武术更加适应奥运会比赛的项目特征，对《武术套路竞赛规则》做了较大修改，由原来的"估分制"向更加量化的"切块打分制"转变，并于 2002 年起开始试行，引领竞技武术向"更高、更难、更美、更新"的技术方向发展；同年，国际武联正式成为国际奥委会成员，竞技武术的地位得到了国际体育组织的认可，国人的武术入奥梦也向前迈进了一大步。奥运争光计划的提出和武术入奥目标的设置，是彰显国家经济实力和国际影响力的重要手段，这一时期的竞技武术发展愈发成熟，武术主管部门紧紧围绕既定目标开展各项工作，改革赛制、迅速布局，使竞技武术在 2008 年北京奥运会期间成为特设项目，向全世界展现了中国武术的风采，这也是竞技武术发展史上的一座里程碑。

起源于希腊的奥林匹克运动是一项在全世界范围内关注度极高的赛事，后北京奥运时代，中国竞技体育站在了更高的起点之上，武术能否进入奥林匹克大家庭的话题，自 2001 年中国取得 2008 年夏季奥运会举办权后就成为备受关注的"热词"。虽然竞技武术在最好的时机与奥运会失之交臂，但却更加激发了人们对武术入奥问题的深度思考，众多研究围绕武术入奥的相关话题展开讨论，分析利弊得失、给出对策建议、找寻竞技武术发展在中西方文化交融与冲突中的平衡点。新中国成立以来，以套路为主要竞技形式的武术运动为中国武术的国内传承和国际传播做出了不可磨灭的贡献，推动了中国武术的现代化转型和国际化发展。然而,在竞技武术套路国际化推广与发展中,区域整体水平发展不均、各国普及效率差异显著、未能深入普通大众之中只是停留在为专业队比赛服务的现象,成为阻碍竞技武术运动在各国各地区发展的桎梏;武术运动形式的特殊性和竞赛规则的不完善导致动作评价指标的量化难以实现,入奥项目始终不明确无法形成推广合力等都是制约竞技武术发展的重要因素。今天的中国,已经从"站起来"走向"强起来",我们不再需要依靠金牌、奖牌来证明什么,因此竞技武术在未来发展中应及时转向,调整战略重心,扎扎实实做好国际武术推广普及工作,不断扩大受众群体,充分调动各方力量提升武术文化国际影响力,真正走近世界各国普通大众的生活,才有可能助推武术入奥梦想的实现。

(二)传统武术:武术传承与发展的根与魂

中国武术一直都是中华优秀传统文化的重要组成部分,在历史与现实的映照中自有其流变的轨迹。向前追溯,传统武术就是不同流派专门家的技术,像戚继光《纪效新书》中记载的李半天之腿、鹰爪王之拿、张伯敬之打、千跌张之跌等,都有各自不同的特点,都是立足于格斗的武术技艺。今天的传统武术,实则是退出战场厮杀而走入民间后的一种富于技击功能的健身之术和文化承载之身,其流派众多、内容丰富,具有浓郁的民族特色和地域色彩,其指向已不仅仅是具体的动作和功法,而是被视为某种与家国相关联的文化现象,是中华民族的一项宝贵文化遗产。传统武术的原始力量来源于技击,是中国人民在长期的社会实践中的经验总结与智慧结晶,离开技击的武术将成为无根的"浮萍",离开文化意蕴的武术只能是"武术体操"。

传统武术历经千年传承,从一种关乎生死存亡之道的技击之术,逐渐发展成为以"止戈"为宗旨,以"崇德"为理念,以"刚健自强、和谐圆融、持中守恒"等为精神依托,具有修身养性、强健体魄、调和阴阳、身心一统之功用的融摄中国传统文化精髓的运动形态,在培养尚武之风、家国情怀的价值观念方面具有不可替代的作用。然而,进入现代社会,传统武术却在变迁过程中陷入了转型困境,尤其是受现代竞技武术的发展和武术体育化变革的冲击,传统武术的传承与发展陷入了极为尴尬的处境,似乎始终处在被边缘化的地界上自娱自乐。相较竞技武术有组织、有计划、有序发展来说,传统武术则处于一种有组织、无计划、无序发展的状态。近年来,在社会名利的诱使、媒体为博取眼球的商业化炒作、公众审丑价值取向的作祟以及武术监管制度的缺失等多重因素的作用下,出现"伪武术大师"现象,传统武术技击价值被一部分人肆意歪曲,他们的不当行为严重影响了传统武术对国家精神形象的构筑。

社会上的传统武术乱象严重扰乱了武术发展的正常秩序,也引起国家相关部门的高度重视,国家武术运动管理中心联合中国武术协会迅速发布了《关于加强行业自律弘扬武术文化的倡议书》,号召全体武术人团结起来,恪守武德,遵守规则,加强自律,弘扬中华优秀传统文化。随后,《清理整治武术乱象规范赛事活动管理办法》和国家五部委联合发文的《关于加强博击类项目赛事活动安全管理工作的若干意见》陆续出台,对于遏制社会武术乱象、进一步健全和完善博击类项目的行业标准、运行规范等起到了一定的监管作用。一个现象的出现必然有其滋生的土壤和环境,对于社会武术乱象的治理要从根本上下功夫,一方面要加强行业监管力度,更重要的是要在转变社会武术风气上有所作为,这就需要各地方武术协会在中国武术协会统一领导下深入到"隐藏的武林",去寻找那些能够代表传统武术真正水平的、技理并重又德艺双馨的武术传承人,在政策、资金和施展的空间上给予他们支持,鼓励他们从"隐藏"到"公开",从"保守"到"开放"。弘扬优秀的传统文化需要政府、社会和传承人的共同责任担当,不畏艰难努力实现传统武术在当代的可持续发展,留住武术文化传承与发展的根脉。

(三)学校武术:厚植武术根基、推动武术传承发展的主阵地

自强不息、厚德载物是中国传统文化最典型的精神特征,中国武术正是通过对身体的规训来体现这种精神特征的最好的教育。学校是培养人的重要阵地,从育人的角度来说,武术必须走进校园。百年前梁启超曾高呼"少年强则国强",时隔百年之后习近平主席再次强调:体育承载着国家强盛、民族振兴的梦想。体育强则中国强,国运兴则体育兴。作为民族传统体育的典型代表,中国武术中蕴含的民族精神是当今时代不可或缺的文化软实力,刘延东副总理在视察河南塔沟武校时曾说"我们中国人的孩子都应该练练武术"。但残酷的现实告诉我们,武术想要真正走进校园还有很长的路要走,任重而道远。

关于学校武术的发展,一直是学界热议的话题,学者们从不同的角度论述武术教育的价值、功能,探索其传承发展的路径和方法。面对学校武术发展的不尽人意,教育部在2004年的《武术类课程教学指导纲要》中明确提出"淡化套路、突出方法、强调应用"的学校武术教学指导思想,"一校一拳""一校一品""武术健身操""武术段位制""课后一小时"等种种措施也相继出台,并在全国范围内进行试点推广;然而令人遗憾的是尽管国家从未停止对学校武术的推进,但却由于推广内容、实施主体、教学平台、方法手段、教育环境等方面的"供需错位",而导致大多数中

小学校徒有武术推广之名,难见武术推广成效之实。所以,如何让学校武术教育回归其最初的本质和价值,如何使之成为当代学校教育中不可或缺的重要组成部分,有关部门和武术教育工作者要深入思考和讨论,提出切实可行的办法让"武术进校园"真正繁花似锦。

事实上,近现代以来我们的武术从未离开过校园,之所以一而再、再而三的强调"武术进校园",就是因为武术在校园的发展没有落地,时至今日依然没有完全解决"教什么""谁来教"和"怎么教"的问题。为适应国家发展需求和青少年健康发展的要求,充分彰显体育的教育和文化属性,我国对体育的价值功能和目标开始进行重新定位。2020年9月,国家体育总局、教育部适时发布了《关于深化体教融合促进青少年健康发展的意见》,有学者认为与过往的"体教结合""教体结合"相比,"体教融合"这一概念在实践目标、实践理念和实践对象等方面发生了重大转变,其目标由培养"竞技体育人才"转向培养"社会主义建设者和接班人",其理念由"竞技第一"转向"健康第一",而其作用的对象则由"少数运动精英"转向"全体儿童青少年",在"健康第一"导向下,体教融合进入促进青少年健康发展的新时代。

学校武术的普及与提高是关系到全体儿童青少年健康成长的重要路径,我们要充分认识到这次国家提出的"体教融合"理念的重要性,它对学校武术来说不仅仅是一次非常重要的发展机遇,而且对整个武术的发展和推广也是一次非常好的机遇。学校武术是体育课程中最具民族性、传统性和教育性的不可替代的文化资源,因为武术承载着中华文化,弘扬着民族精神,培养着道德规范,健全着身心体魄,是世界上独一无二的武文化。只有让武术真正走进校园、真正成为教育教学中不可或缺的手段和内容,才能真正发挥其全方位育人的价值功能,也才能使武术的整体发展后继有人。

体教融合发展是在新时代体育强国背景下提出的新要求,从新中国竞技体育举国体制的建立,到金牌体育使体育远离学生、应试教育使学生远离体育,从"体教结合""教体结合"的探索,到体教融合促进青少年健康发展,新中国成立70余年和改革开放40余年来,总结其间的经验与教训,对落实《关于深化体教融合促进青少年健康发展的意见》具有重要意义。武术在校园的普及与提高要乘势而上,我们有全国学校武术联盟,我们也并不缺乏武术教学内容,众多经过专业院校培养的武术师资力量和社会办学力量足以支撑校园武术的发展,关键所在是要理清思路、扎实推进、持续发力,才能谱写校园武术发展新的篇章。

五、推动构建人类命运共同体的"武术表达"

当今世界正处在百年未有之大变局下，充满了不稳定性和不确定性因素，习近平主席以一种全球维度的大历史视野，审时度势后提出推动构建"人类命运共同体"的宏大设想和美好愿景，就是旨在回答"建设一个什么样的世界，如何建设这个世界"这一关乎人类前途命运的重大课题。中华武术作为我国特有的传统文化资源，在几千年的发展历程中不断地与其他传统文化思想碰撞并汲取养分，在运动中处处体现着东方文化的哲理，表现出一种中国人的处事方式，它易于打破文化壁垒，得到不同国家、不同种族和不同宗教信仰的人们的普遍认同，是一种易于被世界人民所广泛接受的"热媒体"。无论是 1936 年柏林奥运会的技惊四座，还是 1974 年中国武术代表团的"武术外交"之旅，抑或是 2011 年惊艳联合国总部的武术表演，还有孔子学院武术巡演团在世界各地掀起的阵阵习武热潮，再到 2020 年武术进入塞内加尔青奥会的重大消息，都一次次地证明了武术文化国际传播的意义所在，这是一个让世界人民体验中国、观察中国的视阈，是一个能够诠释中国"和平崛起"、展示中国形象的标识，推动构建"人类命运共同体"，需要"武术表达"讲好中国故事。

国家综合实力的提升、国际影响力的不断扩大和对武术文化的自我认同，是当今时代武术"走出去"的内部驱动力。很多具有武术技能的武术人走出国门，他们在异国他乡为了谋求更好的生活，将武术作为谋生的手段使武术得以传播，特别是在华人移民较多的东南亚国家、美国、日本以及部分欧洲国家，中国武术的传播也相对较好。随着中国在经济、军事等硬实力和文化软实力方面的不断提升，为中国参与国际政治、经济、文化诸多领域的平等对话奠定了基础，也为包括武术文化在内的文学、艺术、体育等形式的对外传播与交流提供了更加广阔的发展空间和更加畅通且多元的渠道。新时代的武术传播已由过去为了生存而进行的被动传播，向更加自信的传播推广中国文化、与世界人民共享武术这一人类宝贵文化遗产而转向。

目前，国际武术联合会已发展吸纳了全球 155 个国家和地区成为会员，武术先后进入亚运会、世界武搏运动会、世界大学生夏季运动会、青奥会等世界综合性运动会；2020 年 12 月 17 日，在联合国教科文组织保护非物质文化遗产政府间委员会第 15 届常会上，太极拳经评审通过列入联合国教科文组织人类非物质文化遗产代表作名录，进一步扩大了太极拳在世界上的影响力；此外，武术作为民族传统体育文化的代表，还积极参与和融入国家元首外交活动之中，2015 年，太极和瑜伽在天坛相会，中印两国总理共同见证这一时刻，向世界展示了中印和谐共处，携手让两国 25 亿人民过上健康生活的美好追求，以及对促进地区稳定繁荣、维护世界持久和平的坚定信念；专业体育院校师生、少林寺武僧团等都曾多次跟随习近平总书记等党和国家领导人出访，展示中华武术的独有魅力，弘扬中华优秀传统文化；中国驻外使领馆也会在中外"建交纪念日"以武术作为文化互动的主要内容，在汇集世界各地习武爱好者"兴武论道"的同时，也加深了国家间的友谊与合作。新时代视野下，把武术文化作为一种外交特色方式，为应对复杂多变的国际环境，以及构建我国全方位、多角度的"大国形象"有着积极的推动作用。国际局势的风云变幻和中华民族伟大复兴的"中国梦"历史性的交织在一起，使我们不可避免地站在了世界舞台的中央，武术作为中华民族以身体文化形态而存在的文明成果之一，承担和发挥着沟通世界各国民心的桥梁作用。以服务国家外交大局为着眼点，实现武术文化在世界各国的广泛传播，以武为媒搭建中国与世界各国、各民族之间文明交流与互鉴的桥梁，术道并举使各国民众通过武术来更好地认知中国，了解和认同中国文化，切身感受武术康养身心的价值，助力人类命运共同体理念的早日实现。

第八章
推动社区体育发展，夯实全民健身基础

全民健身与广大人民群众的日常生活紧密联系，事关人民的健康水平和民生福祉，是人民群众最关心、最直接、最现实的利益问题，党和国家历来高度重视。全民健身的基础在基层，工作重点在基层。只有将全民健身工作的重心下移、关口前移，搞好基层全民健身，全民健身国家战略的"大厦"才有扎实的根基。社区作为城市的"细胞"，有着感知居民美好生活最直接、最敏锐的触角，是激发社会活力的重要载体，也是推动全民健身重心向基层下移的重要落脚点。当前，全民健身和全民健康融合日深，崇尚健身、参与健身、追求健康业已融入每一个普通人的生活之中。社区体育是全民健身的基石，健身、健康、快乐，这源自追求美好生活的内生动力，也让社区体育的发展有了全新的坐标。

一、"全民健身计划"之前社区体育的发展

20 世纪 80 年代，随着中国剧烈的社会转型和体制转轨，单位社会向社区社会转变，单位人向社区人转变，计划经济时期依靠单位开展群众体育活动的现象无法维系，社区体育作为一种崭新的体育形态开始出现，并在中国大地演绎着生动的全民健身图景：每当晨曦初露或夕阳西下，城市大街小巷、公园广场活跃着一批批健身大军，上至七旬老妪，下至三岁顽童，锣鼓一响，人马聚齐，功夫扇、广场舞、腰鼓、太极拳、柔力球等各类活动丰富多彩、形式多样，充分营造了积极热烈、生动活泼、生机勃勃的全民健身氛围，形成花红柳绿、小桥流水之外的又一道养眼风景。

社区作为人们社会参与的基本场所，也是人们体育参与的主要场域。社区体

育作为一种以地缘为载体而形成的体育形态,其参与人群的广泛性、活动内容的丰富性、组织方式的灵活性,以及由此带来的居民主体的自觉、参与精神的彰显,都成为全民健身事业推进中不可或缺的器物、制度和精神条件,从而构成我国实施全民健身计划的基本平台和实践场域。

20 世纪 80 年代以来,在贯彻落实全民健身计划的过程中,各级政府及体育部门重视社区体育工作的开展,从基本公共服务体系到更高水平的全民健身公共服务体系,从体育先进社区评选到全民运动健身模范市县的评审和命名,从全民健身工程建设到“10 分钟健身圈”,从“三边工程”(群众身边的场地、身边的组织、身边的活动)到“六边工程”(群众身边的场地、身边的组织、身边的活动、身边的指导、身边的赛事、身边的文化)充分体现了“以人民为中心”,以人民需求为导向,利用体育彩票公益金在社区内修建全民健身路径、全民健身中心,推动社区体育俱乐部创建、加大全民健身活动站点的扶持与培育,组织开展体育进社区等丰富多彩的体育活动,将居民的健身落到实处。

20 世纪 80 年代以来,社区体育作为全民健身的基础作用被逐步夯实。社区体育以其贴近百姓生活,丰富居民业余文化的独特优势吸引着越来越多的人。不仅便于群众就近就地参与体育运动,强身健体,而且在促进邻里团结、增强社区凝聚力方面起到越来越重要的作用。

(一)经济体制转归,城市群众体育路向何方?

在计划经济时代,我国城市群众体育一直由单位、行业、系统组织开展,单位是人们体育参与的中心和原点,也因此形成了“城市体育以职工为重点”的工作定位。1985 年开始的以转变企业经营机制为核心的城市经济体制改革和 90 年代初开始的市场经济体制改革,强化了企业的经济功能和事业单位的公共服务功能,压缩了政府行政编制和微观管理功能。在这种改革大背景下,“单位人”向“社会人”、“企业人”向“社区人”转化,计划经济时代依靠单位开展群众体育活动的做法受到很大挑战。城市群众体育的路在何方?依靠谁来组织开展群众体育?这是政府体育部门关心的问题。面对单位体育职能的大大弱化,引发了地方开展群众体育的积极探索。

(二)应运而生的社区体育:小荷才露尖尖角

中国社会转型和体制转轨对传统群众体育体制机制提出挑战的同时,也带来了人们健身观念和自发性群众体育活动的兴起。在人们的基本生活条件得到满足后,许多人开始关注生活的情趣和身心的健康。尤其是到了 20 世纪 80 年代中后期,这种发展势头越来越明显。人们开始寻求适合自身特点和需要的健身项目,改变了职工体育的被组织特征,出现了健身活动由被动组织为主动参与的可喜变化。20 世纪 80 年代中后期,在北京、天津、上海、沈阳等大城市,出现了以街道办事处牵头组织的体育活动,并成立了街道社区体协。受 1987 年民政部开始在全国推行的社区服务的启发,1990 年天津市河东区首次提出"社区体育"的概念。社区体育实践的兴起及社区体育概念的提出,很快得到政府体育部门的关注。1991 年 7 月,原国家体委首次在天津召开了"全国部分城市社区体育调研会",1993 年原国家体委又在沈阳召开了社区体育现场会,并在此期间组织了数次关于社区体育的学术会议研讨。

二、"全民健身计划"助力社区体育发展步入快车道

20 世纪 90 年代,在时任国家体委主任伍绍祖的组织协调下,国家体育部门经过长时间的酝酿和论证,面向全国推出一个具有划时代意义的计划,号召国人参加到健身运动中来,这就是众所周知的"全民健身计划"。1995 年 6 月 28 日,《全民健身计划纲要》正式颁布实施。国务院总理李鹏为《新体育》创刊 45 周年题词:"推行全民健身计划,大力增强群众体魄"。1997 年,中共中央总书记江泽民为体育工作题词:"全民健身,利国利民,功在当代,利在千秋"。以国务院颁布的《全民健身计划纲要》为标志,中国全民健身计划已经走过了 20 多个年头。20 多年来,中国不同类型、不同区域的群众体育在各项法规政策的保驾护航下,获得飞速发展,取得世人瞩目的巨大成就。

全民健身计划的推行,正值社区体育发展的初期,可谓恰逢其时。《全民健身计划纲要》是我国群众体育发展史上具有划时代意义的纲领性文件,其中关于"社区体育"的相关条文规定,使社区体育产生后的短短几年内,成为群众体育工作的重要内容。《纲要》提出"积极发展社区体育"。这一政策要求不仅在一般意义上对群众体育发展起到促进作用,而且对于社区体育这一重要群众体育形态具有特殊意义。

一是社区体育作为群众体育的一种新形态,其概念及实践获得国家层面的认可和采纳。二是充分反映了社区体育在群众体育事业中的重要地位和作用。《纲要》第一期工程目标完成后,国家体育总局于 2001 年公布了《纲要》第二期工程(2001—2010 年)规划,确立了"城市体育以社区为重点"的工作定位。

为贯彻落实《全民健身计划纲要》，促进社区体育发展，原国家体委及国家体育总局陆续制定了一系列的行动准则，包括意见、方法、措施等，对我国社区体育的广泛深入开展发挥了重要的保障作用。地方各级政府体育部门也在探索适合地方特点的社区体育发展模式与机制。在《全民健身计划纲要》实施以来密集出台的群众体育政策法规中，社区体育找到了存在和发展的法制依据。在明确和规范地方各级人民政府及其职能部门、基层单位和社会各方面的职责、解决社区体育基础设施建设与保护、建设社区体育俱乐部等基层体育组织、依法组织开展社区体育活动、协调社区体育发展中的各种利益关系等各个方面，都取得了巨大成绩，配套设施不断完善，组织建设得以加强，活动开展丰富多样。

三、五部门联合发布《意见》，全方位推动社区体育发展

为贯彻执行《中华人民共和国体育法》，实施《全民健身计划纲要》，1997 年 4 月 2 日，原国家体委会同原国家教委、民政部、建设部、文化部等 5 个部门联合发布了《关于加强城市社区体育工作的意见》。《意见》第一次以政府文件的形式对社区体育的内涵进行界定，指出："社区体育主要是在街道办事处的辖区内，以自然环境和体育设施为物质基础，以全体社区成员为主要对象，以满足社区成员的体育需求，增进社区成员的身心健康为主要目的，就地就近开展的区域性的群众体育。"《意见》从主要任务与职责、组织管理与体制、骨干队伍建设、场地设施的建设与利用、经费来源、健身活动、评比表彰等 7 个方面对加强社区体育工作提出要求，进而全方位推动社区体育发展。

《意见》指出，社区体育工作的主要任务是：采用多种方式，发动、引导、组织社区成员开展经常性的体育健身活动，提供门类众多的体育服务，满足社区成员的体育需求，增强体质，提高身心健康水平和生活质量，建立文明、健康、科学的社区生活。《意见》要求市、区人民政府要把发展社区体育作为贯彻《体育法》、实施《纲要》的一项具体措施，纳入城市社会发展的总体规划，并将此作为社区建设和创建"文明城市""文明社区""文明家庭"的一项内容。

《意见》对市、区人民政府各部门在社区体育工作中的职责提出要求。《意见》同时在组织管理与体制、骨干队伍建设、场地设施的建设与利用、经费来源、健身活动组织与开展等方面提出相应要求。

《意见》还提出定期在全国开展评比表彰"全国城市体育先进社区"的活动,地方各级人民政府体育行政部门要结合实际,建立评比表彰制度。

《意见》的出台为社区体育工作明确了目标和思路,使社区体育工作进一步具体化,也为社区体育发展指明了方向。社区体育不仅仅是一种群众体育形态,也是社区建设的重要内容,与社区文化、社区服务等方面紧密相连。《办法》的推动机制表明,社区体育工作已经突破了"小体育"的观念,而被置于"大体育"格局之中。从产生到现在,社区体育已成为政府领导下的,政府各部门及社会各方面力量共同参与的一项重要工作,对新形势下保障社区体育向更广的范围展开,在更深的层次上推进,切实发挥社区体育在全民健身中的作用有着重大的意义。

四、开展体育先进社区评定,把基层积极性调动起来

如何发展社区体育?在社区体育工作中,政府体育部门重视建立和运用表彰与激励机制,积极调动各方面积极因素,充分发挥先进典型的示范引导作用,并将其作为一种经常性的工作方式和稳定的工作制度固定下来。《关于加强城市社区体育工作的意见》对加强社区体育工作提出要求,计划在全国开展"全国城市体育先进社区"评选,以期全方位推动社区体育发展。

体育先进社区的评选活动成为带动社区体育开展的切入点。为充分调动地方开展社区体育工作的积极性,1997年11月21日,国家体委24号主任令下发了《全国城市体育先进社区评定办法[试行]》。1998年2月,国家体委下发了《关于开展第一批全国城市体育先进社区评定工作的通知》,首批158个街道办事处被命名为全国城市体育先进社区。2003年3月,国家体育总局办公厅下发了2003年群众体育工作要点,提出:进一步加强社区体育工作,修订《全国城市体育先进社区评定办法》,以创建为手段,进一步引导社区体育发展。2004年1月16日,由国家体育总局、中央文明办联合发布了新修订的《全国城市体育先进社区评定办法》。新阶段的体育先进社区评定工作,与2000年开始的全国创建文明社区工作相呼应,将体育先进社区创建工作与文明社区、文明城市、文明城区创建等群众性精神文明创建活动有机结合起来,体现了社区体育进一步融入文化建设、精神文明建设之中。

较之1997年的试行《办法》,新《办法》出现三处大的变动:

一是发文主体的变化。1997年的《办法》由国家体委单独发文,而新《办法》由

国家体委与中央文明办联合发文,大大提升了《办法》的地位和效力。

二是评定对象发生了变化。1997 年《办法》规定全国城市体育先进社区的评定对象为全国城市的街道办事处,而新《办法》规定全国城市体育行进社区的评定对象为全国城市社区居委会。评定对象的变化,更能体现出"社区"在城市管理层面的真正含义,与国家相关文件对社区概念的权威性阐述相一致。

三是评定机构的变化。1997 年的试行《办法》规定,全国城市体育先进社区评定委员会由原国家体委设立。而新《办法》规定评定委员会由中央文明办和国家体育总局联合设立。

《全国城市体育先进社区标准》随同《办法》下发。《标准》从组织领导、健身活动、骨干队伍、场地设施、经费保证等五个主要维度,对全国城市体育先进社区进行阐释。各省(区、市)将创建国家级体育先进社区作为促动当地社区工作的有力抓手,在组织领导、场地设施建设、经费投入、人员保障、活动开展等方面给予保证。

五、从"全民健身工程"到"15 分钟健身圈",让"锻炼"移到家门口

体育场地设施是人民群众开展健身的主要载体和基本物质条件。发展社区体育,首先就是解决好健身场地,方便居民就近就地参加体育活动。所以,在全民健身计划推行的初期,为推动社区体育发展,国家体育总局和各级体育部门第一个要解决的问题就是场地设施的建设、管理和使用。

1997 年,国家体育总局利用体育彩票公益金在城市社区配建"全民健身工程",随后,全国各个层面都开始了群众体育场所建设的积极探索。因这些场所造型美观,色彩艳丽,使用安全,娱乐健身功能强,不但使广大群众参加体育健身活动的条件得到了改善,同时也美化了居民生活环境,被称为民心工程、民生工程,也被称为社区"亮丽的风景线"。

1997 年 9 月,原国家体委决定用 1996 年度部分体育彩票公益金,在全国推广全民健身路径。这是一种在城乡社区建设的,由室外健身器材有序排列组合在一起的,供人们健身休闲的体育活动场所。2001 年起,国家体育总局利用体育彩票公益金作为引导资金,在全国大中城市试点建设"中国体育彩票全民健身活动中心",这是一种规模较大,设施较完善的、由多个室内外体育健身设施组成的体

育健身场所。大连、北京最早建成，苏州、重庆等地也按照国家体育总局建设"中心"的模式，多渠道筹措资金，高标准、高质量完成"中心"建设。此外，依托公园广场、江河湖海等资源，修建各具特色的体育主题公园、体育文化广场、居家工程、健身长廊和健身苑等。环太湖体育圈、北京龙潭湖体育公园、天津山野运动基地等规划建设工作也开始实施。

在此期间，陈至立等党和国家领导人对全民健身的场地设施建设曾多次做出指示。2003 年，陈至立在全国体育局长会议上讲话指出：要在社区建设中，配套建一些体育设施，让百姓用得上，消费得起。这种场地应遍布各社区……2004 年，陈至立又在全国体育局长会议上的讲话中指出：全民健身路径、雪炭工程等被人们称为"德政工程""民心工程"，充分体现了体育工作的政治意义。是我党"立党为公、执政为民"的具体体现。除了全民健身路径之外，还要开发新的健身设施，千方百计在社区开辟更多地群众健身场所。

其实，在全民健身工程推行的初期，场地设施的类型比较单一，设施配置主要还是以"健身路径"为主体，实用性也较低，多是单杠、双杠、平衡木这类"老三样"。20 多年来，场地设施建设由原来的健身路径为主体到现在的健身苑、健身长廊、社区健身房、社区体育活动中心、全民健身中心、全民健身活动基地等多类型的场地设施，类型多样化而且实用性大为增强，极大满足了居民的健身需求。全民健身工程另一个值得关注的转变是投资主体的多元化。全民健身工程推行之初，是原国家体委用本级体育彩票公益金作为扶持资金推行的，这种举措产生了良好的示范带动效应，各地在国家扶持之外纷纷筹集资金。1999 年开始，全民健身工程投资已由原来"体育彩票公益金"为主向多元投资主体方向发展。

2014 年，国务院印发《关于加快发展体育产业促进体育消费的若干意见》把全民健身上升为国家战略，并明确提出："在城市社区建设 15 分钟健身圈，新建社区的体育设施覆盖率达到 100%"。所谓"15 分钟健身圈"，国家体育总局群体司长刘国永给出最直观的解释，即城市居民走出家门后，步行 15 分钟内就能到达最近的健身场地。这些健身场地包括社区路径、体育公园、步道或广场等。

国家打造"15 分钟健身圈"的规划是基于城市居民的健身习惯来确定的。目前，城市居民工作繁忙、业余时间不多，如果要引导他们养成健身习惯，健身场地就不能太远，否则体育人口的数量就难以得到真正提升。倘若健身场地在 15 分钟步行能够到达的区域内，人们参与体育锻炼的积极性就会得到提升，而且可以保持延续性。2020 年国务院办公厅下发《关于加强全民健身场地设施建设发展群众体育的意见》（以下简称《意见》），着眼于进一步破解群众"健身去哪儿"的牛鼻子问题,为健身群众营造举步可就的健身条件和健身环境。为推进实施健康中国和全民健身战略,构建更高水平的全民健身公共服务体系,补齐健身设施短板,不断满足人民群众日益增长的体育健身需求,国家发展改革委、体育总局印发"'十四五'时期全民健身设施补短板工程实施方案",推动了社区场地设施建设。

六、开展社区体育俱乐部创建,加强全民健身站点的扶持与管理

2009 年,在上海浦东新区举行的上海市社区羽毛球比赛上,人们惊奇地发现:以往常见的"街道队"的入场牌大部分都变成了"社区体育俱乐部"。从"街道"到"俱乐部",名称变化的背后显示出的是上海社区体育组织方式的变化。时任国家体育总局群体司原司长刘国永认为,社区体育健身俱乐部是我国正在发展中的一种新型的体育组织形式,是在社会结构转型和经济体制转轨过程中深化体育体制改革的产物。它的诞生与发展将会对提高运动竞技水平,培养高水平竞技后备人才,提供大众健身娱乐场所,形成网络化的社会体育组织,促进全民健身计划的落实等方面起着重要的作用。

那么,这一新型社区体育组织形式又是如何形成的呢?

1999 年初,全国政协组织了我国有史以来第一次全国体育俱乐部现状调查,并将结果以《体育改革的重要方向—关于我国体育俱乐部情况的调查报告》的形式上报李岚清副总理。李岚清副总理就此做出重要批示,对社区体育工作提出了明确要求。李岚清副总理在批复中说:"群众性的体育健身组织最好由社区来推动、管理、指导(包括群众自发组织的),并将此作为社区工作的一项职能来抓。"为贯彻落实李岚清副总理的指示,1999 年 3 月,国家体育总局组织了在全国范围内对城乡社区社会体育组织的有关情况和问题开展了调查研究工作。并于 2000 年完成了《全国城乡社区社会体育组织调研报告》。调研结果对社区体育组织建设工作极具参考价值,总局领导也对此做出了重要批示。

为了进一步提升社区体育工作,改善社区健身的条件,推动社区体育组织化发展,2003 年 12 月,国家体育总局办公厅下发了《关于开展创建社区体育健身俱乐部试点工作的通知》。通知指出:创建社区体育俱乐部的目的是通过整合社区体育资源,组织开展丰富多彩的体育健身活动,增强社区成员体质和健康水平,丰富社区群众的体育文化生活,为社区居民进行社会交往和人际交流创造良好的环境,逐步建立和完善社区体育组织、设施及制度等综合体系。

2004 年，国家体育总局群体司将"积极推进社区体育健身俱乐部建设"列为本年度群众体育工作的重点。同年，国家体育总局利用体育彩票公益金开展创建社区体育俱乐部试点，在全国评选出 25 个社区体育俱乐部作为试点。时任国家体育总局群体司副司长的刘国永说："机构改革之后，群众体育面临着谁来组织管理的局面，而社区体育俱乐部作为群众身边的组织，可以形成在政府指导下自我完善自我管理的机制，承担起群众体育健身活动的组织职能，顺应了体育社会化的大潮流。"2006 年初，国家级社区体育健身俱乐部试点单位及专家学者近百人相聚黄浦江畔，总结交流为期两年的试点经验，同时宣告全国首批 25 家国家级社区体育健身俱乐部诞生。这标志着社区体育俱乐部创建这项开创性工作进入了全面、有计划的开展阶段。

2006 年和 2007 年，国家体育总局联合中央文明办又分别两次下发通知，开展了第二批、第三批国家级社区体育俱乐部的创建工作。截止到 2010 年，国家体育总局和地方体育部门共投入资金 1.18 亿元，在全国共扶持创建三批 238 个国家级社区体育俱乐部。为做好国家级社区体育健身俱乐部创建工作，各地加强了对创建工作的领导，成立由相关部门组成的社区体育俱乐部创建工作领导小组，制订创建工作方案，和国家级社区体育俱乐部创建工作相衔接，省（区、市）及以下级别的社区体育俱乐部创建工作同时进行。截至 2010 年，全国建有省（区、市）级社区体育俱乐部 745 个、地市级 2474 个、县区级 14689 个。全国累计共有各级社区体育健身俱乐部 18146 个，会员达 5168000 多人。

《全民健身计划（2011—2015 年）》实施期间，基层群众体育组织队伍建设成为这一时期国家体育总局群体司的重点工作。国家体育总局原局长刘鹏在 2012 年的群体工作会上提出，"要充分发挥全民健身活动站点的作用"，要求"各级体育部门一定要重视和保护这些站点的积极性，切实为他们解决工作中存在的实际问题，主动协调站点所在的街道、乡镇、市政、园林等部门为他们开展活动提供条件，尽可能为他们开展活动提供必要的经费支持"。原国家体育总局群体司司长盛志国在这次会议上也提出，"以加强基层群体组织建设为重点，发挥社会体育指导员和各级各类群体组织在推动全民健身发展中的作用"。2012 年 6 月 27—28 日，全国全民健身活动站点工作现场会在常州召开。这是全民健身组织建设工作的一次重要会议，旨在进一步统一思想、提高认识，使全民健身活动站点工作成为全民健身工作的重要抓手；探索健身站点的指导管理方式，充分发挥健身站点在全民健身工作中的作用。国家体育总局群体司原司长盛志国希望通过本次会议，进一步提高加强全民健身活动站点建设重要意义的认识，进一步把握全民健身活动站点的丰富内涵和拓展站点建设的工作渠道，共同探索切实加强全民健身活动站点建设。

国家体育总局群体司原组织建设处处长杨光宇认为："健身站点发自民间，根植群众，是自发性群众体育组织的典型代表，相对其他群众体育组织而言，健身站点是最基层、最基础的群众体育组织，可以说是最贴近群众的一种组织形式，直接为广大群众的健身提供服务。"近年来，地方体育部门不断加强健身站点的规范管理，如江苏省早在 2000 年就下发了《江苏省全民健身晨(晚)练点管理暂行办法》，2005 年又下发了《关于进一步加强城乡晨(晚)练健身点建设的通知》；北京市体育局在 2001 年下发了《关于加强北京市全民健身晨、晚练辅导站管理工作意见》，2015 年，北京市体育局印发了《北京市优秀全民健身团队扶持方案》，2019 年又出台了《北京市星级全民健身团队评定办法》；安徽省体育局也曾在 2001 年下发了《安徽省全民健身晨晚练点(辅导站点)管理办法》。

但目前我国对健身站点缺少相关的管理法规制度，也没有全国统一的发展规划，在管理与扶持层面无法对其蓬勃发展的趋势及所具有的重要地位形成有效应答。全民健身活动站点建设问题也引起了全国政协委员的关注。2014 年"两会"上，全国政协委员韩爱萍提出提案，建议加强全民健身站点管理。韩爱萍指出："改革开放以来，特别是《全民健身计划纲要》和《全民健身条例》实施以来，各类群众体育指导站、辅导站、晨晚练点等在街头巷尾、公园广场、社区乡镇随处可见。这些健身站点为满足老百姓多样化的健身需求发挥了积极重要的作用。当前，全民健身活动站点还面临一些问题，一是对全民健身站点的界定较为模糊，导致政策研究和工作措施滞后。二是健身站点的地位不明确、管理不到位。三是健身站点的生存状况不稳定，普遍存在力量薄弱、建设不力、整体指导水平不高的情况。建议切实解决健身站点建设与管理中的瓶颈问题，循序渐进地推动健身站点科学发展。"

全民健身计划实施以来，我国各类社会体育俱乐部数量不断增加，规模不断扩大，为促进全民健身、竞技体育和体育产业的发展发挥了积极的作用。但社会体育俱乐部"小、弱、散"问题比较突出，一些俱乐部违规开展培训活动，亟须进行规范并加大扶持力度。在此背景下，2020 年，体育总局联合教育部等 7 部门共同印发了《关于促进和规范社会体育俱乐部发展的意见》。《意见》提出通过重点引导、扶持依托社区、企事业单位、体育场馆举办民办非营利性社会体育俱乐部和面向青少年的社会体育俱乐部，推动各级体育部门将由政府举办并适宜由社会体育俱乐部承担的体育赛事、训练、培训等服务事项纳入指导性目录等措施，优化发展环境,支持社会体育俱乐部发展。

七、体育进社区,让体育的内涵向深层次延伸

　　社区体育不仅仅是一种群众体育形态，也是社区建设的重要内容和有效支点，在构建和谐社会、寻求稳定与发展的过程中越来越发挥出其独特魅力与作用。为深入贯彻中央办公厅、国务院办公厅转发的《关于加强社区建设的意见》和中央文明委《关于在城市深入开展创建文明社区工作的若干意见》，进一步丰富社区文化生活，2002 年 1 月，中央文明办、国家体育总局等 8 个部门联合下发了《关于开展"科教、文体、法律、卫生四进社区"活动通知》，部署在全国开展科教、文体、法律、卫生"四进社区"活动，以满足社区居民生活需求、改善生活方式、提高生活质量。

　　《通知》要求："努力建设和开辟更多面向广大群众、便于居民参与的公益性文化体育场所，充分利用社区各类文体活动中心、文化宫、俱乐部、体育场(馆)、健身站(点)等文体设施，经常组织有社区特色、丰富多彩的群众性文体活动，如歌咏、摄影、书画、演讲、曲艺、体操、舞蹈、健身等表演和展示。各地文体部门可采取多种形式组织开展社区文体表演和展示活动。为集中展示社区文体活动的成果，适当时候举行全国性社区文化会演和趣味体育赛表演展示活动。"

　　2002 年 4 月，中央文明办和国家体育总局出台全国"体育进社区"活动工作方案。方案对今后 4 年的主要工作做出规划：一是建立健全社区体育组织网络，扩大覆盖面，完善运行机制；二是不断壮大社会体育指导员和体育志愿者队伍，充分发挥其作用；三是修建并完善社区体育场地设施，为开展社区体育工作创造良好的物质条件；四是积极在社区内开展国民体质测定工作，科学指导健身；五是调动社区居民经常广泛地参加体育健身活动，增强体质，丰富文化生活；六是加大社区体育的宣传力度，扩大社区体育的影响；七是继续开展争创城市体育先进社区工作，建立推动社区体育发展的有效机制。

　　自此，全国各地"体育进社区"活动蓬勃开展，扎实推进。

　　为进一步扩大"四进社区"活动的社会影响，集中展示"体育进社区"活动开展以来的丰硕成果，在广大居民中积极倡导健康文明的生活方式，不断总结推广各地在开展社区体育工作中涌现出来的优秀健身项目，2004 年，国家体育总局、中央文明办、共青团中央、中央电视台联合下发了《关于举办首届全国"四进社区"优

秀体育健身项目展演活动的通知》（体群字 [2004]101 号）。第二届至第四届全国"四进社区"优秀体育健身项目展演活动分别于 2006、2007 和 2012 年举行。全国"四进社区"优秀体育健身项目展演活动是新形势下推进社区体育工作，促进社区精神文明建设的重要手段和有力抓手，自活动开展以来取得了丰硕的成果，为提高群众身体素质、发展全民健身事业发挥了重要作用。

体育作为四进之一，成为工作做得最实、最受群众欢迎的内容，在推进社区建设、构建社区文明过程中起到了积极作用。为此中央文明办决定，每两年搞一次体育进社区展示，使之制度化。原国家体育总局副局长张发强评价说："体育进社区不是件新鲜事，但'四进社区'活动却打破了机构壁垒，不再单纯是体育归体育部门做，卫生归卫生部门做，而是把科教、文体、卫生、法律融为一体，办成了社区内的生活服务行业。'四进社区'的意义正在于此。"张发强还认为，"四进社区"不单纯是为百姓提供服务，丰富业余生活。更重要的是它为社区居民提供了一个沟通与交流的机会，提供了一个丰富知识、提高修养的平台。早在 1994 年，前国家体委主任伍绍祖就对此有清楚的认识："现在搞社区体育，我原来住在军队的营房，现在搬到老百姓的居民区，早上上班出去，晚上回家，住了三年，邻居是谁我是一个都不认识，真是'鸡犬之声相闻，老死不相往来'，社区体育可以解决人们之间的交往问题。"北京市政协委员、民建会员、北京市亿隆实业股份有限公司董事长时念洋也指出："社区体育事业建设的一个重要目标是要在社区成员中确立共同的价值目标，使全体社区成员发扬参与精神和互助精神，增进对社区的认同感和归属感。"

2003 年 3 月，国家体育总局办公厅下发群众体育工作要点，提出进一步加强社区体育工作；与中央文明办密切配合，以新的内容和形式，进一步组织设施好《体育进社区活动计划》；为进一步扩大"四进社区"活动的社会影响，创新"体育进社区"的方法和措施，2004 年，国家体育总局等四部门联合下发《关于举办首届全国"四进社区"优秀体育健身项目展演活动的通知》。当年活动在江苏南京举行，到 2012 年，全国"四进社区"优秀体育健身项目展演活动已举办四届。

各地在"体育进社区"活动开展中不断创新内容和形式，鼓励和吸引居民参与。如北京市的体育公益活动进社区，海南省的欢乐体育进社区以及一些地方或部门开展的体育法律法规进社区、欢乐太极进社区等不同内容和形式的"进社区"活动。这些活动内容源于社区，贴近群众生活，让百姓走出家门参与其中，极大地带动了居民健身积极性。

八、从全民健身到国家战略，数字见证社区体育发展

20世纪80年代以来，中国群众体育发展最为突出的现象就是社区体育的蓬勃兴起。社区体育工作已经突破了"小体育"的观念，而将其置于"大社会"格局中，使其成为政府各部门及社会各方面力量共同参与的一项重要工作。"社区体育"已经成为中国老百姓耳熟能详的词汇，成为众多人民群众日常生活中不可或缺的一部分。

全民健身计划实施以来，社区体育经历了飞跃式发展。一是组织建设得以加强。各地不同层级的社区体育俱乐部在创建工作中获得较快发展，一些地方社区体育俱乐部在体育、民政、税务等部门的协调下获得了合法的身份。作为富有中国特色的社区体育健身团队，在各类政策法规激励下，在基层政府的培育和扶持下，无论在数量、种类都呈现出突飞猛进的发展态势。二是配套健身设施不断完善。从以综合健身器材为主要内容的普通型"全民健身路径"到运动项目为主体的专项型"全民健身路径"，从小区级的"全民健身中心"到城市级的"全民健身广场""体育主题公园"，从单项运动场馆到多功能运动场地，在各类政策法规保障下的社区体育场地设施建设得以加强的同时，也有效保护了现有的体育设施，遏制非法占用体育用地、设施的行为发生。三是人才队伍规模扩大。为加大社区体育活动开展力度，全国各地均十分重视社区体育人才队伍的建设。通过举办不同项目的社会体育指导员、教练员、裁判员和体育骨干培训班、举办社会体育指导员技能交流展示、优秀社会体育指导员评比等活动，搭建各类培训、交流平台，为社区体育活动的开展创造了有利条件。四是活动开展丰富多样。无论是"全民健身与奥运同行""全民健身周活动"等由国家体育总局直接主办的在全国范围内开展的大规模群体活动，还是社区趣味运动会、社区家庭运动会、社区亲子运动会等由街道、社区组织的小型活动，无论是近年来全国各地开展的"一区一品""一街一品"全民健身活动还是居民日常健身活动，各种社区体育活动以促进社区建设、传播和丰富群众体育文化为宗旨，紧跟政策步伐，形成全国联动、上下互动的局面。

全民健身计划实施以来的社区体育成就，从《全民健身计划（2011–2015年）》实施效果评估的数字中可见一斑：截至2020年底，全国经常参加体育锻炼的人数

比例达 37.2%；全国共有体育场地 371.3 万个，体育场地面积 31.0 亿平方米，预计人均体育场地面积 2.20 平方米，分别比 2019 年增加了 16.86 万个、0.12 平方米。国务院办公厅下发《关于加强全民健身场地设施建设发展群众体育的意见》一年来的时间，国家体育总局就利用公共文化服务体系建设专项资金 2 亿元支持建设 4000 个农民体育健身工程行政村项目，会同财政部安排 9.3 亿元支持 1400 多个公共体育场馆免费低收费开放。提前完成了"十三五"全国新增 2 万块社会足球场的任务。全国社会体育指导员累计人数约为 260 万人，建立了国家、省、市、县(区)四级社会体育指导员协会体系，在全国 29 个省(区、市)建立了省级社会体育指导员协会，同时还有 200 多个地市级社会体育指导员协会、700 多个县级社会体育指导员协会。

第八章　推动社区体育发展，夯实全民健身基础

第九章
我国残疾人体育发展概述

残疾人体育是我国体育事业发展中的重要组成部分,同时也是残疾人事业发展的重要组成部分,参加体育活动是残疾人依法享有的权利,是残疾人康复身心、平等共享、实现自身价值的重要途径。据中国残疾人联合会发布的数据显示,目前我国残疾人总数超过 8500 万,是世界上残疾人数量最多的国家。这一庞大的数据对我国残疾人事业的发展提出了极为严峻的挑战。发展残疾人体育、提高残疾人身心健康水平,对于我国体育事业发展乃至体育强国战略目标的实现具有十分重要的影响,是落实"全面建成小康社会,残疾人一个也不能少"的关键环节。

一、我国残疾人体育的发展历程

(一)初始发展阶段(1949—1977)

新中国成立后,随着国民经济全面恢复发展,国家开始发展各项社会事业,中国残疾人事业和体育事业也逐步发展起来。国家历来十分重视体育工作,新中国刚成立不久就组织召开了"全国体育工作者代表大会",1952 年毛泽东同志发表了"发展体育运动,增强人民体质"的题词,为全国的体育工作明确了目标和发展方向。随后,民政系统在全国范围内相继成立了一些残疾人的福利工厂、学校,并成立了盲人福利会、聋人福利会等残疾人组织,提出了福利企业残疾人和特教学校的学生参加体育活动和锻炼的明确规定,从而保障了残疾人参与体育的权利。从20 世纪 50 年代起,在特教学校、残疾人企事业福利单位相继开展了丰富多彩的群众性体育活动和比赛。例如,1957 年北京举办了全国首届聋哑人游泳、田径、乒乓球比赛,上海举办了全国首届盲人田径运动会;1959 年北京又举办了全国首届聋哑人篮球赛。

(二)快速发展阶段(1978—2000)

1978 年中共十一届三中全会召开后,我国迈入社会主义现代化建设新时期。残疾人体育工作也在全国各地蓬勃展开,各级各类组织不断完善和加强。1983 年成立了中国残疾人体育协会(原中国伤残人体育协会),又称为中国残疾人奥林匹克运动委员会(National Paralympic Committee of China,NPCC),并成为国际残奥会(IPC)组织的一员。1984 年在安徽合肥举办了第一届全国残疾人运动会,迄今为止已举办了 11 届,每四年一次的综合性全国残疾人运动会已形成制度。同年,中国首次派残疾人体育代表团参加在美国举行的第七届夏季残疾人奥林匹克运动会(Paralympic Games,简称残奥会),实现了残奥会金牌零的突破。此后,中国残疾人体育代表团相继参加了第 8 至第 16 届残奥会。

随着我国与世界各国的交往增多,残疾人参加国际比赛的机会也越来越多,为顺应世界残疾人体育发展的需求,我国于 1985 年 6 月成立了中国智残人体育协会(中国弱智人体育协会),并随后加入了国际特殊奥林匹克运动会组织(SOI,简称特奥会)。1986 年 12 月成立了中国聋人体育协会,并加入了国际聋人体育协会(CISS),至此,从国内到国际涵盖各类残疾人的三大体育协会组织都已建立,并由中国残联负责管理。随着残疾人体育的单项比赛项目逐步增多,残疾人参加比赛的人数也逐步增多,各省市也相继成立各类残疾人体育协会,并承担一些全国性的比赛。1985 年杭州举办了全国伤残人乒乓球竞标赛,1987 年广东深圳举办了第一届全国特奥会,1996 年在上海举办了首届亚太区特奥会,1989 年我国首次组团派出 8 名聋人运动员参加世界听障奥运会,1997 年在丹麦哥本哈根举办的第 18 届听障奥会实现了金牌零的突破。到 2005 年,全国已建立了 5000 个社区特奥运动中心,我国智障运动员人数达到了 50 万,训练和比赛项目达到 24 项。

(三)蓬勃发展阶段(2001—现在)

以 2001 年北京申奥成功为起点,我国残疾人体育进入新的发展时期,残疾人体育事业在国家的大力支持和关注下取得了举世瞩目的成就。为办好 2008 年北京残奥会,进一步提高中国残疾人体育发展水平,2003 年成立中国残疾人体育运动管理中心(原中国残疾人奥林匹克运动管理中心,简称体管中心)为中国残疾人联合会直属公益性事业单位,负责我国参加和举办所有国内外残疾人体育赛事的组织、训练、保障和科技服务,并对全国残疾人各类各级体育赛事进行管理。我国先后于 2007 年和 2008 年分别在上海、北京成功举办第 12 届特奥会和第 13 届残奥会,另于 2010 年在广州成功举办首届亚洲残疾人运动会(Asian Para Games,简称亚残会),并且我国即将于 2022 年在北京举办第 13 届冬季残疾人奥林匹克运动会(简称冬残奥会)、在杭州举办第 4 届亚残会,这些残疾人体育顶尖赛事的举办,既向全世界展示了中华民族悠久的历史文化传统,又向全世界展示了中国政府对残疾人权利的保障与重视。我国残疾人体育健儿从 2004 年雅典残奥会到 2020 年东京残奥会连续五届蝉联残奥会金牌榜首位,并且从 2010 广州亚残会到 2018 雅加达亚残会连续三届蝉联亚残会金牌榜首位,这些成绩的获得充分展示了我国残疾人体育健儿顽强拼搏、奋勇争先的体育精神。

除此之外,体管中心充分发挥国家训练基地场地设施完善的优势,积极引入社会力量,联合社会爱心企业、体育俱乐部,为基层学校、社区残疾人提供游泳、足球、轮椅篮球等多个残疾人喜闻乐见、极具康复健身效果的体育项目平台,从而推动和提升残疾人群众体育健身的参与率,增强残疾人获得感。为进一步加强残疾人群众体育健身活动指导,2011 年中国残联启动了在全国培养 3 万名残疾人体育健身指导员计划,目前全国累计新增培养 35741 名残疾人体育健身指导员,现已形成了一支面向基层为残疾人提供体育健身指导服务的国家、省级、市级三级体育健身指导体系。此外,为积极响应全民健身条例计划实施,从 2011 年起,中国残联将每年 8 月 8 日“全民健身日”所在的周定为“残疾人健身周”,并在全国范围内举办残疾人健身周活动,2021 年的残疾人健身周活动主题为“我心向党、喜迎冬奥、助力残运、欢乐健身”。同时围绕贯彻落实《健康中国 2030 规划纲要》,2011 年开始启动残疾人“自强健身工程”,2017 年新建 3620 个残疾人体育健身示范点。为进一步加快推进残疾人小康进程,提高广大残疾人身体素质和健康水平,改善残疾人健康生活意识和生活方式,打通康复健身体育“最后一公里”,2015 年中国残联下发“残疾人康复体育关爱家庭计划”,积极推动实现残疾人群众体育“六个落在身边”建设,目前全国残疾人康复体育关爱家庭计划服务残疾人家庭 13.3 万户。2020 年全国新增设立社区残疾人健身示范点 1320 处,为 10.9 万户重度残疾人提供康复体育进家庭服务,培养残疾人社会体育指导员 1 万名,新增设立 13 个国家残疾人体育训练基地,开展健身周、特奥日、冰雪季活动。

二、我国残疾人体育的发展成就

(一)残疾人体育发展受到国家高度重视

新中国成立以来,党和国家高度重视残疾人体育事业。为了使残疾人体育事业逐步走向正规化、制度化和法律化,党中央、国务院、中国残联着眼于从根本上解决残疾人最关心、最迫切的体育健身与需求问题,顺应新时代改革发展的新形势,加强政策制度引领,创新体制机制,确立科学发展的思路和方略,先后出台了一系列指导性文件和法律法规,如《中华人民共和国残疾人保障法》《中华人民共和国体育法》《"十四五"残疾人保障和发展规划》《残疾人康复体育关爱家庭计划(试行)》《关于贯彻落实〈全民健身计划〉推进残疾人体育健身工作的意见》等。这些文件和法律法规的颁布体现了国家对人权平等的保障,同时也体现了对弱势群体的人文关怀,为推动我国残疾人体育事业的发展提供了坚实的保障。

(二)残疾人体育管理机制逐步健全完善

经过多年发展,我国残疾人体育已基本形成由国家、省、市、县、乡镇负责的五级管理运行机制。具体来说,从国家层面的中国残疾人体育协会到各省(自治区、直辖市)市残疾人体育协会,以及县级残联,乡镇、街道办事处残联专干组织体系已逐步完善,基本形成以残联为主导、各部门协同、社会力量支持、残疾人及家庭参与,依托各地区残疾人体育协会、残疾人各专门协会如聋协、智协、盲协、肢协和特殊教育学校、机构,组织开展残疾人群众体育健身活动和体育比赛的残疾人体育组织体系。残联体育部(宣文处)负责残疾人体育工作文件的制定以及自强健身示范点的建立等协调工作,其下属事业单位如残疾人(文化)体育训练(指导)中心具体负责组织各项体育活动的开展和落实。残联除了形成自上而下的纵向组织管理体系之外,还涉及与国家以及地方体育局、教育、卫生等多部门的横向组织协调,与社会组织、非营利组织、爱心机构等相互协调发展。

(三)残疾人体育发展理念更加明晰

党的十九大提出,要深入贯彻以人民为中心的发展思想,不断促进人的全面发展,同时要大力发展残疾人事业,加强残疾康复服务。多年来,我国残疾人事业的根本主旨就是遵循以人为本的发展理念,实现残疾人"平等、参与、共享"的目标。中国残联自成立时就代表着广大残疾人的心声,树立了为8500多万残疾人服务的理念,关注每一位残疾人的生命价值和尊严,维护全体残疾人的权益,履行发展残疾人事业的责任和义务。如前所述,国家颁布的多项法律法规和指导文件为我国残疾人体育事业的发展圈出了重点、指明了方向。长久以来,我国的残疾人体育事业立足大力弘扬人道主义精神,以人为本的发展理念更加明晰,尊重每一个残疾人的生命价值和潜能,通过举办各级各类的体育比赛、社区体育展示活动吸引越来越多残疾人参与其中,使越来越多的社会各界人士理解、尊重、关心和帮助残疾人,人们开始以包容的胸怀、平等的态度接纳残疾人,残疾人参与社会生活的环境更加和谐,使残疾人更多地共享到改革发展成果。

(四)残疾人体育活动蓬勃开展

我国残疾人体育事业萌芽于新中国成立之初,经过长期发展,残疾人体育活动蓬勃开展,主要表现在残疾人群众体育活动多姿多彩,竞技体育成绩斐然。

在残疾人群众体育方面,多年来,中国残联、各省市区残联相继依托"残疾人健身周""全国特奥日""全国助残日""国际残疾人日"等残疾人节日和时间节点,在社区、特教学校、机构大力组织和开展形式多样、内容丰富、便捷适宜的残疾人群众性体育健身活动,如残疾人轮椅大步走、肢残人轮椅马拉松健身赛、轮椅广播健身操比赛、残疾人冰雪体验、康复体育进家庭等,从而提高残疾人的身体素质和健康水平。根据不同类别残疾人的健身需求,推广轮椅广播操、轮椅柔力球、轮椅太极拳、轮椅哑铃操等适合残疾人身心特点的体育健身项目。通过"家庭关爱计划"加大体育扶贫力度,将康复健身体育器材、指导方法和服务送进重度且不易出户的残疾人家庭。此外,还通过竞赛、展示等活动吸引残疾人参与,扩大残疾人群众性体育覆盖面和参与率,促进残疾人群众体育工作走向制度化和常态化发展。最新数据显示,2020年全国残疾人社区文体活动参与率由2019年的14.6%上升至17.8%。

在残疾人竞技体育方面,在党和政府的高度重视和社会有关方面的大力支持下,赛事规模逐步扩大,国际交流日益增多,残疾人体育健儿勇于拼搏,冲出亚洲走向世界,取得了辉煌成绩。我国残疾人体育健儿从2004年雅典残奥会到2020年东京残奥会连续五届蝉联残奥会金牌榜首位,并且还蝉联从2010年广州亚残会到2018年雅加达亚残会连续三届亚残会金牌榜首位。2017年,中国代表团参加了在土耳其举办的第23届听障奥运会,获得14枚金牌,名列奖牌榜第五,取得了中国参加听障奥运会以来的最好成绩。2015年我国成功申办冬奥会和冬残奥会后，中国残联积极落实《冬季残奥项目振兴计划》，先后成功举办全国残疾人高山滑雪、单板滑雪、残奥冰球和残疾人冰壶锦标赛，实现中国冬季残奥会项目全覆盖。除此之外，我国还举办了多项国际赛事，如残奥会、特奥会、冬残奥会、亚残会等，为残疾人提供了展现拼搏精神、体现自身价值的重要舞台。

三、我国残疾人体育的发展策略

(一)加强残疾人体育立法研究，强化顶层制度引领

完善残疾人体育立法保障我国残疾人体育权利、促进残疾人体育可持续健康发展的重要顶层设计。我国残疾人体育立法经过多年的发展，尽管取得一些成绩，但仍存在着很大不足，为促进残疾人体育可持续健康发展应继续加强残疾人体育立法方面的研究，建立涵盖不同层次、不同级别的科学化、系统化的体育法律法规体系，并形成一套行之有效的工作制度。具体来说，一是要认真研究国外残疾人体育法律法规制定的社会背景、立法理念、法理基础，以及在残疾人体育开展过程中所起到的具体作用等等，以此作为我国立法的理论借鉴。二是要加强高层次立法，完善已有的法律法规、细化具体条文，使宏观管理与微观管理相结合，使其具有可操作性。三是要加强残疾人体育法律法规的宣传力度，使全社会对残疾人体育有所了解，提高残疾人维护自身体育权利的意识，再结合具体的监督、评价和惩戒制度，以保证法律法规的有效执行。

(二)加大残疾人群众体育经费投入，完善财政保障机制

广泛开展残疾人体育活动最重要的保障就是经费投入，为了充足保障残疾人体育活动开展的经费使用，各地区应该将残疾人体育事业纳入经济发展规划，把残疾人公共体育服务产品、项目和活动纳入本地区公共财政支出预算，加大对残疾人体育权益的保障支持力度。创新残疾人体育活动经费筹集方式，引导多种资本投入，设立残疾人体育专项引导资金，采取政府购买、项目补贴、定向资助、社会捐赠、企业赞助等形式，把需要政府买单的公共服务，如场地费、水电费等纳入财政支持范围，鼓励企业、社会组织和个人对残疾人体育事业捐赠和赞助，推进残疾人体育投入社会化，着力提高残疾人群众体育专项资金支持。加大残疾人群众性

体育健身器材的研发、配置和推广,对中重度残疾人增加"福利性"配置,送器材、送指导,为残疾人提供多样化、全方位、多层次的体育健身服务,加大对残疾人社会组织的培育扶持力度。

(三)完善残疾人体育管理机制,提高公共体育服务水平

坚持问题导向,精心谋划设计,立足残疾人康复健身需求,转变政府职能,稳步深入推进机构改革,推动残疾人体育与健康、文化、教育、医疗等融合发展,健全残疾人体育组织管理机制,在残疾人公共体育服务方面形成政府主导、部门联动、社会参与的联动机制。具体来说,一是建立残疾人体育相关部门的联动协同机制。根据残疾人体育工作的目标与任务,建立不同部门间的协同机制,形成残疾人联合会开展残疾人体育活动的多部门联动协同机制。二是鼓励社会组织参与残疾人体育事业。制定社会组织参与残疾人体育的相关政策与法规,通过政府购买等方式,引导残疾人体育协会等参与残疾人公共体育服务供给,激发其主观能动性,发挥其桥梁和纽带的作用,促进残疾人体育发展。三是加强残疾人公共体育服务供给。从残疾人体育参与实际出发,统筹残疾人群众性体育活动资源要素,加强基层公共体育场地及设施建设,健全基层残疾人体育组织体系,为残疾人提供基本的公共体育服务。

(四)优化残疾人体育资源配置,建立长效发展机制

依据2021年7月最新颁布的《全民健身计划(2021—2025年)》对残疾人体育发展的要求,支持举办各类残疾人体育赛事,开展残健融合体育健身活动,完善公共健身设施无障碍环境,开展残疾人康复健身活动。具体来说,一是基于"残健融合"改造或维修现有的公共体育场地,加强公共体育场地的无障碍设施建设,如建设无障碍卫生间、盲道,健身器材与设施配备盲文使用说明等,提高残疾人对其使用的频率。二是根据残疾人体育健身需求,研发设计具有多样性、便捷性、针对性特征的残疾人体育器材或设施。除此之外,要以举办"北京2022冬奥会和冬残奥会"为契机,广泛开展残奥教育,充分发挥残疾人竞技体育的引领作用,促进残疾人群众体育发展,挖掘残疾人体育潜力,重视残疾人体育人才的培养,积极拓宽残疾人竞技体育项目,加大残疾人冬季项目的普及和提高,通过各种冬季嘉年华活动提高残疾人对冰雪项目的参与率,促进残健融合,最大限度地为残疾人群众体育提供保障,统筹兼顾推动残疾人竞技体育、群众体育、康复体育全面协调可持续发展。

(五)提升残疾人体育参与意识,增强内生动力

坚持以人为本的发展理念，引导全社会转变对残疾人体育发展的传统观念，营造有利于残疾人体育发展的良好社会氛围。一是要转变残疾人体育无须发展或还未到发展时候的理念。由于残疾人的身体素质比健全人更虚弱,应提供更多的体育康复服务,提高残疾人的身心健康发展。二是要转变当前残疾人体育与健全人体育"双轨制"发展理念。融合共享已成为国际社会残疾人事业发展的主旋律。残疾人体育发展也应该摒弃传统的"双轨制"理念,将残疾人体育与健全人体育合二为一,实现残疾人体育与健全人体育融合并进、和谐发展。三要转变追求"政绩工程"的"以物为本"理念,将"以人为本"作为残疾人体育发展的核心理念。在解决残疾人体育发展问题时,应以广大残疾人的根本利益和实际需求为出发点。为更好地增强残疾人参与体育的内生动力,建议做到以下几点:一是各省市的残疾人联合会、街道办事处、残疾人体育协会等机构,要组织开展运动健身知识讲座或培训,使残疾人从思想上提高对运动健身的认知水平,树立运动康复理念。二是有针对性地举办残疾人体育权利宣教活动,向残疾人普及宣传残疾人体育政策、法规和知识,提高残疾人对体育权利的认知。三是完善残疾人体育参与机制,增强残疾人体育参与的主体意识。建立残疾人体育参与需求调查路径,通过活动现场发放问卷、面对面访谈、互联网答卷等方式,征询残疾人体育参与的意见与建议,以残疾人参与体育的实际需求为依据,不断完善残疾人体育活动方案。建立健全残疾人公共体育服务的评估机制,发挥残疾人体育参与的主观能动性,激发残疾人体育参与的积极性。

第十章
百年奥运路，大国崛起时

北京 2008 年奥运会是中国参与奥林匹克运动最为重要的历史里程碑，中国向世界展示了经济大国的实力与文明古国的魅力。自中国人首次提出奥运设想至今，已过百年，期间中国人经历无数起伏与波折，重建民族精神与自信，回归到国际奥林匹克大家庭中，不仅实现了中国人参奥办奥的百年夙愿，北京更成为奥运会有史以来第一个"双奥"之城。在这条百年奥运圆梦之路上，中国共产党带领人民始终坚定不移地发展中国特色社会主义，始终坚持一切为了人民、一切依靠人民，以实现人民对美好生活的向往为奋斗目标，与奥林匹克价值观相互呼应。波澜壮阔百年路，历久弥坚是初心，中国共产党必将在新时代带领中国人民再创奥运辉煌，为世界奥林匹克运动的发展贡献磅礴力量。

一、新中国成立之前中国参与奥林匹克运动的曲折历程

（一）张伯苓首提中国奥运设想

中国人与奥运会的机缘可以追溯到最早的几届现代奥运会，当时上海的英文月刊《中西教会报》就曾经简短报道过巴黎 1900 年奥运会。中国人第一次明确提出参加奥运会的设想是在 1907 年 10 月 24 日，南开中学校长张伯苓在天津第五届联合运动会闭幕典礼和颁奖仪式上发表演说，主题为"雅典的奥运会"，张伯苓在这次演说中介绍了奥运会的历史，提出首届现代奥运会的成功召开给中国选手未来参加奥运会带来了希望，并计划从美国聘请奥运冠军来中国指导运动员参赛，他说："中国人应该加紧准备，在不久的将来也出现在奥运赛场上。"

那时的中国内忧外患,时局动荡,民众为求生存苦苦挣扎,爱国人士纷纷投身于救国强国的活动中。张伯苓曾任北洋水师军官,目睹甲午海战中英国水兵魁梧彪猛,中国水兵身形猥琐、精神萎靡,甚为心痛,决定弃武从文,投身于教育事业,先后开办了各类学校和研究所,并在其中积极实践学校体育教育,增设体操课程,规定百码、铅球、跳高和440码成绩达标方能及格,他还成立了各种体育校队,代表学校参加地区、全国和国际比赛,让体育成为学校之间以及学校与社会的交流手段。在那个各方面条件都非常艰苦的年代,张伯苓为民为国计之深远,意识到体育强身强国的重要意义和奥运会的重大价值,他说:"在现代世界中求生存,必须有强健的国民",将奥运理念首次引入中国,参与组建中华业余运动联合会,可以说张伯苓是中国奥林匹克运动的首倡者和先驱者。

1908年5月23日由天津基督教青年会创办的《星期报》刊登了张伯苓1907年关于倡议中国参加奥运会的演说内容,天津基督教青年会干事罗伯森在1907年到1910年期间,多次以"派人、派队参加和举办奥运会"为口号呼吁中国参加奥运会,将相关内容写入向美国基督教青年会总会汇报的年报中。这些最初的奥运设想凝练为著名的"奥运三问",即"中国何时派人、派队参加奥运会,以及何时举办奥运会?"

1908年在英国伦敦举行了第四届奥运会,张伯苓赴美国参加世界第四次渔业大会,并前往欧洲考察期间来到了奥运会场观摩,奥运赛场上激烈的竞技场景让他深受感动,10月23日回国后,他用幻灯片向学生们展示第四届奥运会,并以中国与国际奥委会为题再次做了演讲,积极宣传奥运会,并预言"奥运举办之日,就是我中华腾飞之时"。

(二)中国人初探奥运之门

中国与国际奥委会的关系最早可以追溯到1915年,当时国际奥委会给主办第二届远东运动会的上海基督教青年会发电报,表示"承认远东运动会为其东方之支部",并邀请中国派人参加国际奥委会会议以及派运动员参加奥运会比赛。

1916年第一次世界大战的爆发打断了中国对外的奥运联系,直到1921年第五届远东运动会在上海召开,国际奥委会派遣奥委会的日本委员加纳五郎到场并致词,由此中国恢复了与国际奥委会的直接关联。1922年当时中华业余运动联合会主席王正廷,在法国巴黎召开的第21届国际奥委会会议上当选为国际奥委会委员,他是继加纳五郎之后远东地区的第二位国际奥委会委员。

王正廷是旧中国直接领导和参与国际体育事务的主要人物,是1910年旧中国第一届全运会组织者之一,并在 1915 年负责第二届远东运动会的主办,与张伯苓一样几乎参与了近代中国所有重大体育事件并做出重要贡献。他早年从政,在外交、工商、财政等方面都曾担任过重要职务,是第一个站在美国白宫讲坛上的中国人。因家庭影响他自小就爱好体育,认为体育可以救国,并认为举办运动会可以广泛宣传体育强身救国的道理,弘扬民族精神和团结意识,他说:"兴邦与救国绝非一人所能负起责,而世界之物质文明,倡导人类身体有逐渐衰落之趋势,长此以往,民族之前途何堪设想,为提倡体育,举行运动会为良方。"

1923 至 1924 年期间,中国曾谋划参加巴黎奥运会的网球比赛,有资料记载 3 名中国网球选手自费参加了奥运会的表演赛,但由于没有成绩记录且是以个人的名义,所以不能算是中国参加了奥运会。

1924 年 8 月,中华业余运动联合会被中华全国体育协进会(后称体协)取代,这是第一个完全由中国人组成的全国性体育组织。从 1927 年起,中华全国体育协进会加入了 8 个国际联合会:国际田径联合会、国际游泳联合会、国际体操联合会、国际网球联合会、国际举重联合会、国际拳击协会、国际足球联合会和国际篮球联合会。

1928 年,中华全国体育协进会首次派宋如海作为观察员参加了在荷兰阿姆斯特丹举行的第九届奥运会。宋如海后来在 1930 年写下了《世界运动会丛录》,其副标题为"我能比呀",音译自法语"OLYMPIADE",一语双关,既近似音译,又有"盖所以示吾人均能参与此项之比赛。但凡各事皆需要决心、毅勇,便能与人竞争"之意,这是中国第一部以奥运为主题的书,是有关中国参加奥运会历史的珍贵文献。

1931 年 6 月国际奥委会在西班牙巴塞罗那召开第 30 次全会,会上承认中华全国体育协进会为中国奥委会,自此中国正式加入奥林匹克大家族,并派人参加了此后的洛杉矶 1932 年奥运会、柏林 1936 年奥运会和伦敦 1948 年奥运会。

(三)奥运参赛第一人:刘长春

第 10 届奥运会于 1932 年在洛杉矶举办,民国政府原计划派足球和田径选手参赛,但因 1931 年九一八事变起日本帝国主义发动了侵华战争,国内形势危机四伏,民国政府对参加奥运会也没了兴趣,准备派遣干事前往观礼即可。1932 年 5 月 21 日位于日本和伪满政府控制区的《泰东日报》突然发文,称要派遣"满洲国"运动员代表参加奥运会,此后多次刊登有关信息,并声称得到国际奥委会的复电承认,同样的文字也出现在日本《朝日新闻》上,日本人准备利用这届奥运会让伪满政权获得国际声望,并多次威逼利诱刘长春及其家人代表"满洲国"参赛。

消息传开后全国人民群情激愤,纷纷要求粉碎日本侵略势力的阴谋、维护国家主权。这种情况下,派出代表中国的运动员参加奥运会不仅是对日本帝国主义阴谋的最好反击,而且能够加强中国与世界的联系,在抗日战争中获取国际上的同情和援助。

刘长春在天津《大公报》上发表声明,表示坚决拒绝做日本及伪满政权的傀儡,体育界人士也集体动员起来,王正廷、张伯苓急电国际奥委会为刘长春和于希渭报名参赛,东北大学校长、爱国将军张学良捐款8000银圆资助此次旅行。

最终在各方面积极斗争和筹措下,组成了由运动员刘长春、代表沈嗣良、教练宋君复、留美学生代表刘雪松、旅美韩裔教授申国权和上海西青体育干事美国人托平的6人代表团前往美国参加奥运会,于希渭因遭到日寇的公开阻拦未能同行。代表团从上海出发,受到各界人士的热情招待,上海新闻界、社会社团近两千人为其践行,一家上海的晚报刊登了《三国演义》中关羽单刀赴会的画,象征刘长春作为代表中国的唯一运动员千里迢迢参加奥运会,可见此行意义之深远。

经过了近一个月的长途跋涉,刘长春于比赛前一天到达美国,由于缺乏训练以及水土不服,原本计划参加100米、200米、400米三项赛跑,最后只参加了前两个,在100米预赛的6名选手中取得了第5名的成绩。尽管发挥不尽如人意,但是此次刘长春参赛粉碎了日本侵略者的阴谋,向世界展示了深陷战争的中国在如此艰难的时刻仍奋勇抗争不输于人的精神,获得了世界人民的同情和支持。刘长春成为第一个参加奥运会的中国选手,就此中国迈出了奥运参赛的第一步。

此后刘长春还参加了1936年和1948年的奥运会。由于经费不足,足球队先行出国三个月,进行了27场表演赛,靠卖门票筹措路费,最终民国政府派出66人代表团前往柏林参加第11届奥运会,可惜成绩均未能进入决赛,不过此次中国代表团进行了国术表演,这也是中国武术第一次出现在奥运赛场上。

继王正廷、孔祥熙之后,董守义于1947年也当选为国际奥委会中国委员,这之后马上迎来了伦敦1948年奥运会。此次中国共派出33名男选手参加5个项目,当时正值全国解放战争的国共决战阶段,国民党政府派出代表团参奥已经十分费力,王正廷、张伯苓、董守义等人多方游说,四个月的时间才从政府那里申请到了2.5万美元,然而距15万美元行程预算仍然有很大差距,中国代表团只得背着蔬菜大米前往参赛,没钱住奥运村,就寄宿在当地一所小学的教室里,运动员们的营养和体力都很难得到保障,可想而知竞赛成绩也十分不理想,最后连回国的路费都没有着落,无奈团长王正廷只能四处协商借钱,靠着华商的募捐和孔祥熙的 3000 美元赞助,并将剩余粮食卖掉才得以回国。英国《镜报》在 1948 年 8 月 12 日刊登了一幅漫画,讽刺中国在这几届奥运会上"零"的收获。

(四)毛泽东呼吁"野蛮其体魄"

首届现代奥运会于 1896 年在雅典成功举办,那时的中国还处于半封建半殖民地的社会时期,国家屡弱贫穷,时局动荡,1896 年《字林西报》发表英文文章,称"夫中国,东亚之病夫也",可见当时西方列强对中国人的歧视与轻蔑。1900 年八国联军侵华,逼迫清政府于 1901 年签订了《辛丑条约》,对中国进行全面的控制和掠夺,给中国人民带来了深重的屈辱和灾难。

在国家和民族存亡之际,越来越多的人开始意识到贫困落后就要挨打,各种反帝爱国运动纷纷兴起,早期的共产党代表人物如陈独秀、李大钊等人高举民主和科学的大旗,大力提倡发展体育和体育教育以强健国民体魄,重塑民族精神。1917 年毛泽东在《新青年》上发表《体育之研究》,表达了对国家屡弱人民体细的担忧:"国力茶弱,武风不振,民族之体质日趋轻细,此甚可忧之现象也。"他还阐述了体育对人以及国家的作用:"近人有言曰:文明其精神,野蛮其体魄。此言是也。欲文明其精神,先自野蛮其体魄;苟野蛮其体魄矣,则文明之精神随之"。认为国家应大力发展体育运动,体育运动对于自身可以养生强体,对于国家可以保家卫国。基于积贫积弱的国情现实,体育救国、强身强种以强国成为时代的呼声。

奥运会是中国人摘掉"东亚病夫"的帽子、重塑国人形象和民族精神的平台,爱国有志之士们迫切希望中国能在奥运赛场上与列强一争高下,但是受时代和贫弱国情的局限,民国时期的体育界人士始终未能找到一条适宜中国自己的发展道路。苏联十月革命的成功,给中国送来了马克思列宁主义。1921 年中国在半殖民地半封建社会中诞生了工人阶级的政党——中国共产党。中国共产党自成立之日起,就把马克思主义确立为自己的指导思想和不断前行的理论基础,并在此后的长期奋斗中,始终坚持把马克思主义基本原理同中国革命和建设的具体实际相结合,积极探索新民主主义体育,为革命的最终胜利奠定了基础。

二、新中国参加奥运会的不同阶段

1949 年 10 月 1 日中华人民共和国成立后,百废待兴,党和国家领导人重视体育事业的发展,1949 年 10 月 26 日中华全国体育总会筹备会召开,准备将中华全国体育协进会改组为中华全国体育总会(后称"体总")。1952 年 6 月 20 日,毛泽东为中华全国体育总会成立大会上题词"发展体育运动,增强人民体质",为中国的体育事业发展指明了方向。1952 年 11 月,中华人民共和国中央人民政府体育运动委员会成立(现为中国体育总局),由中央文委负责人习仲勋分管,贺龙为第一届主任,提出"体育工作必须积极地为国家的总路线服务",新中国开始有步骤有计划地建立健全全国各级体育组织和机构。

(一)摩擦阶段(1949 年–1958 年)

由于东西方冷战紧张加剧的国际形势,联合国迟迟未承认新中国的合法席位,国际奥委会一直对中华全国体育总会的地位持模棱两可的态度。在新中国成立前,国际奥委会内一共有 3 名中国委员,只有董守义留在大陆,王正廷、孔祥熙随着国民党政府前往台湾,在北京的中华全国体育总会(体总)和在台湾的中华全国体育协进会(体协),谁能够代表全中国参加奥运会、参加国际奥委会,成为这一时期最为主要的问题。中国共产党人秉承着维护主权领土完整的主张和"一个中国"的政治底线,在国际形势对新中国极为不友善的情形下,在国际奥委会中据理力争,与西方帝国主义妄图分裂中国的邪恶企图展开了长达数十年的激烈斗争。

1.博弈与协商,新中国首次参加奥运会

苏联在 1951 年向国际奥委会提交了入会申请,成立于 1949 年 10 月 7 日的民主德国也在 1951 年成立国家奥委会并申请加入国际奥委会,此前社会主义国家阵营大部分均已正式参加国际奥委会,打破了长期由西欧和北美国家垄断的传统局面。面对这样的趋势,为了逐步夺回被国民党政府占有的国际组织席位,获取国际认可,新中国参与国际奥林匹克运动具有重要意义。

1951 年 2 月芬兰驻华公使瓦尔万尼来北京上任,拜会外交部副部长章汉夫,邀请中国参加 1952 年在芬兰首都赫尔辛基举办的奥运会,但由于新中国成立之初,体育是排在维护社会稳定、安居人民、统一中国之后的事业,中华全国体育总会虽然成立,但一直没有组建国家队或计划参奥,手下没有运动队,只能暂时搁置此事。

一年后团中央书记冯文彬从苏联驻华大使罗森处得知,台湾已报名参加赫尔辛基奥运会,考虑到既有主办国的邀请,又有苏联的支持,同时经过一年的时间,体总下面已组建了一支篮球队和一支足球队,冯文彬和有关同志商议后向周恩来总理汇报,经批示决定参赛,随即在苏联的协助下辗转联系国际奥委会提交了参赛申请。

这是新中国了解、参与奥林匹克运动的最初尝试，在这次接洽中，首次谈及新中国的国际奥委会会籍问题。体总修订章程，宣告中华全国体育总会即是中国奥委会，秘书长荣高棠致电9个国际体育联合会，声明原中华体育协进会已改组为中华全国体育总会，并继续参加国际体育联合会。然而这样就出现了两个"中国奥委会"，原来1951年中华体育协进会在台湾复会，代理理事长郝更生致电国际奥委会称：原中国奥委会的26位委员其中19人已随政府迁到台湾，中国奥委会会址从江苏省南京迁到台湾省新竹，国际奥委会也认可了这一说法，并基于这一情况，认为新中国的体总是后来加入的，只能用新成员名义加入国际奥委会，不能使用"中国奥委会"这一称谓。

入奥的过程出乎意料地复杂，基于一个中国的原则，党和国家领导人商议决定坚持主张体总是代表全中国的，并继承旧体协在国际奥委会的席位，不能以新成员名义加入国际奥委会。体总及奥委会委员董守义多次电函国际奥委会表达中国的参赛意向，并声明中华全国体育总会是代表中华人民共和国的唯一体育组织，任何其他团体不能作为中国的合法代表。

时任国际奥委会主席埃德斯特隆是瑞典人，有着典型的北欧人严谨、照章办事的风格，面对一方面瑞典和芬兰是最先与新中国建交的欧洲国家，对中国比较友好，中国6亿人口对于奥林匹克运动来说意义非凡，另一方面两岸问题既没有先例又没有奥运会组织章程支撑，埃德斯特隆本人也快卸任主席一职，对于开创新模式、调解两岸关系并不十分积极，只称由于北京和台湾均申请参加此届奥运会，不符合奥运会组织章程，两个组织均不得参加奥运会，并就此把中国会籍问题推上了1952年7月17日国际奥委会第47次全会。

当时包括联合国在内的国际组织大多数仍保持认可台湾的国民党政府为中国代表，针对新中国的身份和席位默不出声，以由美国为首的西方国家和以苏联为首的东方国家均以自身利益为主频频在国际组织中角力，国际奥委会也不想节外生枝，跟随联合国循旧例是最为保险的方式。所以在此次全会上埃德斯特隆提出拒绝任何中国运动员赴瑞典参加此届奥运会，并称日后为解决这一问题，可以同时承认北京和台湾"两个中国"奥委会，或者延续民国政府时期的模式，仅台湾的体协为中国奥委会。

在新中国和其他社会主义阵营委员的努力下，此决议未被通过，国际奥委会只得将"中国奥委会"资格问题暂作保留，即暂不认可任何一方的国家奥委会资格，为了尊重运动员，发扬和平平等的体育精神，先邀请大陆和台湾的运动员参加奥运会。

国民党政府由于未争取到国家奥委会资格,又因刚到台湾根基不稳,忙于省内建设,于是以"大陆参加我不参加"为理由拒绝了参会邀请。1952年奥运会的正式邀请到达北京时奥运会已经开幕,在周恩来总理的全力支持和领导下,中华全国体育总会派遣40人代表团参加奥运会。代表团7月25日出发,当时乘坐的小飞机无法支持长途旅行,需要频繁地降落加油再起飞,整个旅行历时5天的飞行颠簸,终于在29日辗转到达赫尔辛基。

代表团到达时奥运会比赛几乎接近尾声,只有吴传玉参加了100米仰泳比赛,由于旅途劳顿,仅在预赛就被淘汰了。虽然成绩不理想,但是这是五星红旗第一次在奥运赛场飘扬,是新中国在国际奥运赛场上的首次亮相。在这届奥运会之后多个国际单项体育组织开始承认新中国的席位,自此开始新中国的体育外交工作围绕着两岸在国际体育组织中的席位问题展开了细致且复杂的长期斗争。

2.抗争与不屈,新中国与国际奥委会断联

继1952年4月25日国际业余游泳联合会第一个承认新中国的体总为会员之后,国际草地网球联合会、国际自行车联合会也认可了北京体总代替台湾体协的成员席位。1954年国际奥委会应中国要求,在第49次全会上再次讨论了中国代表权的问题,通过承认中华全国体育总会为中国国家奥委会的决议。此后国际业余田径联合会、国际射击联合会很快也做出接纳体总为会员的决定。

在得到国际奥委会的承认后,中国就积极备战墨尔本1956年奥运会,中华全国体育总会在全国范围内组织大型选拔赛,并通知台湾运动员参加选拔赛,1956年9月初荣高棠代表中国奥委会在《人民日报》上刊登公告:"我国将参加在1956年墨尔本奥运会7个项目的比赛,举重、游泳、田径、体操、篮球、足球、射击。中国代表团将由150人组成,其中包括100名运动员。台湾是中国的一部分,在过去的几年里,由于政治的原因,台湾地区未能与中国组成一个代表队,我们希望台湾地区与中国组织一个代表队代表中国参加1956年墨尔本奥运会,希望台湾能派队参加在北京举行的奥运会预选赛。来自台湾的运动员和海外华人运动员的差旅费全部由中国奥委会负担。"这应该是最早的关于两岸共同参与国际组织方式的设想。来自全国的包括香港和澳门的运动员参加了预选赛,并最终组成了92人的代表团准备前往澳大利亚参加奥运会。

然而国际奥委会却没有要求台湾体协退出,多次在公报中都使用北京和台北"两个中国"奥委会的地址,并对双方发出参奥邀请。这一方面是因为国际奥委会从未有驱逐会员的先例,现代奥运会的理念之一就是号召更多的青年参与奥林匹克运动,更多的人团结在五环之下,另一方面台湾的国民党政府还霸占着中国在联合国和联合国安理会的席位。许多国际单项体育联合会也延续这一模式,接纳北京的体总但同时不驱逐台湾的体协,甚至在有了北京体总会员之后,仍接收台湾体协的入会申请。

当时的主席布伦戴奇未经讨论,将位于台湾的体育组织以"中华民国"的名义列入被国际奥委会承认的国家奥委会之中。布伦戴奇是美国人,在当时东西方角力的情境下,很难对新兴社会主义国家产生信任。他为人强硬且独断专行,反对政治对体育的干扰,也不喜欢奥林匹克代表大会的民主气氛,在国际奥委会实行独裁式管理,这种风格也体现在处理中国问题上。

1955年中国派荣高棠、张联华和董守义三人前往巴黎参加国际奥委会执委会、第50次全会和各国际体育联合会及各国家奥委会的联席会议。荣高棠在参加联席会议签到时发现台湾的协会以"中华民国"国家奥委会身份已经签到参会,当即在会议上发言,要求国际奥委会立刻驱逐台湾,但是这一发言被布伦戴奇定义为"一百二十分的政治性发言",并以体育人不谈政治为由略过。

与此同时,台湾也对国际奥委会的决议不满,要求国际奥委会取消对中国大陆的邀请,同时抓住布伦戴奇对奥运会职业化、商业化的厌恶心理,声称中国的运动员都是受政治操控的职业运动员,对中国大陆进行抹黑,并准备将中国邀请台湾运动员参加选拔赛事宜定性为"政治行为",拿到国际奥委会全会上进行讨论。

1956年国际奥委会执委会上做出在墨尔本开幕式上中国使用"北京中国"(PEKING CHINA),中国台湾使用"福摩萨中国"(FORMOSA CHINA)的决定,依照字母顺序,台湾选手将先于大陆选手入场。这一决议遭到大陆和台湾双方的强烈抗议,奥委会又提议参照东西德模式,两队使用同一面旗帜、国歌和相似的运动服,组成一个队参加开幕式。当时两岸的基调都是"有你没我",双方自然也不同意同队的提议。鉴于赫尔辛基1952年奥运会大陆先行到达芬兰升起国旗抢占了先机,这次台湾提前一个多月就派4名代表先行抵达澳大利亚,入住悉尼奥运村,并举行了升旗仪式,虽然一开始忙中出错,升起了五星红旗,但是很快改换成了台湾的青天白日旗,这次台湾旗帜优先飘在了奥运赛场。

在这种情形下,继多次沟通和抗议无效后,1956年11月6日中国宣布退出墨尔本奥运会。大陆和台湾在参赛问题上的冲突日益加剧,为了维护国家统一和领土完整,1958年8月19日董守义宣布退出国际奥委会,20日中华全国体育总会发表声明,宣布不承认国际奥委会并就此断绝与国际奥委会的一切联系,同时退出国际游泳、田径、举重、射击、摔跤、篮球、自行车联合会及亚洲乒乓球联合会等八个国际体育组织。

中国的退出对于国际奥林匹克事业发展是一个巨大的损失,时任主席布伦戴奇表示十分遗憾,认为在 6 亿人口中发展奥林匹克运动是十分必要的,但受制于当时的国际环境和思想意识,没能想出可行的解决方案。

(二)对立阶段(1958 年 8 月 19 日—1971 年 4 月 10 日)

与国际奥委会断绝联系之后,中国自行拓展与国际体育的对话,组织和参与了多项大型国际体育赛事,如世界乒乓球锦标赛、1963 年新兴力量运动会、1966 年亚洲新兴力量运动会、亚非拉乒乓球友好邀请赛等。

1962 年 9 月在印度尼西亚首都雅加达举办第四届亚运会,由于只接纳了大陆代表参赛,拒绝了台湾以"中华民国"参赛,与国际奥委会发生了矛盾,遭受其无理制裁,不仅否定第四届亚运会,还做出了"不定期禁止印度尼西亚参加奥运会"的决议。

印度尼西亚总统苏加诺倡议举办不受西方大国影响的新兴力量运动会,中国和亚非拉许多国家积极响应支持,1963 年 2 月印尼宣布退出国际奥委会,11 月 10 日在雅加达主办第一届"新兴力量运动会",有 48 个国家和地区的 2404 名运动员参加共 20 个比赛项目,中国派出 229 名运动员组成的代表团,并在运动会上夺得 66 枚金牌、56 枚银牌、46 枚铜牌,并打破了举重和射箭两项世界纪录。

此后国际奥委会宣布全面封杀所有参加新兴力量运动会的运动员,取消他们参加奥运会的资格,一些国际单项组织也对参赛国进行了处罚。中国便举行了一些单项新兴力量运动会,并协助柬埔寨于 1966 年 11 月在金边举行了一届亚洲新兴力量运动会。

新兴力量运动会是首次有国家对当时国际奥委会掌控的国际体育秩序提出挑战,新兴力量运动会把奥林匹克价值和万隆精神都写入了宪章,为国际体育格局带来了新的风气,鼓舞了独立国家争取平等权利的斗志,时任国家主席刘少奇和总理周恩来赞扬这场运动会是"标志着新兴国家的人民在反对帝国主义和新老殖民主义对国际体育事务的操纵和垄断的斗争中所取得的重大胜利"。

(三)对话阶段(1971 年 4 月 10 日—1979 年 11 月 26 日)

1.国际关系日趋缓和,小球转动大球

1971 年 3 月中国参加了在日本举行的第 31 届世界乒乓球锦标赛,这是"文化大革命"开始后中国第一次正式派队参加国际比赛。在比赛期间美国运动员柯

恩错上了中国队的大巴车，"误打误撞"地与中国队员有了交流，柯恩将这一经历报告给美国代表团副团长哈里斯，哈里斯立刻找到中国队，表达了到中国访问的意向。经过批准，美国代表团应毛泽东主席邀请，于1971年4月10日踏上中国土地。这次访问是中美关系改善的一个重要信号，是体育外交史上的重大事件，被称为"小球推动大球"的乒乓外交。

乒乓外交之后，美国很快解除了一系列对华禁令，国际局势日益缓和，体育成为政治破冰的先导，开启了中美友好交往的大门。1971年10月25日第26届联合国大会恢复了中国在联合国的合法席位，并将国民党从联合国及其所属的机构中驱逐，中国取得了极具战略意义的重大外交胜利。自此中国开始加速取代国民党政府在各个国际组织中的席位。

与此同时，国际体育界也发生了很大变化，1972年在国际奥委会第73次全会上，爱尔兰人基拉宁当选国际奥委会主席，取代了独断专行的布伦戴奇。基拉宁认为拥有世界上最多人口的中国不能参加奥运会是一种奇怪的反常现象，一直希望整个中国都能在奥林匹克竞技场内参加比赛。1973年1月8日，利用第二届全非运动会的契机，基拉宁与中华全国体育总会秘书长宋中进行了断联以来第一次官方接触，当谈及中国在国际奥委会席位的问题，基拉宁问宋中："是否可以这样认为，即在开除台湾的条件下，你们愿意加入国际奥委会？"宋中再一次明确了在国际奥委会中必须有且只能有一个中国的立场。随即在3月，基拉宁就中国问题向联合国法律事务署咨询，被告知根据联合国1971年10月25日第2758号决议，台湾省是中华人民共和国的一部分。基拉宁认为中国重返奥运会的时机已经成熟，遂邀请中国参加亚运会期间自己主持的奥林匹克研讨会，对中国发出了友好的信号。

2.中国获得在亚运会联合会的会员资格

1973年11月亚洲运动会联合理事会批准确认中华全国体育总会的亚运会联合会会员资格，同时取消了中国台湾体育组织的会员资格。1974年中国第一次参加亚运会，派出由团长赵正洪率领的269人代表团，参加了14个大项的比赛，共获得了33块金牌、46块银牌和27块铜牌，列奖牌榜第三位，五星红旗成为在德黑兰飘扬的唯一代表中国的旗帜。此外中国还在足球、羽毛球、体操、射击等8个亚洲单项体育组织中取代了台湾当局的位置，体育外交获得了重大胜利。

3.中国恢复在国际奥委会中的合法权利

1974年邓小平协助周恩来主持国务院工作，接手国家体委，提出要恢复中国在国际奥委会中的合法席位，指示对国际奥委会和国际体育组织"要采取积极主动的方针",主动加强与国际奥委会委员的个人接触,建立良好关系,为中国参加蒙特利尔 1976 年奥运会做好准备,为中国回归奥林匹克大家庭创造条件。

1975 年 4 月 9 日中华全国体育总会向国际奥委会递交申请,要求国际奥委会撤销对中国台湾省的"中华民国奥委会"的承认,并确认中华全国体育总会是在国际奥委会和奥林匹克运动中唯一代表全中国的组织。5 月中国派代表周正参加在意大利罗马举办的国际奥委会协会代表、国际奥委会执委会与国家/地区奥委会联席会议,基拉宁对周正表达了国际奥委会希望看到中国尽快回归奥林匹克运动中,并将申请书提交全会讨论,尽力找到解决办法。

协商对话工作在"文化大革命"结束后重新开展,基拉宁受中华全国体育总会的邀请于 1977 年 9 月访华,国际奥委会派第一副主席萨马兰奇在 1978 年 4 月访华,之后派遣三名委员分别访问大陆和台湾,以进一步斡旋。在这几次访问过程中国际奥委会都和中国体育官员进行了深入地沟通和会谈。国际奥委会对此事也极为重视,在雅典召开的第 80 次全会和在蒙德维地亚召开的第 81 次全会上都讨论了中国恢复合法权利和台湾奥委会改名事宜,国际奥委会执委会在 1979 年 6 月成立 3 人小组,专门解决中国问题。

基拉宁提出布伦戴奇接纳台湾"中华民国"会籍这一过程没有合法手续,相关文件没有签名和日期,因此不具备合法性,如台湾不改名,可以终止其会籍。那个时候,许多委员都支持中华人民共和国应该成为国际奥委会的成员,但是认为开除台湾会籍会违背《奥林匹克宪章》,且并无先例,对这一问题秉持保守的态度。

当时的党中央领导同志十分关心恢复中国在国际奥委会合法权利的工作,多次与国家体委负责同志谈话,跨部门联合商谈意见。当时有四种方案,一是只有北京的中国奥委会,台湾运动员并入中国代表队参赛,二是只承认北京的中国奥委会,台湾以中国奥委会台湾分会名义单独组成代表队参赛,三是在中国奥委会加入国际奥委会的前提下,临时许可台湾以中国奥委会台湾分会的名义也参加,四是先撤销台湾会籍,大陆也暂不进奥委会。

1979 年 1 月 1 日中美建交,美国宣布奉行"一个中国"政策,这意味着台湾运动员仅能取得个人签证,而无法以"中华民国"代表身份入境。同一天全国人大常委会委员长叶剑英发表《告台湾同胞书》,呼吁两岸结束敌对状态,号召全国人民包括台湾人民在内共同为实现中国的统一大业而努力。随着越来越多的国家与中国建交,国际政治局势一片良好,国内也摒弃了"有你没我"思路,形势以和平统一为主旋律,拥有 9 亿人口的中国回归到奥林匹克家族有了充足的条件。

经过多次的协调和讨论,1979 年 10 月 25 日国际奥委会执委会一致通过《名古屋决议》，11月26日国际奥委会全体委员通信表决通过这一决议，自此中华人民共和国正式恢复了在国际奥委会的合法席位，并使用"中国奥林匹克委员会"这一名称，台湾将作为中国的一个地方机构留在国际奥委会，使用"中国台北奥林匹克委员会"名称参与国际奥林匹克活动，不得使用现有的歌、旗和会徽。

台湾方面对国际奥委会的决议十分不满，前后多次阻挠会议进程，甚至在国际奥委会所在地瑞士洛桑法院发起诉讼，控告此决议违反了奥林匹克宪章，遭到基拉宁的忽视。眼看大势已去，各种反对和小动作都无法阻挠进程，迫于无奈，台湾于1981年签署了《洛桑协议》，确认接受《名古屋决议》，进行了改名、改旗、改歌的工作。

自1958年中国与国际奥委会断联到1979年恢复合法权利，21年历程中的风风雨雨见证了新中国参与奥林匹克运动的起起伏伏。从"小球推动大球"的乒乓外交到《名古屋协议》，为解决奥运会问题形成的两岸长期的商讨机制，为日后两岸参与国际体育赛事和国际体育组织提供了"奥运模式"，并为后来政治上的"一国两制"提供了思路和成功经验。体育外交工作的长期性和复杂性考验着新中国的国际影响力和中国共产党的领导力，奥运事业中取得的成就证明，在党领导下中国才有可能实现祖国统一，带领中华民族走向伟大复兴。

(四)对接阶段(1979年11月26日至今)

1978年，以邓小平为代表的中国共产党人，围绕着什么是社会主义和如何建设社会主义的主题，进行了科学讨论和实践探索。党中央把马克思主义基本原理同中国新时期社会具体实际相结合，把中国社会的最大实际和最基本的国情，做出了准确的定位，做出我国尚处于并将长期处于社会主义初级阶段的科学论断，该阶段的社会主要矛盾，已从阶级矛盾转化为人民日益增长的物质文化需要同落后的社会生产之间的矛盾，要解决这一主要矛盾，必须以经济建设为中心。

以党的十一届三中全会为标志，以经济建设为中心的改革开放开始了，从以计划经济为主、市场调节为辅的发展方针，逐步发展为计划经济与市场调节相结合的经济体制和运行机制，成功地实现了从高度集中的计划经济体制，发展到充满活力的社会主义市场经济体制的伟大历史性转折。从让一部分人先富起来、农村实行联产承包责任制，到经济特区的建立、从坚定"复关"到成功"入世"等等，这一系列的重大举措，开阔了人们的思想，极大地调动了社会生产力，开辟了社会主义经济建设和经济发展的新篇章。

1.中国运动员竞赛表现激发社会动力

随着经济水平的提高中国体育成绩在国际上的表现也水涨船高，1984年中国派遣 225 名运动员参加洛杉矶奥运会,参加除足球、曲棍球、拳击、马术和现代五项以外 16 个项目的比赛。中国台北奥委会还组织 67 名运动员参加了本届奥运会。这是中国大陆和台湾第一次派出运动员同时参加奥运会,成功实践了"奥运模式"。在比赛的第一天,徐海峰获得男子 50 米手枪金牌,这不仅是中国在洛杉矶 1984 年奥运会上获得的第一枚金牌,也是中国在奥运会上获得的第一枚金牌。徐海峰获胜后,中国运动员在洛杉矶取得了重大突破,获得了 15 枚金牌、8 枚银牌和 9 枚铜牌。

中国运动员在洛杉矶的精彩表现为中国的奥林匹克运动开创了一个新时代。随后的奥运会见证了中国在奥运会舞台上更强大的实力。在汉城 1988 年奥运会上,面对异常激烈的竞争,中国获得了 32 枚奖牌。1992 年在西班牙巴塞罗那举行的第 25 届奥运会和 1996 年在美国亚特兰大举行的第 26 届奥运会上,中国各获得了 50 多枚奖牌,在奖牌榜上排名第四。在澳大利亚悉尼举行的第 27 届奥运会上,中国在奖牌榜排名第三,共获得 59 枚奖牌,其中 28 枚是金牌,仅在 9 月 22 日一天,中国运动员就获得了 6 枚金牌、3 枚银牌和 1 枚铜牌,这一天被世界媒体誉为"中国日"。

2.亚运会的成功举办为奥运铺路

1990 年中国第一次举办亚运会,这是亚运会 40 年历史上规模最大的一届,赛事多样性、代表团和运动员数量等方面均创造了新的历史纪录,赢得了全世界的赞誉,北京不仅积累了举办大型国际体育赛事的经验,也证明了中国有承办奥运会的能力。当时的北京亚运村、工人体育场等地标性建筑拔地而起,邓小平两次视察北京亚运场馆的建设,并提出申办奥运会的设想:"建设了这样的体育设施,如果不办奥运会,就等于浪费了一半。"并询问"你们敢不敢去申办一次奥运会?"越来越多的人意识到举办重大的国际体育赛事,特别是奥运会,不仅有助于促进国家的发展,而且能激励人民,凝聚民族精神,提高文化自信。

三、中国申办奥运的实践经历

(一)深化体育改革,推动体育法制化进程

随着中国在国际奥林匹克运动中参与度逐渐加深,中国深切地认识到,要可

持续发展中国在奥林匹克赛场的竞争力，就必须要以群众体育为基础，发展体育产业和体育文化。1993年《国家体委关于深化体育改革的意见》发布，从足球职业化开始，积极探索市场化、产业化的体育改革道路。随后全国性单项体育协会进行改革，逐渐形成了全国性单项体育协会和单项运动项目管理中心"两块牌子、一套人马"的管理模式。

体育改革进一步深化，1995年《中华人民共和国体育法》和《全民健身计划纲要》全面实施，《奥运争光计划纲要（1994—2000年）》《2001—2010年体育改革与发展纲要》《中共中央国务院关于进一步加强和改进新时期体育工作的意见》《体育事业"十一五"规划》也相继出台，中国体育在法治化、规范化、制度化、产业化方面得到了全面的提升。

(二)新中国首次申办奥运，微弱劣势惜败

第11届亚运会开幕当天，时任国家主席杨尚昆向国际奥委会主席萨马兰奇表达了中国申办2000年奥运会的愿望。亚运会结束后，政府就正式批准了由中华人民共和国体育运动委员会、外交部和财政部共同签署的关于北京立即开始筹办申办奥运会的建议申请。

1991年2月26日，北京向中国国家奥委会申请申办2000年第27届奥运会，并获得一致通过。3月18日北京2000年奥运会申办委员会成立，并投入到紧张的申办工作中。12月4日，北京正式向国际奥委会提交了2000年奥运会的申办申请，申请包括北京市市长的申请信、国务院总理的支持信和中国奥委会主席的推荐信，明确了北京举办奥运会的资格和能力，也向世界表达了中国人民对奥运会的热情和渴望。1992年3月20日，国务院总理李鹏在第七届全国人民代表大会第五次会议上发表的政府工作报告中强调："中国政府支持北京申办2000年奥运会。"

1993年9月23日，时任国务院副总理李岚清率领北京申办代表团参加了在蒙特卡洛举行的第101届国际奥委会会议，并竞选2000年奥运会举办权，北京从一开始就领先，可惜最终以两票之差惜败给悉尼。这其中的缘由不乏受世界发展格局的影响，一方面国际上对中国改革开放后的发展状况不够了解，同时1993年奥运会的申办竞选又是17届奥运以来申奥国家最多的一次，竞争极为激烈，再加上以美国为首的反华势力的阻挠和澳洲奥委会主席柯慈的贿选，有媒体披露，柯慈曾在票选2000年奥运会主办城市的投票前夕请两名非洲国家投票代表吃饭，并赠予每人一张3.5万美元的支票。

从北京启动申办工作到竞选投票的两年半时间里,党、政府和人民都充满了极大的热情,尽管失败了,但是这一次的"彩排"向世界展示了北京举办奥运会的巨大决心和实力,中国将以更大的热情为第二次申办做准备。

(三)经济腾飞举国支持,实现申奥期盼

受益于改革开放和加入世贸组织,中国成为世界上发展最快的经济体,2001年至2007年北京经济增长率平均为12.4%,每年数十亿美元投资于基础设施,改善了城市的医疗保健、安全、住宿、交通、通信和环境。同时中国积极参与奥运事务和国际比赛,1990年第11届亚运会、1994年第6届远东和南太平洋残疾人运动会和2001年第21届世界大学生运动会,都为北京举办国际大型赛事提供了宝贵的经验。到第二次申奥时,北京已经拥有5000多个设备齐全的体育设施,其中6个体育馆拥有4000多个座位,6个体育场拥有10000个座位。

随着综合国力和全民体育水平的不断提升,竞技体育水平也有了突破,中国奥运健儿在国际奥运赛场上成绩屡创新高,在乒乓球、羽毛球、跳水、体操、射击、举重和柔道等比赛中表现尤为出色。中国在奖牌榜上的排名节节攀升,分别为亚特兰大1996年奥运会第4名、悉尼2000年奥运会第3名、雅典2004年奥运会第2名,用实力证明中国已经成为世界体育大国,有信心、有条件、有能力举办一届无与伦比的奥运会。

1998年11月国务院总理办公会议和中央政治局常委会先后对申办工作进行了研究,决定由北京市申办2008年奥运会。1999年4月6日,由北京市刘淇市长和国家体育总局伍绍祖局长率领北京市申办代表团,赴瑞士洛桑向国际奥委会递交北京市承办2008年奥运会申请书,标志着北京正式申办2008年奥运会的开始。随后国务院同意成立以贾庆林为组长,伍绍祖、刘淇为副组长,中央和国务院有关部门领导为成员的申办工作领导小组;同意成立以刘淇为主席、伍绍祖为执行主席,中央、国务院有关部门,国家体育总局和北京市有关同志参加的申办委员会。1999年9月6日,中国申办委员会挂牌揭幕。

党的第三代中央领导集体关怀并参与了申办工作。2000年江泽民主席向当时的国际奥委会主席萨马兰奇及全体委员致信,表示完全支持北京申办2008年奥运会,朱镕基总理签署了中央人民政府支持北京申办2008年奥运会的保证书,北京市市长刘淇连同其他协办城市市长签署了保障奥运会在资金、土地、人员、场馆等方面需要的保证书。政府从法律法规、海关入境手续、环境气象、财政市场、比赛场馆设施、奥运村建设、医疗卫生、安全保卫、交通、媒体服务、技术、城市配套服

务等方面承诺提供全方位的保障。北京申奥委员会成立后不久，就从全国征集到
2000多件会徽设计和3万余条申奥口号建议，根据后期不完整的统计，在两年筹
备申办工作的时间里，总共收到了超过9600卷横幅、卷轴和相册，约9000万个签
名，超过3000件手工艺品，大约200万封信件以及每天数百封表达支持的电子邮
件，高达94.9%的北京市民支持北京申办奥运会。申办工作得到了党和国家、各级
政府和全国人民的大力支持。

2001年7月13日，在莫斯科举办的第112次国际奥委会全会上，北京在5
个竞选申办城市中脱颖而出，在第二轮投票中获得总票数半数以上的投票，获得
2008年奥运会举办权，中国人终于实现了百年奥运的梦想。当晚江泽民等中央政
治局常委在中华世纪坛出席了联欢庆典活动并发表讲话，他说，全国人民将与首
都人民一起奋发努力，扎实工作，把2008年奥运会办成功。7年后这一承诺变为
现实，中国向世界呈现了一场前所未有的奥运盛典，向全世界展示了中国人自信
与强健的姿态。

四、全面建设小康社会，助力奥运筹办

申奥成功正值我国进入了全面建设小康社会时期，社会主义现代化高速发
展。2002年11月，党的十六大提出了全面建设小康社会的奋斗目标，要在21世
纪头20年，集中力量，全面建设惠及十几亿人口的更高水平的小康社会，使经济
更加发展、民主更加健全、科教更加进步、文化更加繁荣、社会更加和谐、人民生活
更加殷实。

北京奥运会"绿色、人文、科技"的三大理念，与全面建设小康社会的目标彼此
呼应、彼此融合。现代奥林匹克运动以促进和平与友谊为目标，呼吁人与自然的和
谐存在，培育和谐社会，这与中国传统文化中强调的"和"不谋而合，将奥林匹克理
念和中国文化和谐融合，通过全世界运动员的参与，传播奥运和中国文化，促进多
元文化交流。将环境保护作为发展奥运基础设施的前提，充分利用中国技术创新
的最新成果，在可持续发展愿景下展示北京的古老魅力和现代活力。举办奥运会
既是国家社会发展到一定时期的必然需求，也是带动经济发展、提高全民健身意
识、加强文化交流传播的最佳契机，是展示国家综合实力、社会主义制度优越性的
理想时机。

（一）"绿色、人文、科技"的办奥理念

2001 年 8 月 8 日，北京第 29 届奥林匹克运动会组委会 27 人筹备办公室成立，由项目管理、国际关系、媒体与传播、金融、市场营销、人力资源、建筑、体育和技术等 10 个工作团队组成。筹备办公室通过研究主办城市合同和完成奥运投标后的相关职责，起草了北京奥组委的组织计划，确定了奥运会和残奥会主要工作时间表，并为奥组委和后期工作招募人才。2001 年 12 月 13 日，北京第 29 届奥林匹克运动会组委会正式成立，这个 88 人的团队根据工作进展逐渐扩大，在奥运会举办时员工人数扩大到 4000 人。

北京奥运会处处体现了"绿色、人文、科技"的办奥理念。奥运场馆和设施总体规划秉承着可持续发展、艺术、技术、环保相结合的理念，充分利用现有的亚运会场馆。奥林匹克体育中心改建自亚运会的中心区域，其南部用于建设国家体育场、国家室内体育场、国家游泳中心、新闻中心、国际广播中心、奥运村等奥运设施和场馆。这些场馆了成为北京城中轴线的北部延伸，奥运会后被广泛用于体育活动、文化活动、展览、商业、旅游和娱乐活动，极大地满足了人们的娱乐体育需求。

2003 年北京市政府启动了奥运文化遗产保护计划，连续 5 年每年投资 1.2 亿元进行文物保护。截至 2008 年，共修复了 139 处历史文化遗址，总面积为 33 万平方米。2007 年市政府还提出了恢复旧城氛围的倡议，修复了 44 条胡同和 1474 个四合院。在整个奥运场馆建设过程中，没有影响到任何一处历史文化遗址。

比赛场馆建设采用清洁能源和环保材料，使用雨水循环利用、自然采光、通风等技术，以降低能耗。鸟巢和水立方等场馆使用节能环保的高科技建筑材料，并采用数字网络技术、远距离音视频传输和图像显示技术为奥运会提供信息服务。

北京投入 1200 亿元人民币用于缓解环境环境污染和交通拥堵等问题。从2001 年到 2008 年初，市政府分 13 个阶段采取了约 200 项措施来减少空气污染和改善空气质量。2007 年，共记录了 246 天的"蓝天"，比 1998 年的 100 天翻了不止一倍。在奥运会开幕时，北京已经履行了"绿色城市"的承诺。

北京申奥以后，城市投入巨资加快发展，建立了一个汇集了地铁线路、轻轨、高速公路和机场的交通系统。公共设施基础设施的建设和改造确保了城市的水、电和供暖的供应。以电子政务、电子商务、社区数字网络、远程学习等为特色，为"数字北京"奠定了基础。由于这些大规模的投资举措，北京有了新的面貌，市民生活得到了极大的改善。

在 7 年筹办过程中，全国民众积极参与到有关奥运的活动中，进行了诸多体

育比赛、书法绘画、艺术活动、知识宣讲等等,超过百万北京市民参加了英语学习项目,以改善语言环境迎接国际访客。北京奥运会志愿者招募计划共收到了 112 万份申请,录取了 10 万名奥运会志愿者就职,40 万名城市志愿者在全市 550 个志愿者站服务,此外大约有 100 万的社会志愿者为城市交通、公共秩序和其他有需要的领域做出了贡献。国际奥委会评估委员会的成员对北京市民的热情和强烈的参与意识印象深刻。评估委员会主席维尔布鲁根在给时任北京市市长刘淇的信中写道:"市民们高涨的热情和他们对申奥的衷心支持是如此令人难忘。"

(二)全面建设小康社会与办奥并进

党的十六大以来,以胡锦涛为总书记的党中央高度重视奥运会筹办工作和体育事业发展,多次进行会议部署和现场考察。2005 年胡锦涛为第十届全运会开幕式致辞中指出,广泛开展全民健身活动,提高全民族的健康素质,是全面建设小康社会的重要内容,是构建社会主义和谐社会的必然要求,也是功在当代、利在千秋的事业。2006 年胡锦涛与北京奥运场馆建设工地与建设者们共度国庆节,并认真考察奥运工程进展情况。胡锦涛出席 2007 年世界夏季特殊奥林匹克运动会,运动会开幕前还当起了拔河比赛的裁判,为运动员们加油助威。2007 年 3 月 23 日,胡锦涛主持召开中共中央政治局会议,要求当年基本完成奥运场馆和相关设施建设,基本完成竞赛组织、大型仪式、安全保卫、运动会服务等主体筹办任务,基本实现筹办工作体制机制的转换,基本建成奥运会城市运行、管理、服务、保障、应急体系等。

在奥运筹办最后的攻坚之年,2007 年 10 月党的十七大胜利召开,对实现全面建设小康社会的宏伟目标做出全面部署,在经济、政治、文化、社会、生态文明等五个方面提出新要求。党的十七大首次概括提出中国特色社会主义理论体系,就是包括邓小平理论、"三个代表"重要思想以及科学发展观等重大战略思想在内的科学理论体系。这个理论体系,坚持和发展了马克思列宁主义、毛泽东思想,凝结了几代中国共产党人带领人民不懈探索实践的智慧和心血,是马克思主义中国化最新成果,是党最可宝贵的政治和精神财富,是全国各族人民团结奋斗的共同思想基础。奥运实践是检验这一真理的绝佳舞台,作为世界上规模最大、最为重要的体育盛会,奥运会不仅是最重量级的运动比赛,更是文化艺术、外交传播的平台,它的成功申办,证明了改革开放所取得的丰硕成果,又一次验证了在中国共产党领导下的中国特色社会主义道路是可行的。

2008 年 3 月 31 日奥林匹克圣火抵达北京,时任国家副主席习近平代表中国政府和 13 亿中国人民,对奥运圣火的到来表示热烈欢迎。随后胡锦涛亲手点燃圣火盆,并宣布北京 2008 年奥运会火炬接力开始。北京奥运火炬接力活动为历时最久、路线最长、参与人数最多的一次接力,并且跨越海拔 8844.43 米的珠穆朗玛峰,将奥运圣火带到了前所未有的高度。

"5.12"汶川特大地震是新中国历史上破坏力度最强、救援难度最大的地质灾难,党领导各级政府和人民克服万难积极救灾,喊出口号:"任何困难都难不倒英雄的中国人民!"的口号,同时在艰难条件下稳步筹办奥运工作。党和国家领导人身体力行地参与到每个细节中,奥林匹克森林公园植树、考察奥运会配套交通设施、看望酷暑中备战的运动员、教练员和工作人员等。2008 年 7 月 26 日上午,中共中央政治局进行第七次集体学习,各位同志认真听取了有关现代奥林匹克运动和办好北京奥运会的讲解,并进行了讨论。会上胡锦涛指出,要把办好北京奥运会、残奥会作为当前的头等大事来抓,更加奋发努力、更加深入细致地做好各项筹办工作,努力把北京奥运会、残奥会办成国际社会满意、各国运动员满意、人民群众满意的国际体育盛会。

(三)奥运胜利召开,遗产造福人民

2008 年 8 月 8 日晚 20 时,举世瞩目的北京第 29 届奥林匹克运动会开幕式在国家体育场隆重举行,五彩的焰火沿北京中轴线次第绽放,耀眼的灯光激活了国家体育场,1 万多名演员用 4 小时向世界展示了历史悠久的奥林匹克精神和古老的中国文明,当晚文艺表演由两个部分组成,浪漫梦幻同时又激昂向上。世界各地几十亿人见证了第 29 届奥运会令人惊叹的开幕式。

表演之后 204 个国家和地区代表团按照简体汉字笔画顺序进入体育场。在所有代表团都入场之后,北京奥组委主席刘淇和国际奥委会主席罗格分别发表演讲,时任国家主席胡锦涛宣布第 29 届奥运会在北京开幕。在奥运旗帜下,中国乒乓球冠军张怡宁和体操裁判黄力平分别代表所有运动员和官员宣誓奥运会。当李宁点起奥运主火炬时,开幕式达到了高潮,整个体育场沸腾了,中国人民激情在这一刻得到释放,百年间也曾迷茫孱弱,也曾孤立无援,英雄的中国人民顽强地走出了自己的道路,树立起了民族自信、文化自信,在这场华丽无比的开幕式上,展示了几千年的中华文明,这是人民百年的奥运夙愿,是大国崛起时的风姿,自此,中国的崛起和变革成为全世界瞩目和谈论的焦点。

2008 年 8 月 8 日至 24 日奥运会为期 16 天,共吸引了全球 45 亿观众,成为奥运会历史上最受关注的奥运会。本届奥运会共进行了 28 个大项、302 个小项的

比赛,来自 204 个国家和地区的 11,438 名运动员参加本届奥运会上,创造了 43 项世界纪录和 132 项奥运会纪录。中国在 2008 年奥运会共获得 100 枚奖牌,其中 48 枚金牌,22 枚银牌,30 枚铜牌,位居奖牌榜第一名,实现了历史的突破。

在奥运会期间,117 家酒店、23 家餐饮企业、94 家供应商和 24 家医院组成奥林匹克服务系统的主体,签约酒店接待客人 63.8 万人;承办商提供 498 万顿饭;奥运村的诊所和医疗站接待了 20,959 名病人;7000 多辆汽车和 22,000 名司机和列车员为奥运嘉宾工作,里程累积达到 1450 万公里。4000 名的奥组委工作人员、10 万名奥运会志愿者、40 万名城市志愿者和 100 万社会志愿者夜以继日地工作付出,数以千计媒体工作者和利益相关方的工作人员勤勤恳恳,为北京奥运的胜利闭幕保驾护航。上百万人数以年记地为了共同的奥运目标而奋斗,奥运会激发了公众强烈的参与意识,如此大规模的协作整合经验是奥运会留给中国人民的宝贵遗产。

奥运场馆设施在奥运会后对公众开放,鸟巢等风格特别的场馆已经成为具备国际旅游价值的地标性建筑,还有一些在改造后得以更好地服务民众,比如水立方不仅继续保持举办国际比赛和表演的功能,还具备了室内多功能体育娱乐中心的功能,提供水上娱乐、体育、旅游、零售等综合服务。为奥运会修建的四条新地铁线路会后在公共交通中发挥着重要作用,极大地增加了客运量。场馆、交通设施、城市街道、购物中心和主要文化景点建造了轮椅坡道和帮助视听障碍人士的指示路标,机场也引入了无障碍停车场,大量奥运会志愿者学习了如何帮助残障人士。正如 2008 年奥运会主题口号"同一个世界,同一个梦想"一样,北京奥运会做到了兼容并蓄,真正服务于所有人。

北京改进了废水收集和处理系统,2008 年已具备 92% 废水处理能力。200 家工厂转型为清洁生产,报废了 5 万辆旧出租车和 1 万辆旧公交车,改为新出租车和由天然气驱动的公共汽车。场馆中使用节能材料和照明保温技术也得到进一步普及。无处不在的环保宣传和科普大幅提高了公众对节能减排的认识。

在教育方面,中国继续开展体育教育和推广,政府将奥运开幕日 8 月 8 号命名为全民健身日,以动员民众参与体育活动,培养健康的生活方式。中国拥有 4 亿儿童青少年,通过观摩奥运会和学习奥林匹克精神,提高了运动健康的意识,进一步认同体育和文化通过奥运会展示出来的价值,国力的展示激发了国民的爱国热情和自信心,增强了民族凝聚力。

五、中国参与奥林匹克运动的成就与经验

北京 2008 年奥运会距离中国参奥办奥设想的提出过去了一百年，这一百年间，一代一代的先驱探索救国救民的道路，然而都未能找到适宜中国发展的方向。是毛泽东思想将马克思主义中国化，指导中国共产党解放了饱受帝国主义欺压的中国人民，取得了新民主主义革命的胜利，建立了新中国，为中国参加奥林匹克运动奠定了坚实的基础。只有在和平统一的国家环境下，人民群众才能积极参与到体育运动中，从而为竞技体育的成功创造条件。在 1949 年到 1999 年的 50 年间，中国运动员创造或打破了 1021 项世界纪录，赢得了 1298 次世界冠军，刷新了新中国成立前的所有纪录。

1978 年十一届三中全会后，中国开始改革开放，邓小平理论成为改革开放坚实的理论基础，中国特色社会主义理论体系的形成实现了马克思主义中国化的第二次飞跃。中国综合国力在各种唱衰中国的舆论中快速发展，人民生活水平不断提高，中国竞技水平节节攀升，走上世界体育大国之路。1979 年至 2001 年，中国运动员参加了 5 届奥运会和 6 届冬奥会，共获得了 239 枚奖牌，其中包括 80 枚金牌、89 枚银牌和 70 枚铜牌，优异的竞技成绩使中国获得 2008 年奥运会承办权成为可能，实现了中国人民的百年梦想，向全世界展示了中国人的强健体魄和不逊色于任何民族的坚强意志。

北京 2022 冬奥会之时，习近平新时代中国特色社会主义思想的创立实现了马克思主义中国化的第三次伟大飞跃。正如习近平主席所说的那样，中国政府一贯重视发展体育事业，重视奥林匹克运动在社会发展中的重要作用。奥林匹克事业既是中国特色社会主义体育事业的重要组成部分，同时也推动了中国特色社会主义事业的发展。

通过申办、举办奥运会，参与奥林匹克运动，全民健身、体育产业和体育文化取得了长足发展，成为提高人民健康水平的重要途径。奥运会不仅是一场专业运动员的竞技赛会，更是强调群众参与和大众基础的运动。现代奥运会创始人顾拜旦早在一百年前就提出大众体育的理念，竞技运动员来自于普通大众，只有加强大众体育，提高全民健康水平和运动能力，才有可能为竞技提供人才。中国围绕着竞技优先和奥运争光的思路，发展群众体育以获得可持续发展的竞争力。2017 年

8月27日，习近平会见国际奥林匹克委员会主席巴赫时表示，要"推动群众体育和竞技体育全面平衡发展，推进全民健身事业，不断提升人民健康水平"。全民健身将国民身体素质提高到了一个新的水平，中国人的平均寿命从1949年的35岁提高到2019年的77.3岁。

具有中国特色的北京奥运会展示了灿烂的中国历史文化和自然风光，提高世界对中国历史和文化的认知。"通过奥运会，世界对中国了解更多，中国对世界了解更多。"正如前国际奥委会主席罗格在北京2008年奥运会报告中说的那样，对中国来说，奥运会不仅是中国政府推动现代化进程的催化剂，也是一个展示中国改革开放成果的重要机遇。由于文化和意识形态的不同，国际社会特别是西方国家，对中国的政治稳定、经济增长和社会发展有着模糊的看法。奥运会作为世界体育、文化、领袖的盛会，有助于提高中国的国际影响力，获得国际社会的共同认可。何振梁、吕圣荣、于再清、邓亚萍、王义夫、周继红、李玲蔚、杨扬、张虹，越来越多的中国体育界人士进入国际奥委会担任职务，其中李玲蔚担任2018年布宜诺斯艾利斯青奥会协调委员会主席，张虹担任2024江原道冬青奥会奥林匹克赛事协调委员会主席，他们代表中国向世界发出声音，标志着中国开始在国际体育体系中发挥作用，有了一定的话语权。

通过从事奥林匹克运动，中国早已摘掉了"中亚病夫"的帽子，孱弱的国人形象已经成为遥远的过往，全民健身是全体人民增强体魄、健康生活的基础和保障，人民身体健康是全面建成小康社会的重要内涵，是每一个人成长和享受幸福生活的重要基础，体育运动日渐成为满足人民美好生活的需要和促进人民全面发展的重要手段。越来越多的人通过奥运冠军、运动明星了解了体育，体会到体育运动带给人身体和心理上的益处，提高体力和精力，强健精神状态，成为体育的持续爱好者。

由于中国在国际体育赛事中的优异表现，国际体育比赛的结果时刻牵动着人们的心，中国运动员的胜利可以激励民族精神，激发社会动力。1959年第25届世界乒乓球锦标赛上中国第一个世界冠军容国团吼出："人生能有几回搏，此时不搏，更待何时！"1960年中国登山队完成了人类历史上第一次从北坡登珠峰的壮举，"登山敢笑珠峰不高，定叫红旗上飘"；1963年中国跳伞队参加第二届全运会，刷新了两项世界纪录，喊出"心怀祖国，放眼世界"的口号；1979年陈肖霞在墨西哥世界大学生运动会上击败了苏联名将卡列尼娜，夺得女子跳台跳水金牌，《体育报》发表评论文章《冲出亚洲，走向世界》；1981年中国男排获得世界杯参赛资格，北大学子喊出"团结起来，振兴中华"，同年中国女排夺得世界杯冠军，《人民日报》

发表头版文章《学习女排，振兴中华——中国赢了》。这些运动成绩和体育口号无不与中国时代发展脉搏相一致，呼应人民在各时期对美好生活的向往。中国运动员展示的优异成绩和良好风貌为中国经济社会发展提供了强大的精神动力，为中华民族伟大复兴提供凝心聚气的强大精神力量，这是国民精神的原子弹！

中国奥运的实践经验启示我们，始终坚持中国共产党的全面领导，坚持中国特色社会主义体育发展道路，坚持马克思主义中国化，以人民对幸福生活的美好向往为奋斗目标，是推进中国体育事业发展、提高人民福祉的关键所在。奥林匹克价值观在品质上与马克思主义理论交相辉映，参与国际奥林匹克运动可以提高人民健康水平，激发民族凝聚力，促进中国与世界的沟通和对话，增强民族文化自信、社会主义道路制度自信、马克思主义理论自信。

中国奥林匹克事业走过筚路蓝缕奠基立业的一百年，必将在新时代中国共产党的领导下再创辉煌。

第十一章
两个百年，冬奥圆梦

1921 年，国际奥委会第 19 届全会决定于 1924 年在法国的夏蒙尼举行"1924 国际冬季体育运动周"活动。随后的 1922 年，国际奥委会决定在 1924 年巴黎奥运会前举行"第八届奥林匹亚德体育周"，作为奥运会前夕的冰雪项目表演。而在体育周活动结束两年后，国际奥委会正式确认这届比赛为第一届冬季奥运会。这一年，也是冬奥会的开始。

1922 年，国际奥委会决定在 1924 年巴黎奥运会前举行"第八届奥林匹亚体育周"，作为奥运会前夕的冰雪项目表演。活动如期成功举办，促使 1926 年国际奥委会正式将冬季项目比赛单列出来，并将 1924 年法国夏蒙尼市举办的"冬季运动周"运动会命名为第 1 届冬季奥林匹克运动会。冬奥会由此诞生。

一百年来，中国共产党的体育思想从"发展体育运动，增强人民体质"，"锻炼身体，保家卫国"发展为建设"健康中国"，促进人的均衡发展；从"团结起来，振兴中华""冲出亚洲，走向世界"，发展为建设"体育强国"，弘扬民族精神、展示大国风度；从"小球转动大球"，"友谊第一，比赛第二"，发展为积极借助体育的力量"构建人类命运共同体"，将国家体育事业发展的战略重点逐步转到服务于人民的美好生活需要。

一百年来，冬季奥林匹克运动会从滑冰、滑雪、冰球、雪车 4 个大项和 16 个小项比赛的"1924 年国际冬季体育运动周"逐渐发展为 7 大项、15 个分项、109 个小项的全球规模最大的冬季综合性体育大赛，与夏季奥运会、青奥会构建了完整的奥林匹克综合运动会体系，努力实现"通过竞技运动塑造更完美的世界"的目标愿景。北京 2022 年冬奥会，不仅是中国发展进入新时代后重大标志性活动，也是中国共产党与冬季奥林匹克运动会两个百年交汇处，承载着构建人类命运共同体和奥林匹克运动可持续发展愿景的、具有里程碑意义的一届冬奥会。

中国逐梦冬奥会的过程，既是中国冬季运动从无到有、从弱到强的艰辛创业史，也是中国体育逐渐在国际体育秩序谋得一席之地、彰显大国风范的艰苦奋斗史。

一、普莱西德湖，中国冬奥梦想的滥觞

1980年，第13届冬奥会在美国普莱西德湖举行，中国奥委会是1979年在国际奥委会合法席位得到恢复后首次参与国际奥林匹克运动。国际友人也将此视为新中国的一大胜利，许多曾为恢复中国在奥运会中合法权利而努力多年的外国朋友，在热烈欢迎中国体育代表团时的第一句话就是："终于把你们盼来了！"印有五星红旗的中国奥委会纪念章，甚至成为人们到处索求的珍贵纪念品。

这是中国与国际奥林匹克运动分手21年后的首次拥抱，是改革开放初期百废待兴的中国体育首次接受国际顶级综合性大赛的检阅。这届冬奥会，中国共派出28名男女运动员，参加了滑冰、滑雪、现代冬季两项的18个单项比赛。但我国首次参赛的选手与世界先进水平有较大差距，无一人进入前六名。

眼前是中华人民共和国的五星红旗与奥运会会旗及其他参加国国旗一同飘扬的历史创举，背后却是中国冬季运动穿着落后冰鞋从野冰场累累划痕中起步的艰辛。成就与失意之间，普莱西德湖在中国人心中种下了一颗竞雄冬奥的种子。

二、由点及面，中国冬季运动的复苏与进步

中国东北地区属温带季风气候，由于纬度高，又紧邻着亚洲北部寒冷的冬季风源地，冬季寒冷漫长，具备冬季运动开展的天然气候优势。同时，依托其作为共和国初期重工业基地的条件、新中国成立初期冰雪运动的发展基础，以及20世纪70年代末期和改革开放初期参与各类冬季项目国际大赛及普莱西德湖1980年奥运会的经验，东北地区带动了我国冬季运动从20世纪80年代初一直到2002年哈尔滨提出申办2010年冬奥会期间的复苏与进步。

这一阶段，群众性冬季运动开展得如火如荼。在哈尔滨、齐齐哈尔、长春等东北地区的大城市中，几乎所有中小学、事业单位都在冬季浇筑冰场，不少工厂和机

关都有自己的冰球队。

这一阶段，我国冬季运动在竞技赛场频获佳绩，中国冬季运动健儿逐渐在国际赛场上崭露头角。1983年参加东京短道速滑世锦赛，自此，更多冬季项目的中国健儿走向国际赛场。1986年中国冰雪运动员参加在日本举行的第一届亚洲冬季运动会，努力在亚洲冬季运动中占据一席之地。1992年法国阿尔贝维尔第16届冬奥会上，叶乔波在速度滑冰上实现了奖牌"零的突破"，10年后的美国盐湖城第19届冬奥会上，短道速滑选手杨扬为中国代表团实现了冬奥会金牌"零的突破"。

这一阶段，中国也通过洲际、国际性冬季运动会的申办、筹办和举办，进一步巩固了冬季运动的群众基础，带动了冬季运动的长足发展。

1996年哈尔滨承办第三届亚洲冬季运动会，这是中国第一次举办洲际冬季综合运动会。由于国际奥委会决定夏季奥运会与冬季奥运会间隔2年交替举行，为了避免和1994年利勒哈默尔冬奥会时间冲突，第三届亚冬会举办时间由1994年延期到1996年举行。这届亚冬会本应在朝鲜三池渊举办，1992年8月，朝鲜以环境保护为由放弃第三届亚冬会的主办权，哈尔滨和韩国的江源道分别于1992年年底前，向亚奥理事会提出申办的请求，最终，哈尔滨获得主办权，并在距亚冬会开幕不到3年时间时充当了"救火队员"，创造出"亚冬速度"，通过精心筹办，将第六届亚冬会办成了整个亚洲体坛的"冬季盛会"，这为我国承办更高级别的国际赛事积累了经验。

这一阶段，冰雪运动基础设施建设发展迅速。黑龙江亚布力滑雪场修建完成，中国第一个国家训练基地亦落户于吉林长白山国家冰雪训练基地。

基于这一阶段冬季运动的复苏与进步，作为我国冰雪重镇，2002年2月初，中国奥委会和哈尔滨市通过传真向国际奥委会发送了申办2010年冬奥会的正式申请。

三、北冰南移，中国冬季运动的跨越式发展

2002年，中国冰雪的热情从申办冬奥会的筹备一直延展到冬奥赛场，并成就了中国冬季运动的突破之年。

第19届美国盐湖城冬奥会是中国冰雪运动史上重要的里程碑，短道速滑运动员杨扬在500、1000米比赛中获得两枚金牌，实现中国冬奥会金牌"零"的突破，中国队以2金2银4铜位列第13位，刷新了中国在冬奥会上的最好成绩。

可惜的是，国际奥委会对申办城市进行筛选后，平昌、萨尔兹堡、温哥华成为候选城市。哈尔滨由于在基础设施、交通规划、雪场条件等方面与发达国家存在很大的差距，未能进入候选城市的行列，遗憾地结束了第一次申办冬奥会的历程。

世纪之交，盐湖城冬奥会的零的突破，给了中国冰雪健儿以巨大的激励；世纪之交，第一次申冬奥未成功的遗憾，也让中国冰雪运动对未来发展进行了更深入、冷静的思考。在这样的激励与思考中，中国冬季运动迎来了十余年的跨越式发展。

场下砥技，场上超越。都灵 2006 年冬奥会上，韩晓鹏夺得男子自由式滑雪空中技巧的金牌，这是中国第一枚雪上项目冬奥会金牌，王濛获得短道速滑 500 米冠军，中国队的冬奥奖牌数再创新高。2007 年长春第 6 届亚洲冬季运动会，中国军团以 19 金 19 银 23 铜的总成绩，位居金牌和奖牌榜首。2009 年哈尔滨第 24 届大学生冬季运动会，中国代表团收获 18 金 18 银 12 铜的好成绩，位居金牌榜首位。温哥华 2010 年冬奥会，中国代表团获得 5 金 2 银 4 铜的佳绩，名列奖牌榜第 7 位，创造中国体育代表团参加冬奥会以来的最好成绩，跻身于第二集团。索契 2014 年冬奥会上，中国军团以 3 金 4 银 2 铜的成绩，名列奖牌榜第 12 位。

筹办大赛，积累经验。哈尔滨第一次申办冬奥会的失意并未浇灭中国冰雪人的热情，中国东北接连交上了两个大赛筹办的满分答卷。第 6 届亚洲冬季运动会于 2007 年 1 月 28 日至 2 月 4 日在中国长春举办，共有 45 个国家和地区奥委会报名参加，注册总人数 3071 人，是亚洲冬季运动史上规模最大、参加国家和地区最广、参赛运动员最多、观众人数最多的一届冰雪体育盛会。亚奥理事会对本届亚冬会给予了很高的评价，认为此次亚冬会为亚洲冬季运动创造了一个新纪录，成就了亚洲冬季运动史上的第一次大团圆。第 24 届世界大学生冬季运动会于 2009 年 2 月 18 日至 2 月 28 日在中国哈尔滨举行，来自 44 个国家和地区的 2366 名运动员参加了哈尔滨世界大学生冬季运动会。哈尔滨大冬会是继 2001 年北京世界大学生夏季运动会后中国第二次举办世界大学生运动会，这也是中国首次举办世界级冬季综合性运动会。为了成功举办本届大冬会，黑龙江省和哈尔滨市做了大量卓有成效的工作，投入 30 多亿元进行基础设施建设，在赛会组织、接待服务、媒体运行各方面付出了巨大努力，并为未来承办更大规模的赛事打下了一个良好的基础。闭幕式上，国际大体联主席乔治·基里安说："通过如此成功地举办大冬会，哈尔滨组委会和中国大学生体育协会向世界证明，中国有能力举办一场世界级综合性冬季赛事。"

北冰南移，初见曙光。"北冰南移"这个战略，是国家体育主管部门在 20 世纪 80 年代末提出的，思路就是依托南方发达地区的经济实力，依靠社会化、市场化的体制拓展大众参与冬季运动项目的广度,提升我国冬季运动竞技水平。历经近20年的艰难推进,终于在2008年第11届全国冬运会上得见"北冰南移"的曙光。11届冬运会的冰球赛场上,香港队、澳门队都派出了队伍,尽管队员都是业余选手;花样滑冰赛场上也有业余选手;深圳俱乐部、北京队都派出了选手;此外,冰上运动俱乐部在各地的涌现,得益于中国飞速发展的经济,得益于不断出现的冰场。同时,以上各队、各俱乐部的培养模式也不同于传统体制,而是社会化、市场化的产物,这为更广泛地推广冬季运动开拓了思路,同时激励了群众性冬季运动的发展,随着"百万青少年上冰雪""百万市民上冰雪"等群众性冰雪活动蓬勃开展,吉林长春瓦萨滑雪节、黑龙江省哈尔滨国际冰雪节等冰雪文化品牌影响越来越大。

四、冬奥会申办与筹办,带动世界冰雪运动第三极崛起

(一)申办缘起

现代奥林匹克运动会(包括冬奥会)是社会文明进步的产物,我国举办冬奥会,是经济发展所使然,是经济发展水平和成果的体现。世界上具备举办夏奥和冬奥条件的七大经济体都已经实现了举办两个奥运会的梦想,除英国不具备举办冬奥条件外,其余如美国、法国、德国、日本、意大利原五大经济体均已举办夏奥会和冬奥会。其中综合夏奥会和冬奥会,美国举办4次夏奥会和4次冬奥会,以8次名列第一。所以,中国举办冬奥会并不是图面子,而是因为我国的经济发展到一定阶段所使然,亦是强国梦征途上的必然。

另一方面,从奥林匹克运动发展、冬季运动发展和文化交流的层面而言,正如习近平主席在申办时指出:"2022年冬奥会如果来到中国,不仅将激发中国13亿人民对奥林匹克冬季项目的热情,也将推动历史悠久的中华文明同世界各国文明交流互鉴。"

此外,回顾历史,展望未来,申办2022年冬奥会还有另一系列重大意义,即为中国梦、强国梦的三个献礼:一是为2020年全面建成小康社会的目标献礼,二是为2021年党的一百周年纪念献礼,三是为2022年党的二十大胜利召开献礼。

(二)努力成为申办城市(2013年11月3日—2014年7月7日)

2013年11月3日,中国奥委会正式致函国际奥委会,提名北京市为2022年冬奥会的申办城市,中国北京再次踏上追梦之旅。2014年7月7日,国际奥委会

宣布,中国北京与挪威奥斯陆、哈萨克斯坦阿拉木图三座城市正式入围 2022 年冬奥会候选城市。

在努力成为申办城市阶段,北京、京津冀地区乃至全国的发展方略都及时做出了积极调整,努力为北京申办 2022 年冬奥会创造优越条件。

国家区域发展战略层面,中国国家主席习近平亲自推动了京津冀协同发展国家战略。2014 年 2 月提出的京津冀协同发展国家战略得到中央和地方政府的全方位支持,为北京—延庆—张家口三个赛区的设置提供了战略指导、行政便利和足够的实践空间,既能够充分满足北京 2022 赛事需求和赛后利用,更便于发挥北京、延庆、张家口三地自然环境、历史文化、场馆设施等资源优势,打造京张体育文化旅游带。

国家生态文明建设层面,在党的十八大对推进新时代"五位一体"总体布局进行全面部署的大背景下,中国各级政府积极从经济、政治、文化、社会、生态文明五个方面的实践深入贯彻新时代统筹推进"五位一体"总体布局的战略目标。

中国各级政府许下了为民众生活和冬奥会提供更加优质环境的庄严承诺,政府制定了系统的区域联合治理大气污染行动计划,北京市计划投入 1300 亿美元(截至 2017 年)治理大气污染。通过压减燃煤、控车减油、治污减排、清洁降尘和公众参与等更多措施,加强环境保护和生态建设。

(三)筹备《申办报告》阶段(2014 年 7 月 8 日—2015 年 1 月 5 日)

北京正式被选为 2022 冬奥会申办城市(Candidate City)后,科学制定各阶段工作计划、把握好完成申办重点任务的各时间节点、高质量编制《申办报告》,成为重点工作。《申办报告》既是一份重要的技术性文件,同时也是一份重要的法律文件,其内容视同候选城市向国际奥委会做出的正式承诺,也是国际奥委会 2015 年 3 月派出评估团前来考察、第 128 次全会投票确定举办城市的重要依据。

整个中国社会对冬季运动的热情、逐梦冬奥的执着再次迸发出强大的凝聚力,为北京申办 2022 年冬奥会做出了努力。

中国共产党及 8 个参政党均表示支持北京申办 2022 年冬奥会,对举办北京 2022 所制定的各项政策表示完全赞同和全力支持。中国政府通过高度稳定的政治体制和权责明晰的运行机制,成立了由国务院副总理领衔的 2022 年冬奥会申办工作领导小组作为申办期间的最高领导机构,负责指导、支持和监督冬奥申委的工作,其成员包括体育、经济发展、外交、规划、交通、安保、医疗服务、海关和出入境等国务院部门负责人。申办城市政府已成立了相应的工作机构,确保密切合作，协调工作。同时承诺，北京成为主办城市后，申办工作领导小组将转为筹办工作领导小组，一直持续工作到冬奥会和冬残奥会结束，为北京 2022 提供政策、资金和人力资源等全方位的支持和保障。

冬奥申委是冬奥会申办工作的具体执行机构。主席由北京市市长、河北省省长担任，副主席由北京市副市长、河北省副省长、中国奥委会副主席、中国残奥委会主席、国际奥委会中国委员担任。冬奥申委委员中有许多是北京 2008 的申办者、组织者，有丰富的组织和管理经验。中央政府部门、地方政府及有关机构负责人的参与和支持，成为申办北京 2022 的有力保障。

此外，2012 年"广泛开展全民健身运动，促进群众体育和竞技体育全面发展"被写入党的十八大报告、2014 年中国国务院出台《关于加快发展体育产业促进体育消费的若干意见》，群众性的冬季运动在"北冰南展西扩东进"战略的实施得以在全国多点开花。普通民众对冬季运动的兴趣度和参与度逐渐提高，为北京申办 2022 年冬奥会奠定了坚实的群众基础和社会氛围。

(四)国际奥委会评估阶段(2015 年 1 月 6 日—2015 年 7 月 31 日)

在北京第二次开启奥运逐梦之旅的 429 天后，在举全社会之合力协同区域发展，统筹经济、政治、社会、文化、生态建设五位一体总体布局，在高度认同深入贯彻国际奥林匹克运动可持续发展理念的前提下，2015 年 1 月 6 日上午 11 时，在国际奥委会总部顾拜旦厅，中国奥委会主席刘鹏向国际奥委会奥运会部主任杜比递交了承诺书，北京冬奥申委主席、北京市市长王安顺向国际奥委会申办城市关系处主任巴雷特递交了《申办报告》，表明了北京对成功举办 2022 年冬奥会的信心和决心。

2015 年 3 月 24—28 日，国际奥委会评估团来华，实地考察北京、延庆、张家口三个赛区。

2015 年 6 月 1 日，国际奥委会公布 2022 年冬奥会候选城市《评估报告》。2015 年 6 月 9—10 日，北京冬奥申委赴瑞士洛桑出席 2022 年冬奥会候选城市与国际奥委会委员陈述交流会。

2015 年 7 月 31 日，在马来西亚吉隆坡举行的国际奥委会第 128 次全会上，北京张家口申办冬季奥运会的三大理念"以运动员为中心、可持续发展、节俭办赛"，与《奥林匹克 2020 议程》的高度契合，给国际社会留下了深刻的印象。最终，国际奥委会主席巴赫宣布，在国际奥委会委员对冬奥会候选城市进行的不记名投票中，北京获得 44 票，另一申办城市哈萨克斯坦的阿拉木图获得 40 票，北京成功赢得 2022 年冬奥会举办权。

(五)完成"启动筹办工作"的基础阶段(2015.08—2016.11)

完成"启动筹办工作"的基础阶段,基础阶段是北京由申办城市转变为主办城市的初始阶段,在北京冬奥组委尚未建立之前,北京冬奥申委仍履行其职责,在奥申委转变为奥组委的过渡期内,北京冬奥申委按照《北京 2022 年冬季奥林匹克运动会申办报告》中所承诺的总体愿景、目标和战略,梳理和构建筹办工作的蓝图,对各项重点任务进行详细的分解。

国际奥委会建议基础阶段在冬奥会赛前的 78 个月到 63 个月 (2015 年 8 月—2016 年 11 月)之间的时间内完成,该阶段的重点任务之一是主办国家和城市确定跟冬奥会筹办工作相关的立法需求,尽快成立北京冬奥会领导小组,建立以冬奥组委为首的治理框架和组织机构,界定冬奥组委各个部门和岗位设置,明晰权责,聘任各个部门的负责人并选派主席。

指导北京冬奥组委工作的,是党中央核心领导集体的办赛要求——习近平总书记于 2015 年 8 月 20 日主持召开中共中央政治局常委会会议,提出了坚持绿色办奥、共享办奥、开放办奥、廉洁办奥的要求。2015 年 11 月,习近平总书记又对四个办赛要求作了细致阐述:要坚持绿色办奥,提升全社会环保意识,加强环境治理和污染防控,把绿色发展理念贯穿筹办工作始终。坚持共享办奥,积极调动社会力量参与办奥,提高城市管理水平和社会文明程度,加快冰雪运动发展和普及,使广大人民群众受益。坚持开放办奥,借鉴北京奥运会和其他国家办赛经验,弘扬奥林匹克精神,加强中外体育交流,推动东西文明交融,展示中国良好形象。坚持廉洁办奥,严格预算管理,控制办奥成本,强化过程监督,让冬奥会像冰雪一样纯洁干净。

北京筹办 2022 年冬奥会的良好社会氛围,得益于"全民健身""健康中国"等国家战略的推进。2016 年 10 月,中共中央、国务院印发《"健康中国 2030"规划纲要》,提出推进健康中国建设是全通过促进"全民健身""体育产业""健康中国"发展的相关政策与相应措施的出台,"十三五"期间体育产业总规模和增加值的增速都远远高于同期国内生产总值的增长速度;数据统计,2016 年全年滑雪人次为 1510 万,增长率为 20%,年滑雪人次已经超过 2000 万。总体而言,全社会形成了良好的体育事业与体育产业发展氛围,冰雪运动更是开启了跨越式发展阶段。

在冬奥筹办工作的实际进展中,北京冬奥组委于 2015 年 11 月成立,同时成立的还有第 24 届冬奥会工作领导小组,按时完成了《主办城市合同》中"合同执行的 5 个月内成立奥组委"的承诺。

在冬奥筹办工作具体时间的落实上，北京冬奥组委已于 2017 年底完成了基础阶段的筹备工作，在此期间，国际奥委会和北京冬奥组委在 2016 年 2 月举行了基础阶段的研讨会，对通用日程和多个筹办事项进行了具体了解，并成立了赛事基础阶段规划工作小组，研讨会结束后北京冬奥组委向国际奥委会提交了"赛事基础规划"和"赛事交付计划"。"赛事基础规划"是由赛事基础阶段规划工作小组通过对以往赛事基础阶段的经验学习和分析制定的赛事基础阶段规划大纲，规划中包含了对组委会法律关系的确定、交通战略的制定、重大事项的流程规定等，是冬奥组委的核心工作，也是整个北京 2022 年冬奥会成功举办的基石。"赛事交付计划"是北京冬奥组委各部门根据自身具体情况分解而成的业务口、子项目和里程碑事件。这两项成果是北京冬奥组委成立后起草和形成的第一份系统文件，也是北京 2022 年冬奥会筹办工作和赛事管理的指导性文本。在此阶段，北京冬奥组委已完成与各业务口之间第一轮的协调与沟通，组织召开了风险管理赛事基础阶段规划工作组会议，并将赛事基础规划分批提交给了国际奥委会。

按照国际奥委会的要求和推进状况，北京冬奥组委在基础阶段将筹办工作的主进度表细化为 10 个方面 104 项重点任务，明确了冬奥会筹办的全周期时间表和路线图，确定初步的业务口数量，将各个业务口的责任细化成 3123 项具体任务。此外，北京冬奥组委还协调各个业务口起草和完成了以下任务：①确立客户体验的愿景；②制定场地使用协议，并与部分场地所有者签订协议；③进一步细化和调整场地、体育和基础设施规划；④明确赛事运营理念，整理和学习跟冬奥会筹办有关的官方指南；⑤根据各个业务口的责任情况，制定人员管理战略；⑥制定冬奥会筹办的预算草案；⑦制定北京冬奥会营销计划，启动奥运营销策略；⑧制定各类人群广泛参与策略；⑨制定宣传方案等。总之，北京冬奥组委的成立、赛事运营理念的明确和对各个业务口自身工作责任及完成任务时间表的确认，意味着冬奥会筹办工作开始启动，基础阶段的顺利完成无疑为之后阶段的正式运行工作起到了奠定基础的作用。

(六)完成强调战略规划的计划阶段(2016.11—2020.11)

计划阶段标志着冬奥组委为实施和完成相关愿景和战略，正式投入到实际的相关工作中，各个部门开始运作。国际奥委会建议冬奥组委着手计划阶段的时间一般是在赛前 63 个月到赛前 16 个月，也就是 2016 年 11 月—2020 年 11 月。

习近平总书记 2017 年初的两次考察，对北京冬奥组委计划阶段的工作有着重要指导意义。2017年1月23日,中共中央总书记、国家主席习近平在河北省张家口市考察北京冬奥会的筹办。他强调,2022年召开北京冬奥会是国家的大事,北京冬奥会筹办千头万绪,首先要按照科学和先进的理念搞好规划。各有关部门应着眼于召开精彩奥运会,科学合理制定计划,节约资源收集,按进度高质量完成计划任务。2017年2月24日,习近平总书记先后考察了五棵松体育中心、首都体育馆等,并主持召开北京城市规划建设和北京冬奥会筹办工作座谈会,会上强调:北京冬奥会是我国重要历史节点的重大标志性活动,是展现国家形象、促进国家发展、振奋民族精神的重要契机,对京津冀协同发展有着强有力的牵引作用。要全力做好每项筹办工作。

此外,"体育强国"战略也对北京2022年冬奥会筹办提出了具体要求,深刻影响着筹办工作的进展。2019年9月,国务院办公厅印发《体育强国建设纲要》,用三个阶段的总目标和全民健身、青少年体育、竞技体育、体育产业、体育文化、体育对外交往以及体育对港澳台交往等六个维度提出了具体目标,来全面描绘体育强国建设的蓝图。具体指出,在北京2022年冬奥会的筹办过程中,①积极建立群众性竞赛活动体系和激励机制,探索多元主体办赛机制,推进冰雪运动"南展西扩东进"战略,"在两到三亿人中带动更多人参与冰雪运动";②积极推进冰雪运动进校园、进社区,普及冬奥知识和冰雪运动,推动残疾人康复体育和健身体育广泛开展;③指导做好北京2022年冬奥会、冬残奥会备战参赛工作。在保持传统优势项目领先地位的基础上,做大做强基础项目;持续加大冰雪项目选材力度,恶补冰雪项目短板,不断提高冰雪竞技水平;扎实推进备战工作,全面加强科学训练、赛事平台建设、反兴奋剂、综合服务保障等工作,建立人才流动绿色通道;打造能征善战、作风优良的一流队伍,在2022年北京冬奥会上取得我国冬奥会和冬残奥会参赛史上最好成绩;④倡导以北京2022年冬奥会和冬残奥会筹办为契机,弘扬冰雪运动项目文化;⑤致力于围绕北京2022年冬奥会和冬残奥会,构建体育对外交往新格局。深化与亚洲各国尤其是周边国家的体育交流合作,务实推进与欧美发达国家的体育互利合作,巩固和发展与非洲和拉美国家的体育友好关系。

国际奥委会方面,为突出北京冬奥会的筹办重点,建议将计划阶段分成两个时间节点:第1个时间节点是2016年11月—2019年2月,北京冬奥组委制定冬奥会战略规划,并安排观察员团前往平昌2018年冬奥会及往届冬奥组委进行现场学习和考察,直到完成赛事运行方案的起草;第2个时间节点是2016年12月—2020年11月,在该阶段冬奥组委将结合往届冬奥会的经验,对赛事运行方案做进一步细化,使冬奥会的组织者为运行就绪阶段的测试赛做好准备。

在冬奥筹办工作的实际进展中,北京冬奥组委非常重视平昌冬奥会的学习机会,在平昌冬奥会开始之前就先后累计派出254名观察员赴韩国学习,其中在平昌工作时间最长的达137天。有的业务口观察员团还直接参与到平昌冬奥会赛会期的重点领域工作中(如高山滑雪场地运行),经历了较为完整的赛事服务和筹办周期,他们丰富的实践经验无疑为筹办工作提供了重要的参考依据。

在北京冬奥组委制定冬奥会战略规划的关键阶段,习近平总书记第三次考察冬奥会筹办工作,他来到石景山首钢园区的北京冬奥会组织委员会,通过视频连线延庆赛区场馆建设者,并看望慰问北京冬奥组委工作人员和志愿者代表,同时指出,场馆建设是办好北京冬奥会、冬残奥会的重中之重。要坚持奥运标准,倒排工期,有序推进场馆新建、改造和重大配套基础设施建设,确保按期保质完工并投入使用。要突出科技、智慧、绿色、节俭特色,注重运用先进科技手段,严格落实节能环保要求,保护生态环境和文物古迹,展示中国风格。

在冬奥筹办工作具体时间的落实上,由于北京冬奥组委在基础阶段的完成时间上比原计划推迟了1年,加上突发的新冠肺炎疫情的影响,导致计划阶段的开始和完成时间都比国际奥委会建议的时间晚,2020年8月才完成第一运行阶段的任务。但基于前期扎实的基础工作,尤其是基础阶段所确立的冬奥会运营理念,北京冬奥组委在计划阶段对整个赛事的运行计划做了进一步细化。同时,在各级政府合力为北京2022年冬奥会形成结构性支持的基础上,全社会亦形成合力,为顺利完成计划阶段的任务保驾护航。

第一,通过《北京2022无障碍指南》和《关于以2022年北京冬奥会为契机大力发展冰雪运动的意见》等文件,提高社会整体的无障碍程度、加快国家冰雪运动发展进程,进一步在全社会塑造良好的冬奥及冬残奥会氛围。

第二,全力支持冬奥相关基础设施建设。为打通冬奥举办地的地理障碍,在北京、张家口两地政府的支持下,京张高铁、兴延高速、延崇高速全面开工,并在各类政策的协同支持下,于2019—2020年陆续完工。赛区周边的其他配套基础设施,如供水、供电、道路、场站等也同步推进。在这样的行政机制保障下,2019年10月31日,北京2022年冬奥会北京赛区第一个新建比赛场馆——首钢滑雪大跳台建设完成,已基本具备比赛条件;2019年12月底,位于延庆赛区的国家高山滑雪中心进行的赛道造雪工作基本完成,达到北京2022年冬奥会的首场测试赛的要。

第三,开放办赛,汇集全球智慧。为了让场馆和赛道设计与国际接轨,延庆赛区充分践行开门办赛的理念,设计团队引入了加拿大、德国的两家专业公司。北京赛区唯一新建的国家速滑馆,也面向全球展开了建筑概念方案竞赛,且利用2008

年北京奥运会的曲棍球和射箭的临时场地进行建设,贯彻了绿色办赛的理念。

第四,严抓新冠肺炎疫情防控,为冬奥筹办提供了有力机制保障。2020年初新冠肺炎疫情在全世界大规模扩散,面对突如其来的疫情,党中央和各级政府反应迅速、措施得当,在这样的大背景下,北京冬奥组委迅速行动,及时制订实施了严格的防控措施,力求疫情防控和冬奥筹办两不误。为此,中共北京市委、北京市人民政府发布《关于加强首都公共卫生应急管理体系建设的若干意见》,在全面提升首都应对突发公共卫生事件能力的同时,使疫情防控常态化趋势下北京2022冬奥会的筹办工作有的放矢、有据可循。

(七)进入注重实操的运行就绪阶段(2020.12—2021.09)

运行就绪阶段是经过详细的模块化、所有重要的赛事运行计划起草完成的计划阶段之后,对人员、流程、场馆和基础设施以及技术再次进行集中和统一,为冬奥会测试赛、练习赛和正赛进行服务的阶段,是冬奥会开始之前必须达到的准备状态。按计划,北京冬奥会的运行就绪阶段是2020年12月—2021年9月。

北京冬奥会的筹办工作在2020年的2月和3月新冠肺炎疫情最严重时期受到了影响,到4月份,所有在建项目已全面复工并在年底完成了建设工作。2020年年底,在国内疫情基本得到控制的情况下,北京赛区已承担并顺利完成了国际滑联花样滑冰大奖赛总决赛、短道速滑世界杯两项国际赛事的测试工作,首场世界级别的雪上项目测试赛在2021年2月才完成,因此,北京冬奥组委比计划中建议的时间节点晚一些进入运行就绪阶段,但每项工作都兼顾到了社会经济与民生幸福。

1.稳步推进场馆交付的同时,兼顾生态修复

场馆建设是北京冬奥会筹办工作的重中之重,为落实"绿色、共享、开放、廉洁"的办赛理念,各级政府与北京冬奥组委充分考虑赛事需求和赛后利用,充分利用现有场馆设施,注重利用先进科技手段,注重实用、保护生态,坚持节约原则,不搞铺张奢华,不搞重复建设。

北京赛区,"水立方"变身"冰立方","鸟巢"将成为开闭幕式的举办地,五棵松体育馆用6个小时即可实现"冰篮转换";延庆赛区,建设者动"第一锹土"之前便与林业专家开展了生态环境本底调查,尽最大努力移栽树木、减少砍伐,秉承"山林场馆、生态冬奥"的设计理念,坚持人与自然和谐共生和可持续的发展方向,努力打造场馆与小海陀山完美相融的自然之景,于2021年1月基本建成该赛区主要场馆场地后,于2021年夏天基本完成了生态修复;张家口赛区,根据量身定制

的生态修复方案,13万平方米的施工坡面全部铺上了"生态毯"。除了建设绿色场馆,构建智慧交通体系、推广低碳出行方式也在如期推进。筹办冬奥会的过程,是"创造奥运会和地区可持续发展的新典范"的过程,让生态优先、资源节约、环境友好的理念不断扎根生长。

2.完善冬奥配套设施的同时,兼顾区域发展

北京2022年冬奥会的筹办,为京津冀协同发展注入强劲动力,使京津冀三地在冬奥基础设施的不断完善中共享冬奥机遇、共谋区域发展。

2019年底通车的京张高铁联动张家口、崇礼、延庆和北京城区串,京津冀一小时生活圈基本形成。张家口地区的清洁能源将帮助北京冬奥会在奥运史上首次实现场馆绿色电力全覆盖。国家电网北京市电力公司也积极贯彻"四个革命、一个合作"的能源安全新战略,结合北京城市总体规划和各区功能定位,以服务首都核心区、北京城市副中心、北京冬奥会、北京大兴国际机场等为带动,打造能源互联网示范区,引入清洁能源,为城市运行提供坚强可靠的电力保障。

3.提高冬奥整体服务质量的同时,兼顾改善民生

让普通百姓从冬奥会筹办中实实在在受益,提升获得感和幸福感,是冬奥筹办的重要考量之一。

申办冬奥会充分带动起了京津冀三地的冰雪产业发展,也创造了可观的就业机会。例如,曾经的国家扶贫工作重点县崇礼,2019年已有3万多人捧上"雪饭碗",实现脱贫摘帽。

冬奥会的筹办也推动京张两地公共服务共建共享,京冀签署了冬奥会医疗保障合作协议,通过北医三院接管崇礼区医院、北京中医院托管张家口市中医院等医疗合作项目,助力提升当地公共服务能力和水平。

此外,北京2022冬奥的相关工程,在赛时为北京冬奥会提供必要的服务保障,赛后将成为提升民生保障和城市管理能力、促进京津冀协同发展的重要支撑,留下丰厚遗产,使举办地长期受益。例如,冬奥各主场馆都为后冬奥时期的体育事业和体育产业发展做足规划:"雪如意"的"柄首",即顶峰俱乐部,赛后将用于举办会议会展,接待旅游观光等;国家速滑馆的1.2万平方米冰面根据不同项目分区域、分标准进行制冰,可接待超过2000人同时开展冰球、速滑、花滑、冰壶等运动;具备"水冰转换"条件的国家游泳中心将实现春夏秋三季开展水上运动,冬季开展冰上运动……冬奥场馆将向公众开放,服务于全民健身,不仅体现了"共享办奥"理念,也是冬奥建设"坚持百年大计"的重要内涵。

4.重视科技创新,凭借中国智慧彰显中国特色

冬奥工程建设时间紧、任务重、专业性强,科技创新在其中发挥出重要作用。依托"智慧建造"技术,国家速滑馆在设计施工阶段大胆创新,无论建造技术还是建设速度,均体现了我国当前建筑行业的最高水平,而冬奥场馆作为最新科技的前沿成果,同时也呈现出了中华传统文化的隽永意蕴,成为展现中国智慧和中国特色的绝佳场域。

国家跳台滑雪中心"雪如意"是中国首座符合国际标准的跳台滑雪场地,它也是张家口赛区冬奥会场馆群建设中工程量最大、技术难度最高的竞赛场馆。跳台剖面因与中国传统吉祥饰物"如意"的S形曲线契合,因此被形象地称为"雪如意"。利用这个跳台的S曲线即赛道剖面的S线和中国古代文化符号"如意"的S曲线,形成一种对冬奥赛事独到的中国文化表达。

国家雪车雪橇中心,是中国国内第一条、也是唯一一条符合冬奥会标准的雪车雪橇赛道。它宛如一条游龙飞腾于山脊之上,其因山制宜的设计理念包含着浓郁的中国传统建筑哲思。国家雪车雪橇中心还放弃了高薪聘请国外团队的做法,走出了一条中国人自主创新之路:中国第一条雪车雪橇赛道总长1.9公里,一次性喷射浇筑成型,一次性通过国际组织认证,该项工程已申请专利133件,获得受理、授权105件。

运行就绪意味着训练有素的冬奥会各业务口的工作人员能够在整个赛事指挥和沟通协作的框架内,通过赛会体系、指挥体制和使用设备对竞赛场馆和整个赛事的运行结构进行测试,具备应对日常和非常规不同情形的能力。索契冬奥组委将上述要素整合成3个主要任务:①做好测试前规划;②做好相应的物理准备;③聚焦测试赛。这些要素将通过各种形式的测试及其他活动,在测试赛中接受实践的检验。在形式上主要包括竞赛和非竞赛的业务和功能测试,非竞赛活动主要是指竞赛之外的环境,如奥运村的运营、奥林匹克大家庭的住宿条件等,通过测试初步实现各个业务口之间、场馆和不同类别客户的服务以及物理准备等活动的整合。测试赛是运行就绪阶段乃至整个冬奥会筹办周期内最主要的任务之一,也是冬奥组委首次进行实战操作演练。

根据办奥经验,举办测试赛的最佳时间为距离正式比赛前的24个月—10个月。在测试赛期间,各业务口和赛事运行管理团队之间需要进行一系列的准备工作,管理人员将通过交谈、物理演练、圆桌论坛、模拟和排练5种组合的准备活动中发现问题、熟悉业务、增进默契。随着时间的推进,测试赛的准备活动的复杂性逐渐增加,业务口数量也随之增多。参与冬奥会的所有工作人员也通过测试赛来

提高自身经验、技能和素养。

面对疫情防控压力和冬奥筹办就绪阶段举办测试赛任务的紧迫性,习近平总书记于 2021 年初第四次对北京冬奥筹办工作进行考察,起到了定心、安心、强心的作用。

2021 年 1 月 19 日,习近平总书记乘火车沿京张高铁抵达河北省张家口市,先后考察京张高铁太子城站、国家跳台滑雪中心、国家冬季两项中心,看望慰问运动员、教练员和张家口赛区运行保障团队、建设者代表。2021 年 1 月 20 日上午,习近平在人民大会堂主持召开北京 2022 年冬奥会和冬残奥会筹办工作汇报会,指出必须未雨绸缪、科学研判、做好预案、加强工作。要精益求精做好各项筹办工作,结合新形势,对各项工作重新进行规划调整,切实把筹办工作的重点放在统筹抓好疫情防控和组织好赛事上来。要突出"简约、安全、精彩"的办赛要求,全面防范化解各种风险,精心做好赛事组织、赛会服务、科技应用、文化活动等各项筹办工作,最大限度降低疫情风险。

新冠肺炎疫情是本届冬奥会所面临的特殊风险因素,可能会对赛事运行产生的风险主要体现在:①测试赛减少,导致正式比赛中运动员和教练员遇到的问题可能会增多,北京冬奥组委需要做好相应的预案,对赛事有效运行提供最大限度的保障;②在场地、设备和技术方面,可能会使国外专家入境、进出口商品受到限制,进而降低了国际单项体育协会的技术支持,一些进口设备、场地认证也将受到影响,北京冬奥组委需要积极与国际单项体育协会沟通,商讨疫情防控常态化下冬奥会的相关工作;③防疫和安保风险。在疫情防控常态化下,北京 2022 年冬奥会所有入境人员可能都要进行核酸检测,这需要投入大量的资金和人力,尤其是境外运动员,是否需要对疫情高发区运动员进行隔离等,都需要预先做出明确的政策并积极地宣传。④外交抵制风险。国际上一些非友好势力受"逆全球化"思维的影响,可能会提出对北京 2022 冬奥会的抵制,北京冬奥组委需要积极与国际社会进行沟通,展现北京 2022 冬奥会"一起向未来"的愿景与国际奥林匹克运动"通过竞技运动建设更完美世界"愿景的高度契合,展现中国更为亲和的形象,以平和开放的态度应对外交抵制。

事实上,在冬奥筹办工作的实际进展中,北京冬奥组委加强与国际奥委会、国际残奥委会、国际冬季单项体育联合会的密切沟通,及时调整优化了测试赛的各项工作计划,将测试赛集中于冬奥会开赛前 4 个月内完成,并留出赛前最后一个月进行总体调试。北京冬奥组委结合当前疫情形势,公布 2022 年北京冬奥会疫情防控政策:从 1 月 23 日至冬残奥会结束,实施闭环管理,以确保冬奥会的安全举办。闭环管理涵盖抵离、交通、住宿、餐饮、竞赛、开闭幕式等所有涉冬奥场所。以上系列措施均在随后的赛事运行阶段得到良好贯彻并收获积极结果和广泛好评。

(八)做好预防和应急管理的赛事运行阶段(2021 年 10 月—2022 年 4 月)

冬奥会的赛事运行阶段就是赛会期，其核心是冬奥会正式比赛的 16 天和冬残奥会的 10 天时间。从历届奥运会的日程安排上来看，无论是冬奥会还是夏奥会的竞赛日程均遵循一定的规则，即星期五开幕，第 3 个星期的星期日闭幕，在时间上跨 3 个周末，共 17 天。在时间上，赛会期还可细化为"冬奥会期""过渡期""冬残奥会期"三个节点。冬奥会期是从开幕式到奥运村关闭，过渡期是从奥运村关闭到残奥村开放，冬残奥会期则是从冬奥会开幕到残奥村关闭。按照北京冬奥组委的赛事计划，北京 2022 年冬残奥会于 2022 年 2 月 4 日开幕，2 月 20 日闭幕，届时来自各个国家和地区的运动员和其他客户群体都集中在奥运村和奥运场馆中进行活动。

赛事运行阶段，北京冬奥组委除了要进行赛会服务之外，还要进行诸如完成场馆的最终设置(如开闭幕式)、奥运火炬传递、客户的抵离服务、比赛期间人员的认证和运动员的训练安排等工作。因此，一般从开赛前 5 个月开始进入赛事运行阶段。

按照筹办计划，北京冬奥会从 2021 年 10 月开始正式进入赛会期，届时冬奥会和冬残奥会的体育、文化以及相关的所有活动都将在这一紧凑的时间内完成。

北京赛区于 2021 年 10 月 8 日至 10 日，举行了相约北京速度滑冰中国公开赛，比赛场馆是国家速滑馆。延庆赛区于 2021 年 10 月 5 日至 11 月 22 日，在国家雪车雪橇中心举办雪车和钢架雪车国际训练周、计时赛，雪橇国际训练周和世界杯总计 5 项测试活动，包括 3 个分项、10 个小项，有来自 35 个国家和地区的参赛队，总计约 730 名运动员、教练员和随队官员参赛，具有赛事标准高、境外人员多、开赛时间早、时间跨度长等特点。张家口赛区在 11—12 月举办 4 项测试赛，分别是国际雪联单板滑雪和自由式滑雪障碍追逐世界杯、跳台滑雪洲际杯、北欧两项洲际杯和冬季两项国际训练周。

对于北京 2022 冬奥会的筹办工作，北京冬奥会火种采集仪式前夕，国际奥委会主席巴赫在接受中央广播电视总台记者的全球独家专访时评价道："北京冬奥会的筹备工作非常顺利，中国应对疫情的方式给我们留下了十分深刻的印象。中国在遏制疫情方面下定决心，不仅要遏制病毒，还要消灭病毒。在应对疫情的过程中,我们看到了中国的效率。尽管受到诸多疫情限制,北京冬奥会筹办工作取得了积极进展。所有场地在几个月前就已完工,令人印象十分深刻,现在也开始安全进行测试赛。运动员参加完测试赛后的反馈非常积极,因此我们对北京冬奥会的成功举办充满信心。"

国际奥委会北京冬奥会协调委员会主席小萨马兰奇接受《光明日报》"光明国际论坛笔会"专刊采访时表示:"北京 2022 年冬奥会的筹办进展顺利、令人满意,2 月 4 日的开幕式将如期举行。所有比赛场馆都已完工,2021 年 10 月至 12 月举行一系列测试活动。许多非竞赛场馆,均已投入使用,而主媒体中心(MMC)和张家口山地转播中心(ZBC)已于去年 7 月正式移交给奥林匹克广播服务公司 (OBS)。北京 2022 年冬奥会也在最大限度地利用现有场馆,包括 2008 年北京夏季奥运会使用的场馆。一些冰上项目,包括花样滑冰、短道速滑、冰球和冰壶,将在 2008 年奥运会使用过的场地举行……所以,在北京 2022 年冬奥会正式开幕之前,组委会就已经向我们展示了他们在北京 2008 年夏季奥运会的会后管理方面取得的巨大进展。"两位国际奥委会重量级人物对北京 2022 年冬奥会及冬残奥会筹办工作的评价,也让少数国外势力外交抵制北京冬奥会的阴云逐渐消散。

五、北京 2022,新的起点

如果冬奥筹办是篇交响乐,如今它已奏至华彩乐章。

在 2022 年新年贺词中,习近平作为中华人民共和国国家主席,向世界宣示:"我们将竭诚为世界奉献一届奥运盛会。世界期待中国,中国做好了准备。"

自北京正式成为 2022 年东奥会主办城市的 2350 天后,2022 年 1 月 4 日,2022 年首个工作日,也是北京冬奥会、冬残奥会开幕倒计时 30 天之际,习近平专程在北京考察了冬奥会、冬残奥会筹办备赛情况,这也是他 2017 年以来第五次实地考察北京冬奥会筹办情况。

六载光阴,风雨兼程。习近平总书记 5 次考察北京冬奥筹办工作所强调的 5 个关键词,都已落实为北京 2022 年冬奥会和冬残奥会的钢筋铁骨。

(一)中国元素

2017 年 1 月首次考察冬奥筹办时,习近平就对比赛设施建设提出了明确要求:体现中国元素、当地特点,要"成为城市新名片"。2021年1月考察中,总书记再次强调,北京冬奥会、冬残奥会场馆改造建设融入了很多中国元素,体现了我们的文化自信。不论是平昌冬奥会"北京8分钟"里呈现的中国结、中国龙、凤凰、高速铁路、大飞机、航天器等元素,还是设计灵感来自中国传统饰物"如意"的国家跳台滑雪中心,抑或是以四合院理念设计建设的冬奥村,从整体规划到细节元素,北京2022冬奥会正向世界展示浓浓的中国风。

(二)万无一失

对北京冬奥会、冬残奥会来讲,做好新冠肺炎疫情防控工作是最大的考验,筑牢安全防线,才有冬奥的精彩。2020年1月新冠疫情在全球爆发以来,北京冬奥组委的筹办工作进一步深化以"技术"为"绿色"赋能,以中国设计、中国技术、中国材料、中国制造组成冬奥场馆建设的"中国方案",以智能化、信息化为办赛落脚点,以"精准化、精细化"为赛事保障要求,加强统一指挥调度,确保北京、延庆、张家口三个赛区的协调配合和统一指挥调度,形成一盘棋,尤其突出了科技、智慧、绿色、节俭的办赛理念,为"万无一失""安全办赛"奠定了坚实基础。

(三)奥运遗产

北京冬奥组委走过至少2年的申办、7年的筹办工作,16天的比赛和大约1年的赛后处理工作。一方面,北京冬奥组委的工作人员积累了大量的奥运会申办、筹办、举办知识,能够为日后再次申办和为其他主办城市的相关工作提供宝贵经验;另一方面,北京的市政建设、配套设施、文化环境和生态保护等各方面也积极响应奥运会的申办、筹办和举办,京津冀一体化战略也在北京2022年冬奥会筹办工作中不断推进,三地人民也将在奥运会后相当长的一段时间内仍然受益于奥运会的多元遗产。同时,北京作为世界上第一个"双奥之城",更应通过奥运遗产的深度挖掘、开发与利用彰显其"一朝为奥运城市,便是永久的奥运城市"的带动作用。另据Sportcal研究数据显示,中国已成为世界上承办国际体育赛事指数最高的国家,洲际、国际大型赛事对城市的带动效益需要被进一步彰显。因此,借北京2022年冬奥会之机,积极跟进并宣传多元遗产的开发利用情况,有助于凸显可持续模式下奥林匹克运动对城市可持续发展的带动作用。2019年2月,北京冬奥组委发布《2022年北京冬奥会和冬残奥会遗产战略计划》,为主办城市和区域长远发展留下宝贵财富,惠及广大人民群众,实现奥林匹克运动与城市、区域发展的双赢。2022年1月19日,北京冬奥组委面向全社会发布《北京2022年冬奥会和冬残奥会遗产报告集(2022)》,包括体育、经济、社会、文化、环境、城市和区域发展等七个单册遗产报告,呈现了北京冬奥会在促进冰雪运动普及发展、冰雪产业发展与科技创新、社会文明进步、奥林匹克和冰雪文化普及推广、生态环境持续改善、主办城市高质量发展、京津冀区域协同发展等 7 方面产生的遗产成果。该《报告集》的发布及媒体对其的跟进宣传,也为我国其他城市申办大型赛事、深挖赛事遗产、促进城市区域可持续发展提供了参考和借鉴。

(四)可持续

北京 2022 年冬奥会,是国际奥委会增量改革、全面贯彻奥林匹克运动可持续发展理念后的第一届冬季奥林匹克运动会。2020 年 5 月 15 日,国际奥委会、国际残奥委会和北京冬奥组委同步向社会正式发布《北京 2022 年冬奥会和冬残奥会可持续性计划》。深入落实了"绿色、共享、开放、廉洁"的办奥理念,全面体现了《奥林匹克 2020 议程》的改革精神,积极响应联合国《2030 年可持续发展议程》,提出了"可持续·向未来"北京冬奥会可持续性愿景,确定了"创造奥运会和地区可持续发展的新典范"总体目标,明确了"环境正影响""区域新发展""生活更美好"三个重要领域,旨在开创出人人参与、人人获益的新局面。《可持续性计划》提出了 12 项行动、37 项任务和 119 条措施。该计划的实施将北京冬奥会与北京市、河北省的赛区环境、区域发展和民生改善有机融合,将以冬奥会筹办为契机,为生态环境改善书写新方案,为区域和城市发展打造新模式,为人与社会进步创造新境界,也将为奥林匹克运动做出新贡献。

(五)敢于拼搏

习近平总书记在考察中分别强调了"敢于拼搏"的多重含义,要科学训练,要建设体育强国,必须实现高水平的体育科技自立自强;要赛出风格,要力争在竞技上、道德上、风格上都拿最好的奖牌;要全面带动,要充分利用举办北京冬奥会形成的热潮,坚持竞技体育和群众体育一体推进。科学训练带动冬季运动竞技成绩提高,在增强国人凝聚力、自信心的同时,更进一步带动了群众性冬季运动的急速发展,从冰雪产业、冬季运动事业的发展数据来看,截至 2020 年的统计数据,我国已经有 654 块标准冰场,滑雪场 803 个,均提前实现了预期目标。按照《全国冰雪场地设施建设规划(2016–2022 年)》,预计到 2022 年,全国滑冰馆不少于 650 座,其中新建至少 500 座;滑雪场达 800 座,新建约 200 座;到 2025 年,中小学冰雪运动特色学校达 5000 所。我国冰雪文化从 1995 年萌芽,1999 年进京,2011 年加速发展,2015 年的起飞以及到 2022 冬奥会的举办,都为产业链的发展奠定良好的基础。支持高等院校、科研院所和企业加大协同创新力度,以企业为主体开发一批科技含量高、绿色环保、拥有自主知识产权、可替代进口的产品，培育一批具有较高知名度的冰雪用品企业，打造一条冰雪赛事、冰雪旅游、冰雪娱乐、冰雪度假村集于一体的冰雪文化产业链，可以说，中国成为冰雪运动世界第三极的势头已不可阻挡。

从"中国元素""万无一失""奥运遗产"，到"可持续""敢于拼搏"，这些关键词彰显着北京 2022 年冬奥会和冬残奥会的历史意义——它是我国重要历史节点的重大标志性活动、是推动"全民健身""健康中国""体育强国"国家战略的重要里程碑、是展现我国抗击新冠肺炎疫情宝贵经验和展现新时代中国大国风范的重要契机。

华彩梦圆，并非终章。能够在冬季奥林匹克运动会 100 周年和中国共产党成立 100 周年的历史交汇点成功举办北京 2022 年冬奥会和冬残奥会，使北京成为世界第一座"双奥之城"，这是中国人继派代表参加奥运会、在奥运赛场上占据一席之地到举办奥运会后成就的新梦想，但这华彩奏罢，所迎来的，绝非中国参与奥林匹克运动的终章。国际奥委会希望奥林匹克主义能在疫情蔓延全球的至暗时刻成为隧道尽头的曙光，北京 2022 冬奥会倡导全世界热爱体育的人"一起向未来"，中国面临"世界百年未遇之大变局"则期待通过体育场景"构建人类命运共同体"，这三个高度契合的愿景，也将随着北京双奥之城遗产的深度挖掘、开发和利用及中国深度融入奥林匹克运动的可持续发展模式，在北京 2022 年冬奥会和冬残奥会的华彩乐章之后绕梁千日、余韵不绝，点燃更多人参与冬季运动、参与奥林匹克运动、通过"竞技运动创造更完美世界"的热情。

后 记

　　这本书最初的创意是从体育的视角记述伟大国家建党百年,书中所用数据均为截至 2021 年底。

　　发展体育事业是实现中国梦的重要内容,回首百年,中国体育的发展可歌可叹!从低谷攀高峰,中国体育用优异的竞赛成绩展现出的,是中国不断提升的综合国力和人民身体素质。如今的中国,已经具备举办大型国际体育赛事的能力与实力,在促进不同文明交流互鉴、推动构建人类命运共同体、共创后疫情时代美好世界方面贡献着不容忽视的中国力量。

　　在国家踏上第二个百年征程的关键历史时刻,我们迎来了激荡人心的北京冬奥会,由此也揭开了浓墨华彩新的百年征程。2022 年 2 月和 3 月,第 24 届冬季奥林匹克运动会、第 13 届冬季残疾人奥林匹克运动会在北京胜利召开。北京冬奥会是新冠肺炎疫情发生以来首次如期举办的全球综合性体育盛会,"双奥之城"北京,为世界奉献了充满科技与美感、诠释速度与激情、保障安全与公平的精彩盛会。在世界百年未有之大变局的形势下,北京冬奥会和冬残奥会的胜利召开,向世界展现了中国人克服万难、永不放弃的精神,也向世界展示了中国信守承诺、勇于担当的大国风范,凝练出可歌可泣的北京冬奥精神。

　　江山代有才人出,长江后浪推前浪!中国体育事业伴随着国家发展不断发扬光大,当今中国已是举世瞩目的体育强国,奏响了时代的最强音。作为中国的出版人是幸福的!记录铿锵有力的强国故事,将这份幸福感伴随着动感体育节拍不断传播,共同促进中国体育事业的蓬勃发展,共同建设健康美好的家园,共同迎来更加辉煌的第二个百年征程!